永生

The Eternal Life

영원한 삶

Presented To :

From :

永生

The Eternal Life
영원한 삶

제 1 장

말씀이 육신이 되시다

1 태초에 1)말씀이 계시니라 이 1)말씀이
하나님과 함께 계셨으니 이 말씀은 곧
하나님이시니라

2 그가 태초에 하나님과 함께 계셨고

3 만물이 그로 말미암아 지은 바 되었으니
지은 것이 하나도 그가 없이는 된 것이
없느니라

4 그 안에 생명이 있었으니 이 생명은
사람들의 빛이라

5 빛이 어둠에 비치되 어둠이 2)깨닫지
못하더라

6 하나님께로부터 보내심을 받은 사람이
있으니 그의 이름은 요한이라

7 그가 증언하러 왔으니 곧 빛에 대하여
증언하고 모든 사람이 자기로 말미암아
믿게 하려 함이라

8 그는 이 빛이 아니요 이 빛에 대하여
증언하러 온 자라

9 참 빛 곧 세상에 와서 각 사람에게 비추는
빛이 있었나니

10 그가 세상에 계셨으며 세상은 그로
말미암아 지은 바 되었으되 세상이 그를
알지 못하였고

11 3)자기 땅에 오매 자기 백성이 영접하지
아니하였으나

12 영접하는 자 곧 그 이름을 믿는 자들에게는
하나님의 자녀가 되는 권세를 주셨으니

13 이는 혈통으로나 육정으로나 사람의 뜻으로
나지 아니하고 오직 하나님께로부터 난
자들이니라

第1章

言が肉となった

1 初めに言があった。言は神と共にあっ
た。言は神であった。

2 この言は、初めに神と共にあった。

3 万物は言によって成った。成ったもの
で、言によらずに成ったものは何一つな
かった。

4 言の内に命があった。命は人間を照ら
す光であった。

5 光は暗闇の中で輝いている。暗闇は光を
理解しなかった。

6 神から遣わされた一人の人がいた。その
名はヨハネである。

7 彼は証しをするために来た。光について
証しをするため、また、すべての人が彼
によって信じるようになるためである。

8 彼は光ではなく、光について証しをする
ために来た。

9 その光は、まことの光で、世に来てすべ
ての人を照らすのである。

10 言は世にあった。世は言によって成った
が、世は言を認めなかった。

11 言は、自分の民のところへ来たが、民は
受け入れなかった。

12 しかし、言は、自分を受け入れた人、そ
の名を信じる人々には神の子となる資格
を与えた。

13 この人々は、血によってではなく、肉の
欲によってではなく、人の欲によってで
もなく、神によって生まれたのである。

---

1) 헬, 로고스
2) 또는 이기지 못하더라
3) 또는 자기 소유에

Chapter 1

The Word of Life

1 In the beginning was the one who is called the Word.
The Word was with God
and was truly God.

2 From the very beginning
the Word was with God.

3 And with this Word, God created all things. Nothing was made without the Word. Everything that was created

4 received its life from him, and his life gave light to everyone.

5 The light keeps shining in the dark, and darkness has never put it out.[a]

6 * God sent a man named John,

7 who came to tell about the light and to lead all people to have faith.

8 John wasn't this light. He came only to tell about the light.

9 The true light that shines on everyone was coming into the world.

10 The Word was in the world, but no one knew him, though God had made the world with his Word.

11 He came into his own world, but his own nation did not welcome him.

12 Yet some people accepted him and put their faith in him.
So he gave them the right to be the children of God.

13 They were not God's children by nature or because of any human desires. God himself was the one who made them his children.

---

dì yī zhāng
第 1 章

shēng mìng zhī dào
生 命 之 道

1 宇宙 被造以前，道已经存在。
道与上帝同在；道是上帝。

2 在太初，道就与上帝 同在。

3 上帝藉着他 创 造 万有；在 整个 创 造 中，没有一样不是 藉着他造的。

4 道 就是 生命 的根源，这 生命 把 光赐给人类。

5 光 照射黑暗，黑暗从 没有 胜过 光。

6 有一个人，名叫 约翰，是 上帝 所差 遣 的 使者。

7 他来为那光 作证，为要使大 家听见他的信息而信。

8 他本身 不是那光，而是要为 光 作证。

9 那光 是真 光，来到 世上 照 亮 全 人类。

10 道在世上，上帝 藉着他 创造 世界，而世人竟不认识他。

11 他来到自己 的地方，自己的人却不 接受 他。

12 然而，凡接受他的，就是信他的人，他 就赐给他们特权 作上帝的儿女。

13 这样 的人不是由 血统 关系，不是由 人的性欲，也不是由男人的 意愿 生 的，而是由 上帝 生的。

---

a) put it out: Or "understood it."
*Mt 3.1; Mk 1.4; Lk 3.1,2.

14 말씀이 육신이 되어 우리 가운데 거하시매
우리가 그의 영광을 보니 아버지의
독생자의 영광이요 은혜와 1)진리가
충만하더라

15 요한이 그에 대하여 증언하여 외쳐 이르되
내가 전에 말하기를 내 뒤에 오시는 이가
나보다 앞선 것은 나보다 먼저 계심이라 한
것이 이 사람을 가리킴이라 하니라

16 우리가 다 그의 충만한 데서 받으니 은혜
위에 은혜러라

17 율법은 모세로 말미암아 주어진 것이요
은혜와 1)진리는 예수 그리스도로 말미암아
온 것이라

18 본래 하나님을 본 사람이 없으되 아버지
품 속에 있는 2)독생하신 하나님이
나타내셨느니라

**세례 요한의 증언(마 3:1-12; 막 1:7-8;
눅 3:15-17)**

19 유대인들이 예루살렘에서 제사장들과
레위인들을 요한에게 보내어 네가 누구냐
물을 때에 요한의 증언이 이러하니라

20 요한이 드러내어 말하고 숨기지 아니하니
드러내어 하는 말이 나는 그리스도가
아니라 한대

21 또 묻되 그러면 누구냐 네가 엘리야냐
이르되 나는 아니라 또 묻되 네가 그
선지자냐 대답하되 아니라

---

14 言は肉となって、わたしたちの間に宿ら
れた。わたしたちはその栄光を見た。そ
れは父の独り子としての栄光であって、
恵みと真理とに満ちていた。

15 ヨハネは、この方について証しをし、声
を張り上げて言った。「『わたしの後か
ら来られる方は、わたしより優れてい
る。わたしよりも先におられたからであ
る』とわたしが言ったのは、この方のこ
とである。」

16 わたしたちは皆、この方の満ちあふれる
豊かさの中から、恵みの上に、更に恵み
を受けた。

17 律法はモーセを通して与えられたが、恵
みと真理はイエス・キリストを通して現
れたからである。

18 いまだかつて、神を見た者はいない。父
のふところにいる独り子である神、この
方が神を示されたのである。

**洗礼者ヨハネの証し（マタ3 1—12、マ
コ1 2—8、ルカ3 15—17）**

19 さて、ヨハネの証しはこうである。エルサ
レムのユダヤ人たちが、祭司やレビ人たち
をヨハネのもとへ遣わして、「あなたは、
どなたですか」と質問させたとき、

20 彼は公言して隠さず、「わたしはメシア
ではない」と言い表した。

21 彼らがまた、「では何ですか。あなたは
エリヤですか」と尋ねると、ヨハネは、
「違う」と言った。更に、「あなたは、
あの預言者なのですか」と尋ねると、
「そうではない」と答えた。

---

1) 헬. 참이
2) 어떤 사본에, 독생자가

14 The Word became a human being and lived here with us. We saw his true glory, the glory of the only Son of the Father. From him the complete gifts of undeserved grace and truth have come down to us.

15 John spoke about him and shouted, "This is the one I told you would come! He is greater than I am, because he was alive before I was born."

16 Because of all that the Son is, we have been given one blessing after another.[b]

17 The Law was given by Moses, but Jesus Christ brought us undeserved kindness and truth.

18 No one has ever seen God. The only Son, who is truly God and is closest to the Father, has shown us what God is like.

John the Baptist Tells about Jesus
(Matthew 3.1-12; Mark 1.1-8; Luke 3.15-17)

19-20 The religious authorities in Jerusalem sent priests and temple helpers to ask John who he was. He told them plainly, "I am not the Messiah."

21 * Then when they asked him if he were Elijah, he said, "No, I am not!" And when they asked if he were the Prophet, [c] he also said "No!"

---

14 道成为人，住在我们当中，充满着恩典和真理。我们看见了他的荣耀，这荣耀正是父亲的独子所当得的。

15 约翰为他作证，呼喊说：「关于他，我曾经说过：『他在我以后来，却比我伟大；因为我出生以前，他已经存在。』」

16 从他的丰盛里，我们领受了恩典，而且恩上加恩。

17 上帝藉着摩西颁布法律，但恩典和真理是藉着耶稣基督来的。

18 没有人见过上帝，只有独子【1】），就是跟父亲最亲密的那一位，把他启示出来。

施洗者约翰的信息
（太3•1—12；可1•1—8；路3•1—18）

19 以下是约翰的见证。当时，耶路撒冷的犹太人派遣祭司和利未人去见约翰，问他：「你是谁？」

20 约翰没有拒绝回答，却坦白承认说：「我并不是基督。」

21 他们问：「那么，你是谁？是以利亚吗？」

约翰回答：「我不是。」

他们又问：「是那位先知吗？」

他再答：「不是。」

---

b) one blessing after another: Or "one blessing in place of another."
a Ml 4.5; **b** Dt 18.15,18.
c) the Prophet: Many of the Jewish people expected God to send them a prophet who would be like Moses, but with even greater power (see Deuteronomy 18.15,18).

【1】「只有独子」另有古卷作「只有与上帝相同的独子」。

22 또 말하되 누구냐 우리를 보낸 이들에게 대답하게 하라 너는 네게 대하여 무엇이라 하느냐

23 이르되 나는 선지자 이사야의 말과 같이 ㄱ)주의 길을 곧게 하라고 광야에서 외치는 자의 소리로라 하니라

24 그들은 바리새인들이 보낸 자라

25 또 물어 이르되 네가 만일 그리스도도 아니요 엘리야도 아니요 그 선지자도 아닐진대 어찌하여 1)세례를 베푸느냐

26 요한이 대답하되 나는 물로 1)세례를 베풀거니와 너희 가운데 너희가 알지 못하는 한 사람이 섰으니

27 곧 내 뒤에 오시는 그이라 나는 그의 신발끈을 풀기도 감당하지 못하겠노라 하더라

28 이 일은 요한이 1)세례 베풀던 곳 요단 강 건너편 베다니에서 일어난 일이니라

하나님의 어린 양을 보라

29 이튿날 요한이 예수께서 자기에게 나아오심을 보고 이르되 보라 세상 죄를 지고 가는 하나님의 어린 양이로다

30 내가 전에 말하기를 내 뒤에 오는 사람이 있는데 나보다 앞선 것은 그가 나보다 먼저 계심이라 한 것이 이 사람을 가리킴이라

22 そこで、彼らは言った。「それではいったい、だれなのです。わたしたちを遣わした人々に返事をしなければなりません。あなたは自分を何だと言うのですか。」

23 ヨハネは、預言者イザヤの言葉を用いて言った。「わたしは荒れ野で叫ぶ声である。『主の道をまっすぐにせよ』と。」

24 遣わされた人たちはファリサイ派に属していた。

25 彼らがヨハネに尋ねて、「あなたはメシアでも、エリヤでも、またあの預言者でもないのに、なぜ、洗礼を授けるのですか」と言うと、

26 ヨハネは答えた。「わたしは水で洗礼を授けるが、あなたがたの中には、あなたがたの知らない方がおられる。

27 その人はわたしの後から来られる方で、わたしはその履物のひもを解く資格もない。」

28 これは、ヨハネが洗礼を授けていたヨルダン川の向こう側、ベタニアでの出来事であった。

神の小羊

29 その翌日、ヨハネは、自分の方へイエスが来られるのを見て言った。「見よ、世の罪を取り除く神の小羊だ。

30 『わたしの後から一人の人が来られる。その方はわたしにまさる。わたしよりも先におられたからである』とわたしが言ったのは、この方のことである。

---

1) 헬, 또는 침례　　　ㄱ) 사 40:3

22 Finally, they said, "Who are you then? We have to give an answer to the ones who sent us. Tell us who you are!"

23 * John answered in the words of the prophet Isaiah, "I am only someone shouting in the desert, 'Get the road ready for the Lord!'"

24 Some Pharisees had also been sent to John.

25 They asked him, "Why are you baptizing people, if you are not the Messiah or Elijah or the Prophet?"

26 John told them, "I use water to baptize people. But here with you is someone you don't know.

27 Even though I came first, I am not good enough to untie his sandals."

28 John said this as he was baptizing east of the Jordan River in Bethany.[d]

The Lamb of God

29 The next day, John saw Jesus coming toward him and said: Here is the Lamb of God who takes away the sin of the world!

30 He is the one I told you about when I said, "Someone else will come, who is greater than I am, because he was alive before I was born."

22 他们接着说：「请告诉我们，你到底是谁，好让 我们回复派遣我们来的人。你 自己说，你是什么人？」

23 约翰引 先知以赛亚的话回答，说：我就是在 旷野呼喊的 声音：为主修直他要走的道路！

24 法利赛人所派来的那些人

25 质问约翰：「既然你不是基督，不是以利亚，也不是那位先知，那么，你为什么施洗？」

26 约翰回答：「我 用水 施洗；但 有一位 站在 你们 当中，是你们 所不认识的，

27 他在我以后来，我就是替他脱鞋子也不配。」

28 这些事发生 在约旦河对岸的伯大尼，就是约翰 正在 施洗的地方。

上帝的羔羊

29 第二天，约翰看见耶稣向 他走过来，就说：「看哪，上帝的羔羊，除掉世人的罪的！

30 这一位就是我 说过『他在我以后来，却比我伟大；因为我出生 以前，他已经存在』的那一位。

---

*Is 40.3 (LXX).

d) Bethany: An unknown village east of the Jordan with the same name as the village near Jerusalem.

31 나도 그를 알지 못하였으나 내가 와서 물로 1)세례를 베푸는 것은 그를 이스라엘에 나타내려 함이라 하니라

32 요한이 또 증언하여 이르되 내가 보매 성령이 비둘기 같이 하늘로부터 내려와서 그의 위에 머물렀더라

33 나도 그를 알지 못하였으나 나를 보내어 물로 1)세례를 베풀라 하신 그이가 나에게 말씀하시되 성령이 내려서 누구 위에든지 머무는 것을 보거든 그가 곧 성령으로 1)세례를 베푸는 이인 줄 알라 하셨기에

34 내가 보고 그가 하나님의 아들이심을 증언하였노라 하니라

요한의 두 제자

35 또 이튿날 요한이 자기 제자 중 두 사람과 함께 섰다가

36 예수께서 거니심을 보고 말하되 보라 하나님의 어린 양이로다

37 두 제자가 그의 말을 듣고 예수를 따르거늘

38 예수께서 돌이켜 그 따르는 것을 보시고 물어 이르시되 무엇을 구하느냐 이르되 랍비여 어디 계시오니이까 하니 (랍비는 번역하면 선생이라)

39 예수께서 이르시되 와서 보라 그러므로 그들이 가서 계신 데를 보고 그 날 함께 거하니 때가 열 시쯤 되었더라

31 わたしはこの方を知らなかった。しかし、この方がイスラエルに現れるために、わたしは、水で洗礼を授けに来た。」

32 そしてヨハネは証しした。「わたしは、"霊"が鳩のように天から降って、この方の上にとどまるのを見た。

33 わたしはこの方を知らなかった。しかし、水で洗礼を授けるためにわたしをお遣わしになった方が、『"霊"が降って、ある人にとどまるのを見たら、その人が、聖霊によって洗礼を授ける人である』とわたしに言われた。

34 わたしはそれを見た。だから、この方こそ神の子であると証ししたのである。」

最初の弟子たち

35 その翌日、また、ヨハネは二人の弟子と一緒にいた。

36 そして、歩いておられるイエスを見つめて、「見よ、神の小羊だ」と言った。

37 二人の弟子はそれを聞いて、イエスに従った。

38 イエスは振り返り、彼らが従って来るのを見て、「何を求めているのか」と言われた。彼らが、「ラビ——『先生』という意味——どこに泊まっておられるのですか」と言うと、

39 イエスは、「来なさい。そうすれば分かる」と言われた。そこで、彼らはついて行って、どこにイエスが泊まっておられるかを見た。そしてその日は、イエスのもとに泊まった。午後四時ごろのことである。

---

1) 헬, 또는 침례

31 I didn't know who he was. But I came to baptize you with water, so that everyone in Israel would see him.

32 I was there and saw the Spirit come down on him like a dove from heaven. And the Spirit stayed on him.

33 Before this I didn't know who he was. But the one who sent me to baptize with water had told me, "You will see the Spirit come down and stay on someone. Then you will know that he is the one who will baptize with the Holy Spirit."

34 I saw this happen, and I tell you that he is the Son of God.

The First Disciples of Jesus

35 The next day, John was there again, and two of his followers were with him.

36 When he saw Jesus walking by, he said, "Here is the Lamb of God!"

37 John's two followers heard him, and they went with Jesus.

38 When Jesus turned and saw them, he asked, "What do you want?" They answered, "Rabbi, where do you live?" The Hebrew word "Rabbi" means "Teacher."

39 Jesus replied, "Come and see!" It was already about four o'clock in the afternoon when they went with him and saw where he lived. So they stayed on for the rest of the day.

31 我并 不认识他；现在我来，用水施洗，为要 让以色列人 认识他。」

32 约翰又 见证 说：「我看见 圣灵 像 鸽子从 天上 降 下来，落在他身上。

33 我还是不认识他，但是那差遣我 用水施洗的上帝 对我说：『你看见 圣灵 降下来，落在谁身上，谁 就是那要 用 圣灵 施洗的。』

34 我已经 看见了，所以向你们 证明 他就是上帝的儿子。」

初次 选召 门徒

35 过了一天，约翰和他的两个门徒又在那里；

36 他看见耶稣经过，就说：「看哪，上帝的羔羊!」

37 两个门徒一听见这话，就跟随耶稣。

38 耶稣 转身，看见他们跟着，就问：「你们 想 要什么？」他们回答：「拉比，你住在哪里？」（「拉比」的意思是「老师」。）

39 耶稣说：「你们来看吧!」他们跟他一起去，看到了他住的地方，当天就跟他住在一起。（那时候约下午四点钟。）

40 요한의 말을 듣고 예수를 따르는 두 사람
중의 하나는 시몬 베드로의 형제 안드레라

41 그가 먼저 자기의 형제 시몬을 찾아 말하되
우리가 메시야를 만났다 하고 (메시야는
번역하면 그리스도라)

42 데리고 예수께로 오니 예수께서 보시고
이르시되 네가 요한의 아들 시몬이니 장차
게바라 하리라 하시니라 (게바는 번역하면
베드로라)

빌립과 나다나엘을 부르시다

43 이튿날 예수께서 갈릴리로 나가려 하시다가
빌립을 만나 이르시되 나를 따르라 하시니

44 빌립은 안드레와 베드로와 한 동네 벳새다
사람이라

45 빌립이 나다나엘을 찾아 이르되 모세가
율법에 기록하였고 여러 선지자가 기록한
그이를 우리가 만났으니 요셉의 아들
나사렛 예수니라

46 나다나엘이 이르되 나사렛에서 무슨 선한
것이 날 수 있느냐 빌립이 이르되 와서 보라
하니라

47 예수께서 나다나엘이 자기에게 오는 것을
보시고 그를 가리켜 이르시되 보라 이는
참으로 이스라엘 사람이라 그 속에 간사한
것이 없도다

40 ヨハネの言葉を聞いて、イエスに従った
二人のうちの一人は、シモン・ペトロの
兄弟アンデレであった。

41 彼は、まず自分の兄弟シモンに会って、
「わたしたちはメシア——『油を注がれ
た者』という意味——に出会った」と言
った。

42 そして、シモンをイエスのところに連れ
て行った。イエスは彼を見つめて、「あ
なたはヨハネの子シモンであるが、ケフ
ァ——『岩』という意味——と呼ぶこと
にする」と言われた。

フィリポとナタナエル、弟子となる

43 その翌日、イエスは、ガリラヤへ行こう
としたときに、フィリポに出会って、
「わたしに従いなさい」と言われた。

44 フィリポは、アンデレとペトロの町、ベ
トサイダの出身であった。

45 フィリポはナタナエルに出会って言っ
た。「わたしたちは、モーセが律法に記
し、預言者たちも書いている方に出会っ
た。それはナザレの人で、ヨセフの子イ
エスだ。」

46 するとナタナエルが、「ナザレから何か
良いものが出るだろうか」と言ったの
で、フィリポは、「来て、見なさい」と
言った。

47 イエスは、ナタナエルが御自分の方へ来
るのを見て、彼のことをこう言われた。
「見なさい。まことのイスラエル人だ。
この人には偽りがない。」

40 One of the two men who had heard John and had gone with Jesus was Andrew, the brother of Simon Peter.

41 The first thing Andrew did was to find his brother and tell him, "We have found the Messiah!" The Hebrew word "Messiah" means the same as the Greek word "Christ."

42 Andrew brought his brother to Jesus. And when Jesus saw him, he said, "Simon son of John, you will be called Cephas." This name can be translated as "Peter."[e]

Jesus Chooses Philip and Nathanael

43-44 The next day Jesus decided to go to Galilee. There he met Philip, who was from Bethsaida, the hometown of Andrew and Peter. Jesus said to Philip, "Follow me."

45 Philip then found Nathanael and said, "We have found the one that Moses and the Prophets[f] wrote about. He is Jesus, the son of Joseph from Nazareth."

46 Nathanael asked, "Can anything good come from Nazareth?" Philip answered, "Come and see."

47 When Jesus saw Nathanael coming toward him, he said, "Here is a true descendant of our ancestor Israel. And he isn't deceitful."[g]

40 听见约翰的话而跟从耶稣的那两个人中，有一个是西门·彼得的弟弟安得烈。

41 他先去找他的哥哥西门，对他说：「我们已经遇见弥赛亚了。」（「弥赛亚」的意思是「基督」。）

42 于是他带西门去见耶稣。耶稣注视着他，说：「你是约翰的儿子西门，你的名要叫矶法。」（矶法和彼得同义，意思是「磐石」。）

呼召腓力和拿但业

43 过了一天，耶稣决定到加利利省去。他遇见腓力，对他说：「来跟从我!」

44 （腓力是伯赛大人，跟安得烈和彼得同乡。）

45 腓力找到拿但业，对他说：「摩西在法律书上所写和先知们所记载的那一位，我们已经遇见了。他就是约瑟的儿子，拿撒勒人耶稣。」

46 拿但业就问：「拿撒勒会出什么好的吗?」腓力说：「你来看吧!」

47 当耶稣看见拿但业向他走过来，就说：「看，他是个地道的以色列人；他心里毫无诡诈!」

e) Peter: The Aramaic name "Cephas" and the Greek name "Peter" each mean "rock."

f) Moses and the Prophets: The Jewish Scriptures, that is, the Old Testament.

g) Israel … isn't deceitful: Israel (meaning "a man who wrestled with God" or "a prince of God") was the name that the Lord gave to Jacob (meaning "cheater" or "deceiver"), the famous ancestor of the Jewish people.

48 나다나엘이 이르되 어떻게 나를 아시나이까
예수께서 대답하여 이르시되 빌립이 너를
부르기 전에 네가 무화과나무 아래에 있을
때에 보았노라

49 나다나엘이 대답하되 랍비여 당신은
하나님의 아들이시요 당신은 이스라엘의
임금이로소이다

50 예수께서 대답하여 이르시되 내가 너를
무화과나무 아래에서 보았다 하므로 믿느냐
이보다 더 큰 일을 보리라

51 또 이르시되 진실로 진실로 너희에게
이르노니 하늘이 열리고 하나님의 사자들이
인자 위에 오르락 내리락 하는 것을 보리라
하시니라

48 ナタナエルが、「どうしてわたしを知っておられるのですか」と言うと、イエスは答えて、「わたしは、あなたがフィリポから話しかけられる前に、いちじくの木の下にいるのを見た」 と言われた。

49 ナタナエルは答えた。「ラビ、あなたは神の子です。あなたはイスラエルの王です。」

50 イエスは答えて言われた。「いちじくの木の下にあなたがいるのを見たと言ったので、信じるのか。もっと偉大なことをあなたは見ることになる。」

51 更に言われた。「はっきり言っておく。天が開け、神の天使たちが人の子の上に昇り降りするのを、あなたがたは見ることになる。」

48	"How do you know me?" Nathanael asked. Jesus answered, "Before Philip called you, I saw you under the fig tree."
49	Nathanael said, "Rabbi, you are the Son of God and the King of Israel!"
50	Jesus answered, "Did you believe me just because I said that I saw you under the fig tree? You will see something even greater.
51	* I tell you for certain you will see heaven open and God's angels going up and coming down on the Son of Man."[h]

48 拿但业问他:「你怎么认识我呢?」耶稣回答:「当你在无花 果树下,腓力还没有 招呼你,我已经 看见你了。」拿但业说:

49 「老师,你是上帝的儿子;你是以色列的君王!」

50 耶稣说:「因为我告诉你,我看见你在无花果树下,你就信了吗?你要看见比这 更大的事呢!」

51 又对他们 说:「我 郑 重 地 告诉你们,你们要 看见天 敞 开,上帝的天使在人子身上,上 下 往来。」

---

*Gn 28.12.

h) going up and coming down on the Son of Man: When Jacob (see the note at 1.47) was running from his brother Esau, he had a dream in which he saw angels going up and down on a ladder from earth to heaven (see Genesis 28.10-22).

제 2 장

가나의 혼례

1 사흘째 되던 날 갈릴리 가나에 혼례가 있어 예수의 어머니도 거기 계시고

2 예수와 그 제자들도 혼례에 청함을 받았더니

3 포도주가 떨어진지라 예수의 어머니가 예수에게 이르되 저들에게 포도주가 없다 하니

4 예수께서 이르시되 여자여 나와 무슨 상관이 있나이까 내 때가 아직 이르지 아니하였나이다

5 그의 어머니가 하인들에게 이르되 너희에게 무슨 말씀을 하시든지 그대로 하라 하니라

6 거기에 유대인의 정결 예식을 따라 두세 통 드는 돌항아리 여섯이 놓였는지라

7 예수께서 그들에게 이르시되 항아리에 물을 채우라 하신즉 아귀까지 채우니

8 이제는 떠서 연회장에게 갖다 주라 하시매 갖다 주었더니

9 연회장은 물로 된 포도주를 맛보고도 어디서 났는지 알지 못하되 물 떠온 하인들은 알더라 연회장이 신랑을 불러

第2章

カナでの婚礼

1 三日目に、ガリラヤのカナで婚礼があって、イエスの母がそこにいた。

2 イエスも、その弟子たちも婚礼に招かれた。

3 ぶどう酒が足りなくなったので、母がイエスに、「ぶどう酒がなくなりました」と言った。

4 イエスは母に言われた。「婦人よ、わたしとどんなかかわりがあるのです。わたしの時はまだ来ていません。」

5 しかし、母は召し使いたちに、「この人が何か言いつけたら、そのとおりにしてください」と言った。

6 そこには、ユダヤ人が清めに用いる石の水がめが六つ置いてあった。いずれも二ないし三メトレテス入りのものである。

7 イエスが、「水がめに水をいっぱい入れなさい」と言われると、召し使いたちは、かめの縁まで水を満たした。

8 イエスは、「さあ、それをくんで宴会の世話役のところへ持って行きなさい」と言われた。召し使いたちは運んで行った。

9 世話役はぶどう酒に変わった水の味見をした。このぶどう酒がどこから来たのか、水をくんだ召し使いたちは知っていたが、世話役は知らなかったので、花婿を呼んで、

Chapter 2

Jesus at a Wedding in Cana

1 Three days later Mary, the mother of Jesus, was at a wedding feast in the village of Cana in Galilee.

2 Jesus and his disciples had also been invited and were there.

3 When the wine was all gone, Mary said to Jesus, "They don't have any more wine."

4 Jesus replied, "Mother, my time hasn't yet come![i] You must not tell me what to do."

5 Mary then said to the servants, "Do whatever Jesus tells you to do."

6 At the feast there were six stone water jars that were used by the people for washing themselves in the way that their religion said they must. Each jar held about 100 liters .

7 Jesus told the servants to fill them to the top with water. Then after the jars had been filled,

8 he said, "Now take some water and give it to the man in charge of the feast." The servants did as Jesus told them,

9 and the man in charge drank some of the water that had now turned into wine. He did not know where the wine had come from, but the servants did. He called the bridegroom over

---

第 2 章

迦拿的婚宴

1 第三天，在加利利的迦拿城有人举行婚礼。耶稣的母亲在那里；

2 耶稣和他的门徒也受邀请参加婚宴。

3 酒喝光了，耶稣的母亲告诉他：「他们没有酒了。」

4 耶稣说：「母亲，请别勉强我做什么，我的时刻还没有到呢。」

5 耶稣的母亲却吩咐仆人：「他要你们做什么，就照他的话做。」

6 在那里有六口石缸，是犹太人行洁净礼的时候用的，每一口石缸可以盛水约一百公升。

7 耶稣对仆人说：「把水缸都装满水。」他们就倒水入缸，直到缸口。

8 耶稣又说：「现在可以舀些出来，送给管筵席的。」他们就送了去。

9 管筵席的尝了那已经变成酒的水，不知道这酒是从哪里来的（舀水的仆人却知道），于是叫新郎来，

---

i) my time hasn't yet come: The time when the true glory of Jesus would be seen, and he would be recognized as God's Son (see 12.23).

10 말하되 사람마다 먼저 좋은 포도주를
　　내고 취한 후에 낮은 것을 내거늘 그대는
　　지금까지 좋은 포도주를 두었도다 하니라

11 예수께서 이 첫 1)표적을 갈릴리 가나에서
　　행하여 그의 영광을 나타내시매 제자들이
　　그를 믿으니라

12 그 후에 예수께서 그 어머니와 형제들과
　　제자들과 함께 가버나움으로 내려가셨으나
　　거기에 여러 날 계시지는 아니하시니라

성전을 깨끗하게 하시다(마 21:12-13; 막 11:15-17; 눅 19:45-46)

13 유대인의 유월절이 가까운지라 예수께서
　　예루살렘으로 올라가셨더니

14 성전 안에서 소와 양과 비둘기 파는
　　사람들과 돈 바꾸는 사람들이 앉아 있는
　　것을 보시고

15 노끈으로 채찍을 만드사 양이나 소를 다
　　성전에서 내쫓으시고 돈 바꾸는 사람들의
　　돈을 쏟으시며 상을 엎으시고

16 비둘기 파는 사람들에게 이르시되 이것을
　　여기서 가져가라 내 아버지의 집으로
　　장사하는 집을 만들지 말라 하시니

17 제자들이 성경 말씀에 ㄱ)주의 전을 사모하는
　　열심이 나를 삼키리라 한 것을 기억하더라

18 이에 유대인들이 대답하여 예수께 말하기를
　　네가 이런 일을 행하니 무슨 1)표적을
　　우리에게 보이겠느냐

10 言った。「だれでも初めに良いぶどう酒
　　を出し、酔いがまわったころに劣ったも
　　のを出すものですが、あなたは良いぶど
　　う酒を今まで取って置かれました。」

11 イエスは、この最初のしるしをガリラヤ
　　のカナで行って、その栄光を現された。
　　それで、弟子たちはイエスを信じた。

12 この後、イエスは母、兄弟、弟子たちと
　　カファルナウムに下って行き、そこに幾
　　日か滞在された。

神殿から商人を追い出す（マタ21 12－13、マコ11 15－17、ルカ19 45－46）

13 ユダヤ人の過越祭が近づいたので、イエ
　　スはエルサレムへ上って行かれた。

14 そして、神殿の境内で牛や羊や鳩を売っ
　　ている者たちと、座って両替をしている
　　者たちを御覧になった。

15 イエスは縄で鞭を作り、羊や牛をすべて
　　境内から追い出し、両替人の金をまき散
　　らし、その台を倒し、

16 鳩を売る者たちに言われた。「このよう
　　な物はここから運び出せ。わたしの父の
　　家を商売の家としてはならない。」

17 弟子たちは、「あなたの家を思う熱意が
　　わたしを食い尽くす」と書いてあるのを
　　思い出した。

18 ユダヤ人たちはイエスに、「あなたは、
　　こんなことをするからには、どんなしる
　　しをわたしたちに見せるつもりか」と言
　　った。

---

1) 또는 이적　　　　ㄱ) 시 69:9

10 and said, "The best wine is always served first. Then after the guests have had plenty, the other wine is served. But you have kept the best until last!"

11 This was Jesus' first miracle,[j] and he did it in the village of Cana in Galilee. There Jesus showed his glory, and his disciples put their faith in him.

12 * After this, he went with his mother, his brothers, and his disciples to the town of Capernaum, where they stayed for a few days.

Jesus in the Temple
(Matthew 21.12,13; Mark 11.15-17; Luke 19.45,46)

13 * Not long before the Jewish festival of Passover, Jesus went to Jerusalem.

14 There he found people selling cattle, sheep, and doves in the temple. He also saw moneychangers sitting at their tables.

15 So he took some rope and made a whip. Then he chased everyone out of the temple, together with their sheep and cattle. He turned over the tables of the moneychangers and scattered their coins.

16 Jesus said to the people who had been selling doves, "Get those doves out of here! Don't make my Father's house a marketplace."

17 * The disciples then remembered that the Scriptures say, "My love for your house burns in me like a fire."

18 The Jewish leaders asked Jesus, "What miracle[k] will you work to show us why you have done this?"

---

10 对他说：「别人都是 先上 好酒，等客 人喝够了才上 普通的，你倒把最好的 酒留到 现在!」

11 这是耶稣所 行的第一个神迹，是在加 利利的迦拿城 行的。这事显示了他的 荣耀；他的门徒都 信了他。

12 这事以后，耶稣跟他的母亲、弟弟，和 门徒到迦百农 去，在那里住了几天。

耶稣 洁净 圣殿

（太21·12 — 13；可 11·15 — 17；
路 19·45 — 46）

13 犹太人的逾越节快 到了，耶稣上 耶路 撒冷去。

14 在 圣 殿的外院，他看见有人在贩卖 牛、羊、鸽子，又有人坐着 兑换银钱。

15 他就拿绳 子做了一条鞭子，把牛羊 从 圣 殿里都赶出去，把兑换 银钱 的桌 子推倒，钱币滚落一地。

16 他又对卖鸽子的人说：「把东 西都搬 走，不要把我父亲的 圣 殿 当作 市 场!」

17 他的门徒想 起 圣 经 上的话 说：「上 帝啊，我对你的 圣 殿大发热心，如火 燃烧!」

18 那些犹太人的领袖就质问他：「你能 显 什么 神迹给我们 看，好证 明 你有 权做这事呢?」

---

j) miracle: The Greek text has "sign." In the Gospel of John the word "sign" is used for the miracle itself and as a way of pointing to Jesus as the Son of God.

*Mt 4.13.

*Ex 12.1-27.

*Ps 69.9.

k) miracle: See the note at 2.11.

19 예수께서 대답하여 이르시되 너희가 이 성전을 헐라 내가 사흘 동안에 일으키리라

20 유대인들이 이르되 이 성전은 사십육 년 동안에 지었거늘 네가 삼 일 동안에 일으키겠느냐 하더라

21 그러나 예수는 성전된 자기 육체를 가리켜 말씀하신 것이라

22 죽은 자 가운데서 살아나신 후에야 제자들이 이 말씀하신 것을 기억하고 성경과 예수께서 하신 말씀을 믿었더라

예수는 사람의 마음속을 아신다

23 유월절에 예수께서 예루살렘에 계시니 많은 사람이 그의 행하시는 [1]표적을 보고 그의 이름을 믿었으나

24 예수는 그의 몸을 그들에게 의탁하지 아니하셨으니 이는 친히 모든 사람을 아심이요

25 또 사람에 대하여 누구의 증언도 받으실 필요가 없었으니 이는 그가 친히 사람의 속에 있는 것을 아셨음이니라

19 イエスは答えて言われた。「この神殿を壊してみよ。三日で建て直してみせる。」

20 それでユダヤ人たちは、「この神殿は建てるのに四十六年もかかったのに、あなたは三日で建て直すのか」と言った。

21 イエスの言われる神殿とは、御自分の体のことだったのである。

22 イエスが死者の中から復活されたとき、弟子たちは、イエスがこう言われたのを思い出し、聖書とイエスの語られた言葉とを信じた。

イエスは人間の心を知っておられる

23 イエスは過越祭の間エルサレムにおられたが、そのなさったしるしを見て、多くの人がイエスの名を信じた。

24 しかし、イエス御自身は彼らを信用されなかった。それは、すべての人のことを知っておられ、

25 人間についてだれからも証ししてもらう必要がなかったからである。イエスは、何が人間の心の中にあるかをよく知っておられたのである。

---

1) 또는 이적

19 * "Destroy this temple," Jesus answered, "and in three days I will build it again!"

20 The leaders replied, "It took 46 years to build this temple. What makes you think you can rebuild it in three days?"

21 But Jesus was talking about his body as a temple.

22 And when he was raised from death, his disciples remembered what he had told them. Then they believed the Scriptures and the words of Jesus.

Jesus Knows What People Are Like

23 In Jerusalem during Passover many people put their faith in Jesus, because they saw him work miracles.[l]

24 But Jesus knew what was in their hearts, and he would not let them have power over him.

25 No one had to tell him what people were like. He already knew.

---

19 耶稣说:「你们 拆毁这 圣殿,三天 之内,我要把它 重 建起来。」

20 他们说:「这 圣 殿 用 四十六年才造成,你能 在三天 之内 重 建它吗?」

21 其实,耶稣所 说 的圣 殿是指他自己的身体。

22 耶稣从死里复活以后,他的门 徒记起他曾说 过这话,就信圣 经和耶稣所说的。

耶稣洞悉人心

23 耶稣在耶路撒冷 过逾越节的时候,许多人看见他所行 的神迹,就信了他。

24 但是耶稣不能 使自己信任他们,因为他对所有 的人都有 深刻的了解。

25 他不需要人告诉他关于人性 的事,因为他洞悉人的内心。

---

*Mt 26.61; 27.40; Mk 14.58; 15.29.
l) miracle: See the note at 2.11.

제 3 장

예수와 니고데모

1 그런데 바리새인 중에 니고데모라 하는
사람이 있으니 유대인의 1)지도자라

2 그가 밤에 예수께 와서 이르되 랍비여
우리가 당신은 하나님께로부터 오신
선생인 줄 아나이다 하나님이 함께 하시지
아니하시면 당신이 행하시는 이 2)표적을
아무도 할 수 없음이니이다

3 예수께서 대답하여 이르시되 진실로 진실로
네게 이르노니 사람이 3)거듭나지 아니하면
하나님의 나라를 볼 수 없느니라

4 니고데모가 이르되 사람이 늙으면 어떻게
날 수 있사옵나이까 두 번째 모태에
들어갔다가 날 수 있사옵나이까

5 예수께서 대답하시되 진실로 진실로 네게
이르노니 사람이 물과 성령으로 나지
아니하면 하나님의 나라에 들어갈 수
없느니라

6 육으로 난 것은 육이요 영으로 난 것은
영이니

7 내가 네게 거듭나야 하겠다 하는 말을
놀랍게 여기지 말라

8 바람이 임의로 불매 네가 그 소리는 들어도
어디서 와서 어디로 가는지 알지 못하나니
성령으로 난 사람도 다 그러하니라

---

1) 또는 산헤드린 공회원
2) 또는 이적
3) 또는 위에서

第3章

イエスとニコデモ

1 さて、ファリサイ派に属する、ニコデモ
という人がいた。ユダヤ人たちの議員で
あった。

2 ある夜、イエスのもとに来て言った。
「ラビ、わたしどもは、あなたが神のも
とから来られた教師であることを知って
います。神が共におられるのでなけれ
ば、あなたのなさるようなしるしを、だ
れも行うことはできないからです。」

3 イエスは答えて言われた。「はっきり言
っておく。人は、新たに生まれなけれ
ば、神の国を見ることはできない。」

4 ニコデモは言った。「年をとった者が、
どうして生まれることができましょう。
もう一度母親の胎内に入って生まれるこ
とができるでしょうか。」

5 イエスはお答えになった。「はっきり言
っておく。だれでも水と霊とによって生
まれなければ、神の国に入ることはでき
ない。

6 肉から生まれたものは肉である。霊から
生まれたものは霊である。

7 『あなたがたは新たに生まれねばならな
い』とあなたに言ったことに、驚いては
ならない。

8 風は思いのままに吹く。あなたはその音
を聞いても、それがどこから来て、どこ
へ行くかを知らない。霊から生まれた者
も皆そのとおりである。」

3

dì   sān zhāng

第 3 章

Jesus and Nicodemus

1 There was a man named Nicodemus who was a Pharisee and a Jewish leader.

2 One night he went to Jesus and said, "Rabbi, we know that God has sent you to teach us. You could not work these miracles, unless God were with you."

3 Jesus replied, "I tell you for certain that you must be born from above[m) before you can see God's kingdom!"

4 Nicodemus asked, "How can a grown man ever be born a second time?"

5 Jesus answered:
I tell you for certain that before you can get into God's kingdom, you must be born not only by water, but by the Spirit.

6 Humans give life to their children. Yet only God's Spirit can change you into a child of God.

7 Don't be surprised when I say that you must be born from above.

8 Only God's Spirit gives new life. The Spirit is like the wind that blows wherever it wants to. You can hear the wind, but you don't know where it comes from or where it is going.

耶稣和尼哥德慕

1 有一个法利赛人，名 叫尼哥德慕，是 犹太人的领袖。

2 他在 晚上 来见耶稣，说：「老师，我 们 知道你是从 上帝那里来的教师。 你所 行的神迹，要不是有上帝同在， 没有人 能行。」

3 耶稣回答：「我 郑 重 地告诉你，人若 不 重 生【2】）就不能 看见上 帝国的实 现。」

4 尼哥德慕问：「一个已经老了的人怎么 能 重 生 呢？他能 重 进母胎再生 下 来吗？」

5 耶稣回答：「我 郑 重 地告诉你，人若 不从 水和圣 灵 重 生 的，就不能成 为 上帝国的子民。

6 人的肉身 是父母生 的，他的灵性 是 圣 灵 生的。

7 不要因为我说『你们必须 重生【3】）』 而惊奇。

8 风 随意吹动，你听见它的 声音，却不 知道它从哪里来，往 哪里去。凡从 圣 灵 生 的，也都是这样。」

---

m) from above: Or "in a new way." The same Greek word is used in verses 7,31.

【2】「人若不 重 生」或译「人若不 从上帝那里领受 新 生 命」（「重」字在希腊语 也有「上面」的意思）。

【3】「你们必须 重 生」或译「你们必须从 上帝那里领受 新 生 命」。

9 니고데모가 대답하여 이르되 어찌 그러한 일이 있을 수 있나이까

10 예수께서 그에게 대답하여 이르시되 너는 이스라엘의 선생으로서 이러한 것들을 알지 못하느냐

11 진실로 진실로 네게 이르노니 우리는 아는 것을 말하고 본 것을 증언하노라 그러나 너희가 우리의 증언을 받지 아니하는도다

12 내가 땅의 일을 말하여도 너희가 믿지 아니하거든 하물며 하늘의 일을 말하면 어떻게 믿겠느냐

13 하늘에서 내려온 자 1)곧 인자 외에는 하늘에 올라간 자가 없느니라

14 모세가 광야에서 뱀을 든 것 같이 인자도 들려야 하리니

15 이는 그를 믿는 자마다 영생을 얻게 하려 하심이니라

16 하나님이 세상을 이처럼 사랑하사 독생자를 주셨으니 이는 그를 믿는 자마다 멸망하지 않고 영생을 얻게 하려 하심이라

17 하나님이 그 아들을 세상에 보내신 것은 세상을 2)심판하려 하심이 아니요 그로 말미암아 세상이 구원을 받게 하려 하심이라

18 그를 믿는 자는 2)심판을 받지 아니하는 것이요 믿지 아니하는 자는 하나님의 독생자의 이름을 믿지 아니하므로 벌써 2)심판을 받은 것이니라

19 그 정죄는 이것이니 곧 빛이 세상에 왔으되 사람들이 자기 행위가 악하므로 빛보다 어둠을 더 사랑한 것이니라

9 するとニコデモは、「どうして、そんなことがありえましょうか」と言った。

10 イエスは答えて言われた。「あなたはイスラエルの教師でありながら、こんなことが分からないのか。

11 はっきり言っておく。わたしたちは知っていることを語り、見たことを証ししているのに、あなたがたはわたしたちの証しを受け入れない。

12 わたしが地上のことを話しても信じないとすれば、天上のことを話したところで、どうして信じるだろう。

13 天から降って来た者、すなわち人の子のほかには、天に上った者はだれもいない。

14 そして、モーセが荒れ野で蛇を上げたように、人の子も上げられねばならない。

15 それは、信じる者が皆、人の子によって永遠の命を得るためである。

16 神は、その独り子をお与えになったほどに、世を愛された。独り子を信じる者が一人も滅びないで、永遠の命を得るためである。

17 神が御子を世に遣わされたのは、世を裁くためではなく、御子によって世が救われるためである。

18 御子を信じる者は裁かれない。信じない者は既に裁かれている。神の独り子の名を信じていないからである。

19 光が世に来たのに、人々はその行いが悪いので、光よりも闇の方を好んだ。それが、もう裁きになっている。

---

1) 어떤 사본에, 곧 하늘에 있는 인자
2) 또는 정죄

9   "How can this be?"
    Nicodemus asked.

10 Jesus replied: How can you
    be a teacher of Israel and
    not know these things?

11 I tell you for certain we know what
    we are talking about because we
    have seen it ourselves. But none
    of you will accept what we say.

12 If you don't believe when I talk to
    you about things on earth, how
    can you possibly believe if I talk
    to you about things in heaven?

13 No one has gone up to heaven
    except the Son of Man, who
    came down from there.

14 * And the Son of Man must be lifted
    up, just as the metal snake was
    lifted up by Moses in the desert.[n]

15 Then everyone who has faith in the
    Son of Man will have eternal life.

16 God loved the people of this
    world so much that he gave
    his only Son, so that everyone
    who has faith in him will have
    eternal life and never really die.

17 God did not send his Son into
    the world to condemn its people.
    He sent him to save them!

18 No one who has faith in God's Son
    will be condemned. But everyone
    who doesn't have faith in him has
    already been condemned for not
    having faith in God's only Son.

19 The light has come into the world,
    and people who do evil things are
    judged guilty because they love
    the dark more than the light.

---

9   尼哥德慕问：「怎么能 有 这 样的事
    呢?」

10 耶稣回答：「你是以色列的教师，连这
    事都不 明白吗？

11 我实在告诉你，我们讲 论我们 所确知
    的，我们 见 证 我们 所见到的；可是
    你们偏偏 不愿意 领受我们的见证。

12 我告诉你们 关 于这世上 的事，你们
    尚且不信，我要是告诉你们 天上 的
    事，你们 又怎么 会信呢？

13 除了 从 天上 降 下来的人子，从来没
    有 人 上 过天。」

14 正 好像 摩西在 旷野举起铜蛇，人子
    也必须被举起，

15 要使所有 信他的人都得到 永 恒的生
    命。

16 上帝那么爱世人，甚至赐下他的独子，
    要使所有信他的人不致灭亡，反得 永
    恒 的生 命。

17 因为 上帝 差遣他的儿子到 世 上来，
    不是要定 世人的罪，而是要藉着他来
    拯救世人。

18 信儿子的人不被 定罪；不信的人已经
    被 定罪了，因为他不信上帝的独子。

19 光 来到世上，世人因为自己的坏 行
    为，不爱 光 而爱黑暗；他们被 定罪
    的原因 就在这里。

---

*Nu 21.9.
n) just as the metal snake was lifted up by Moses in the desert:
   When the Lord punished the people of Israel by sending
   snakes to bite them, he told Moses to hold a metal snake up
   on a pole. Everyone who looked at the snake was cured of
   the snake bites (see Numbers 21.4-9).

20 악을 행하는 자마다 빛을 미워하여 빛으로 오지 아니하나니 이는 그 행위가 드러날까 함이요

21 [1)]진리를 따르는 자는 빛으로 오나니 이는 그 행위가 하나님 안에서 행한 것임을 나타내려 함이라 하시니라

그는 흥하고 나는 쇠하여야 하리라

22 그 후에 예수께서 제자들과 유대 땅으로 가서 거기 함께 유하시며 [2)]세례를 베푸시더라

23 요한도 살렘 가까운 애논에서 [2)]세례를 베푸니 거기 물이 많음이라 그러므로 사람들이 와서 [2)]세례를 받더라

24 요한이 아직 옥에 갇히지 아니하였더라

25 이에 요한의 제자 중에서 한 유대인과 더불어 정결예식에 대하여 변론이 되었더니

26 그들이 요한에게 가서 이르되 랍비여 선생님과 함께 요단 강 저편에 있던 이 곧 선생님이 증언하시던 이가 [2)]세례를 베풀매 사람이 다 그에게로 가더이다

27 요한이 대답하여 이르되 만일 하늘에서 주신 바 아니면 사람이 아무 것도 받을 수 없느니라

28 내가 말한 바 나는 그리스도가 아니요 그의 앞에 보내심을 받은 자라고 한 것을 증언할 자는 너희니라

20 悪を行う者は皆、光を憎み、その行いが明るみに出されるのを恐れて、光の方に来ないからである。

21 しかし、真理を行う者は光の方に来る。その行いが神に導かれてなされたということが、明らかになるために。」

イエスと洗礼者ヨハネ

22 その後、イエスは弟子たちとユダヤ地方に行って、そこに一緒に滞在し、洗礼を授けておられた。

23 他方、ヨハネは、サリムの近くのアイノンで洗礼を授けていた。そこは水が豊かであったからである。人々は来て、洗礼を受けていた。

24 ヨハネはまだ投獄されていなかったのである。

25 ところがヨハネの弟子たちと、あるユダヤ人との間で、清めのことで論争が起こった。

26 彼らはヨハネのもとに来て言った。「ラビ、ヨルダン川の向こう側であなたと一緒にいた人、あなたが証しされたあの人が、洗礼を授けています。みんながあの人の方へ行っています。」

27 ヨハネは答えて言った。「天から与えられなければ、人は何も受けることができない。

28 わたしは、『自分はメシアではない』と言い、『自分はあの方の前に遣わされた者だ』と言ったが、そのことについては、あなたたち自身が証ししてくれる。

---

1) 헬. 참
2) 헬. 또는 침례

20 People who do evil hate the light and won't come to the light, because it clearly shows what they have done.

21 But everyone who lives by the truth will come to the light, because they want others to know that God is really the one doing what they do.

Jesus and John the Baptist

22 Later, Jesus and his disciples went to Judea, where he stayed with them for a while and was baptizing people.

23-24 * John had not yet been put in jail. He was at Aenon near Salim, where there was a lot of water, and people were coming there for John to baptize them.

25 John's followers got into an argument with a Jewish man[o] about a ceremony of washing.[p]

26 They went to John and said, "Rabbi, you spoke about a man when you were with him east of the Jordan. He is now baptizing people, and everyone is going to him."

27 John replied:
No one can do anything unless God in heaven allows it.

28 * You surely remember how I told you that I am not the Messiah. I am only the one sent ahead of him.

---

20 做坏事的，都恨光，不接近光，因为怕
他的 坏行为 被揭露出来。

21 但是，那依照 真理做事的，却接近
光，为要使 光 显 明 他所做的一切都
是照 着上 帝的旨意做的。

耶稣和约翰

22 这事以后，耶稣和门徒到犹太地区去。
他在那里和他们住了一些时候，并 施
洗礼。

23 约翰也在距离撒冷不远 的哀嫩 施洗；
因为那地方水多，人家都去受洗。

24 （那时约翰还没 有被囚禁。）

25 约翰的几个门徒跟一个犹太人为了洁净
礼争 辩。

26 他们去见约翰，对他说：「老师，你
看，从前 跟你在约旦河对岸、你 为他
作 见 证的那一位，现在也在施洗，
大家都 找他去了！」

27 约翰说：「除非上 帝有所 赏赐，没有
人 能得到什么。

28 我曾经 说过，我不是基督；我不过是
奉 差遣 作他的前驱。这话你们可以为
我 作证。

---

*Mt 14.3,4; Mk 6.17,18; Lk 3.19,20.
o) a Jewish man: Some manuscripts have "some Jewish men."
p) about a ceremony of washing: The Jewish people had many rules about washing themselves and their dishes, in order to make themselves fit to worship God.
*Jn 1.19,20.

29 신부를 취하는 자는 신랑이나 서서 신랑의
음성을 듣는 친구가 크게 기뻐하나니 나는
이러한 기쁨으로 충만하였노라

30 그는 흥하여야 하겠고 나는 쇠하여야
하리라 하니라

하늘로부터 오시는 이

31 위로부터 오시는 이는 만물 위에 계시고
땅에서 난 이는 땅에 속하여 땅에 속한 것을
말하느니라 하늘로부터 오시는 이는 만물
위에 계시나니

32 그가 친히 보고 들은 것을 증언하되 그의
증언을 받는 자가 없도다

33 그의 증언을 받는 자는 하나님이
참되시다는 것을 인쳤느니라

34 하나님이 보내신 이는 하나님의 말씀을
하나니 이는 하나님이 성령을 한량 없이
주심이니라

35 아버지께서 아들을 사랑하사 만물을 다
그의 손에 주셨으니

36 아들을 믿는 자에게는 영생이 있고
아들에게 순종하지 아니하는 자는 영생을
보지 못하고 도리어 하나님의 진노가 그
위에 머물러 있느니라

29 花嫁を迎えるのは花婿だ。花婿の介添え
人はそばに立って耳を傾け、花婿の声が
聞こえると大いに喜ぶ。だから、わたし
は喜びで満たされている。

30 あの方は栄え、わたしは衰えねばならな
い。」

天から来られる方

31 「上から来られる方は、すべてのものの上
におられる。地から出る者は地に属し、
地に属する者として語る。天から来られ
る方は、すべてのものの上におられる。

32 この方は、見たこと、聞いたことを証し
されるが、だれもその証しを受け入れな
い。

33 その証しを受け入れる者は、神が真実で
あることを確認したことになる。

34 神がお遣わしになった方は、神の言葉を
話される。神が"霊"を限りなくお与えに
なるからである。

35 御父は御子を愛して、その手にすべてを
ゆだねられた。

36 御子を信じる人は永遠の命を得ている
が、御子に従わない者は、命にあずかる
ことがないばかりか、神の怒りがその上
にとどまる。」

29 At a wedding the groom is the one who gets married. The best man is glad just to be there and to hear the groom's voice. That's why I am so glad.

30 Jesus must become more important, while I become less important.

The One Who Comes from Heaven

31 God's Son comes from heaven and is above all others. Everyone who comes from the earth belongs to the earth and speaks about earthly things. The one who comes from heaven is above all others.

32 He speaks about what he has seen and heard, and yet no one believes him.

33 But everyone who does believe him has shown that God is truthful.

34 The Son was sent to speak God's message, and he has been given the full power of God's Spirit.

35 * The Father loves the Son and has given him everything.

36 Everyone who has faith in the Son has eternal life. But no one who rejects him will ever share in that life, and God will be angry with them forever.

---

29 娶新娘 的是新郎；新郎 的 朋友 站在 旁 边 听着，一听见 新郎 的 声 音就 欢 喜快乐。同样，我已经得到了完全 的喜乐。

30 他必定 兴旺，我却必定 衰微。」

从 天 上 来 的那一位

31 那从 上 面 来的是超 越万有；那从 地上 来的是属于地，他所说 的也是地 上的事。那从 天上 来的是 超 越万 有。

32 他为所看见 所听到的作证，可是没有 人 接受他的见证。

33 那接受他见证 的，证 明了上帝 是信 实的。

34 上帝所 差 遣 的那一位 传 讲 上帝的 话，因为 上帝无 限 量地把 圣 灵赐 给他。

35 父亲爱儿子，已经把万有 交在他 手 中。

36 信儿子的，有永 恒 的生 命；不信儿 子的，不会有真生 命，而且上 帝的 惩 罚永 不离开他。

---

*Mt 11.27; Lk 10.22.

제 4 장

사마리아 여자와 말씀하시다

1 예수께서 제자를 삼고 1)세례를
베푸시는 것이 요한보다 많다 하는 말을
바리새인들이 들은 줄을 주께서 아신지라

2 (예수께서 친히 1)세례를 베푸신 것이
아니요 제자들이 베푼 것이라)

3 유대를 떠나사 다시 갈릴리로 가실새

4 사마리아를 통과하여야 하겠는지라

5 사마리아에 있는 수가라 하는 동네에
이르시니 야곱이 그 아들 요셉에게 준 땅이
가깝고

6 거기 또 야곱의 우물이 있더라 예수께서
길 가시다가 피곤하여 우물 곁에 그대로
앉으시니 때가 여섯 시쯤 되었더라

7 사마리아 여자 한 사람이 물을 길으러
왔으매 예수께서 물을 좀 달라 하시니

8 이는 제자들이 먹을 것을 사러 그 동네에
들어갔음이러라

9 사마리아 여자가 이르되 당신은
유대인으로서 어찌하여 사마리아
여자인 나에게 물을 달라 하나이까 하니
이는 유대인이 사마리아인과 상종하지
아니함이러라

10 예수께서 대답하여 이르시되 네가 만일
하나님의 선물과 또 네게 물 좀 달라
하는 이가 누구인 줄 알았더라면 네가
그에게 구하였을 것이요 그가 생수를 네게
주었으리라

---

1) 헬, 또는 침례

第4章

イエスとサマリアの女

1 さて、イエスがヨハネよりも多くの弟子
をつくり、洗礼を授けておられるという
ことが、ファリサイ派の人々の耳に入っ
た。イエスはそれを知ると、

2 ——洗礼を授けていたのは、イエス御自
身ではなく、弟子たちである——

3 ユダヤを去り、再びガリラヤへ行かれた。

4 しかし、サマリアを通らねばならなかった。

5 それで、ヤコブがその子ヨセフに与えた
土地の近くにある、シカルというサマリ
アの町に来られた。

6 そこにはヤコブの井戸があった。イエス
は旅に疲れて、そのまま井戸のそばに座
っておられた。正午ごろのことである。

7 サマリアの女が水をくみに来た。イエスは、
「水を飲ませてください」と言われた。

8 弟子たちは食べ物を買うために町に行っ
ていた。

9 すると、サマリアの女は、「ユダヤ人の
あなたがサマリアの女のわたしに、どう
して水を飲ませてほしいと頼むのです
か」と言った。ユダヤ人はサマリア人と
は交際しないからである。

10 イエスは答えて言われた。「もしあなた
が、神の賜物を知っており、また、『水
を飲ませてください』と言ったのがだれ
であるか知っていたならば、あなたの方
からその人に頼み、その人はあなたに生
きた水を与えたことであろう。」

4

1 Jesus knew that the Pharisees had heard that he was winning and baptizing more followers than John was.

2 But Jesus' disciples were really the ones doing the baptizing, and not Jesus himself.

Jesus and the Samaritan Woman

3 Jesus left Judea and started for Galilee again.

4 This time he had to go through Samaria,

5 * and on his way he came to the town of Sychar. It was near the field that Jacob had long ago given to his son Joseph.

6-8 The well that Jacob had dug was still there, and Jesus sat down beside it because he was tired from traveling. It was noon, and after Jesus' disciples had gone into town to buy some food, a Samaritan woman came to draw water from the well. Jesus asked her, "Would you please give me a drink of water?"

9 * "You are a Jew," she replied, "and I am a Samaritan woman. How can you ask me for a drink of water when Jews and Samaritans won't have anything to do with each other?"[q]

10 Jesus answered, "You don't know what God wants to give you, and you don't know who is asking you for a drink. If you did, you would ask me for the water that gives life."

第 4 章

耶稣和撒马利亚的女人

1 法利赛人 听说 耶稣招 收 门徒和施行 洗礼比约翰多。

2 （其实，耶稣未曾亲自为任何人施洗，而是他的门徒施洗。）

3 耶稣知道这事 就离开犹太，再回加利利去；

4 他必须经过撒马利亚。

5 他来到撒马利亚的叙加镇，距离雅各给他儿子约瑟的那块地不远；

6 雅各井就在那里。耶稣因为赶路疲倦，就坐在井旁；时候约在 中 午。

7 有一个撒马利亚女人来打水；耶稣对她说：「请 给我一点水 喝。」

8 （他的门徒已经到 镇 上 买食物去了。）

9 那女人回答：「你是犹太人，而我是撒马利亚女人，你为什么 向 我要水喝 呢？」（原 来犹太人跟撒马利亚人不相往 来。）

10 耶稣说：「要是你知道 上帝的恩赐和现在向 你要水 喝的是谁，你就会求他，而他会把活水 给你。」

---

*Gn 33.19; Js 24.32.
*Ezra 4.1-5; Ne 4.1,2.
q) won't have anything to do with each other: Or "won't use the same cups." The Samaritans lived in the land between Judea and Galilee. They worshiped God differently from the Jews and did not get along with them.

11 여자가 이르되 주여 물 길을 그릇도 없고
이 우물은 깊은데 어디서 당신이 그 생수를
얻겠사옵나이까

12 우리 조상 야곱이 이 우물을 우리에게
주셨고 또 여기서 자기와 자기 아들들과
짐승이 다 마셨는데 당신이 야곱보다 더
크니이까

13 예수께서 대답하여 이르시되 이 물을
마시는 자마다 다시 목마르려니와

14 내가 주는 물을 마시는 자는 영원히
목마르지 아니하리니 내가 주는 물은 그
속에서 영생하도록 솟아나는 샘물이 되리라

15 여자가 이르되 주여 그런 물을 내게 주사
목마르지도 않고 또 여기 물 길으러 오지도
않게 하옵소서

16 이르시되 가서 네 남편을 불러 오라

17 여자가 대답하여 이르되 나는 남편이
없나이다 예수께서 이르시되 네가 남편이
없다 하는 말이 옳도다

18 너에게 남편 다섯이 있었고 지금 있는 자도
네 남편이 아니니 네 말이 참되도다

19 여자가 이르되 주여 내가 보니
선지자로소이다

20 우리 조상들은 이 산에서 예배하였는데
당신들의 말은 예배할 곳이 예루살렘에
있다 하더이다

11 女は言った。「主よ、あなたはくむ物を
お持ちでないし、井戸は深いのです。ど
こからその生きた水を手にお入れになる
のですか。

12 あなたは、わたしたちの父 ヤコブ より
も偉いのですか。ヤコブがこの井戸をわ
たしたちに与え、彼自身も、その子供や
家畜も、この井戸から水を飲んだので
す。」

13 イエスは答えて言われた。「この水を飲
む者はだれでもまた渇く。

14 しかし、わたしが与える水を飲む者は決
して渇かない。わたしが与える水はその
人の内で泉となり、永遠の命に至る水が
わき出る。」

15 女は言った。「主よ、渇くことがないよ
うに、また、ここにくみに来なくてもい
いように、その水をください。」

16 イエスが、「行って、あなたの夫をここ
に呼んで来なさい」と言われると、

17 女は答えて、「わたしには夫はいま
せん」と言った。イエスは言われた。
「『夫はいません』とは、まさにそのと
おりだ。

18 あなたには五人の夫がいたが、今連れ添
っているのは夫ではない。あなたは、あ
りのままを言ったわけだ。」

19 女は言った。「主よ、あなたは預言者だ
とお見受けします。

20 わたしどもの先祖はこの山で礼拝しまし
たが、あなたがたは、礼拝すべき場所は
エルサレムにあると言っています。」

11 "Sir," the woman said, "you don't even have a bucket, and the well is deep. Where are you going to get this life-giving water?

12 Our ancestor Jacob dug this well for us, and his family and animals got water from it. Are you greater than Jacob?"

13 Jesus answered, "Everyone who drinks this water will get thirsty again.

14 But no one who drinks the water I give will ever be thirsty again. The water I give will become in that person a flowing fountain that gives eternal life."

15 The woman replied, "Sir, please give me a drink of that water! Then I won't get thirsty and have to come to this well again."

16 Jesus told her, "Go and bring your husband."

17-18 The woman answered, "I don't have a husband." "That's right," Jesus replied, "you're telling the truth. You don't have a husband. You have already been married five times, and the man you are now living with isn't your husband."

19 The woman said, "Sir, I can see that you are a prophet.

20 My ancestors worshiped on this mountain,[r] but you Jews say Jerusalem is the only place to worship."

---

11 那女人说：「先生，你没有打水的器具，井又深，你哪里去取活水呢？

12 我们的祖先雅各给我们 这口井；他、他的儿女，和他的 牲畜 都喝这口井的水。难道你自以为比他还大吗？」

13 耶稣回答：「喝了这水 的人还会再渴；

14 但是，谁喝了我所给的水，谁就永 远不再渴。我给的水 要在他里面 成 为泉源，不断 地涌 出活水，使他得到永恒的生命。」

15 女人说：「先生，请给我这水，使我永不再渴，也不用 再来这里打水。」

16 耶稣对她说：「去叫你的丈 夫，然后再到这里来。」

17 女人 说：「我 没有丈 夫。」耶稣说：「你说 你没有 丈夫，并 没有 错。

18 你曾经有五个 丈夫，现在跟你一起的不是你的丈 夫。你说的话是对的。」

19 女人 说：「先生，我看出你是一位先知。

20 我们撒马利亚人的祖先在这 山上 敬拜上帝，你们犹太人 却说 耶路撒冷才是敬拜上帝的地方。」

---

r) this mountain: Mount Gerizim, near the city of Shechem.

21 예수께서 이르시되 여자여 내 말을 믿으라
이 산에서도 말고 예루살렘에서도 말고
너희가 아버지께 예배할 때가 이르리라

22 너희는 알지 못하는 것을 예배하고
우리는 아는 것을 예배하노니 이는 구원이
유대인에게서 남이라

23 아버지께 참되게 예배하는 자들은 영과
진리로 예배할 때가 오나니 곧 이 때라
아버지께서는 자기에게 이렇게 예배하는
자들을 찾으시느니라

24 하나님은 영이시니 예배하는 자가 영과
진리로 예배할지니라

25 여자가 이르되 메시야 곧 그리스도라 하는
이가 오실 줄을 내가 아노니 그가 오시면
모든 것을 우리에게 알려 주시리이다

26 예수께서 이르시되 네게 말하는 내가 그라
하시니라

27 이 때에 제자들이 돌아와서 예수께서
여자와 말씀하시는 것을 이상히 여겼으나
무엇을 구하시나이까 어찌하여 그와
말씀하시나이까 묻는 자가 없더라

28 여자가 물동이를 버려 두고 동네로
들어가서 사람들에게 이르되

21 イエスは言われた。「婦人よ、わたしを
信じなさい。あなたがたが、この山でも
エルサレムでもない所で、父を礼拝する
時が来る。

22 あなたがたは知らないものを礼拝してい
るが、わたしたちは知っているものを礼
拝している。救いはユダヤ人から来るか
らだ。

23 しかし、まことの礼拝をする者たちが、
霊と真理をもって父を礼拝する時が来
る。今がその時である。なぜなら、父は
このように礼拝する者を求めておられる
からだ。

24 神は霊である。だから、神を礼拝する者
は、霊と真理をもって礼拝しなければな
らない。」

25 女が言った。「わたしは、キリストと呼
ばれるメシアが来られることは知ってい
ます。その方が来られるとき、わたした
ちに一切のことを知らせてくださいま
す。」

26 イエスは言われた。「それは、あなたと
話をしているこのわたしである。」

27 ちょうどそのとき、弟子たちが帰って来
て、イエスが女の人と話をしておられる
のに驚いた。しかし、「何か御用です
か」とか、「何をこの人と話しておられ
るのですか」と言う者はいなかった。

28 女は、水がめをそこに置いたまま町に行
き、人々に言った。

21 Jesus said to her:
Believe me, the time is coming when
you won't worship the Father either
on this mountain or in Jerusalem.

22 You Samaritans don't really know
the one you worship. But we Jews do
know the God we worship, and by
using us, God will save the world.

23 But a time is coming, and it is
already here! Even now the
true worshipers are being led
by the Spirit to worship the
Father according to the truth.
These are the ones the Father
is seeking to worship him.

24 God is Spirit, and those who
worship God must be led
by the Spirit to worship him
according to the truth.

25 The woman said, "I know that the
Messiah will come. He is the one
we call Christ. When he comes, he
will explain everything to us."

26 "I am that one," Jesus told her,
"and I am speaking to you now."

27 The disciples returned about
this time and were surprised
to find Jesus talking with a
woman. But none of them asked
him what he wanted or why
he was talking with her.

28 The woman left her water jar
and ran back into town, where
she said to the people,

21 耶稣对她说：「女人，要信我！时刻将
到，人不再在这 山 上 或在耶路撒冷
敬拜天父。

22 你们撒马利亚人不知道你们 所拜的是
谁，我们犹太人知道 我们 所拜的是
谁，因为救恩是从犹太人来的。

23 可是时刻将到，现在就是了，那 真 正
敬拜天父的，要用 心灵和真 诚 敬
拜。这样 的敬拜就是天父所要的。

24 上帝是灵，敬拜他的人必须以心 灵和
真 诚 敬拜。」

25 女人 对他说：「我知道那称 为基督的
弥赛亚要来，他来了就会把一切的事都
告诉我们。」

26 耶稣回答：「我，正 在跟你说话的，就
是他!」

27 就在这时候，耶稣的门徒回来了。他们
看 见他正 在跟一个女人说话，觉得很
惊奇，可是没有人 问那女人：「你要
什么?」或问耶稣：「你为 什么跟她说
话?」

28 那女人放下 水罐，往 镇 上 去，向大
家说：

29 내가 행한 모든 일을 내게 말한 사람을 와서 보라 이는 그리스도가 아니냐 하니

30 그들이 동네에서 나와 예수께로 오더라

31 그 사이에 제자들이 청하여 이르되 랍비여 잡수소서

32 이르시되 내게는 너희가 알지 못하는 먹을 양식이 있느니라

33 제자들이 서로 말하되 누가 잡수실 것을 갖다 드렸는가 하니

34 예수께서 이르시되 나의 양식은 나를 보내신 이의 뜻을 행하며 그의 일을 온전히 이루는 이것이니라

35 너희는 넉 달이 지나야 추수할 때가 이르겠다 하지 아니하느냐 그러나 나는 너희에게 이르노니 너희 눈을 들어 밭을 보라 희어져 추수하게 되었도다

36 거두는 자가 이미 삯도 받고 영생에 이르는 열매를 모으나니 이는 뿌리는 자와 거두는 자가 함께 즐거워하게 하려 함이라

37 그런즉 한 사람이 심고 다른 사람이 거둔다 하는 말이 옳도다

38 내가 너희로 노력하지 아니한 것을 거두러 보내었노니 다른 사람들은 노력하였고 너희는 그들이 노력한 것에 참여하였느니라

29 「さあ、見に来てください。わたしが行ったことをすべて、言い当てた人がいます。もしかしたら、この方がメシアかもしれません。」

30 人々は町を出て、イエスのもとへやって来た。

31 その間に、弟子たちが「ラビ、食事をどうぞ」と勧めると、

32 イエスは、「わたしにはあなたがたの知らない食べ物がある」と言われた。

33 弟子たちは、「だれかが食べ物を持って来たのだろうか」と互いに言った。

34 イエスは言われた。「わたしの食べ物とは、わたしをお遣わしになった方の御心を行い、その業を成し遂げることである。

35 あなたがたは、『刈り入れまでまだ四か月もある』と言っているではないか。わたしは言っておく。目を上げて畑を見るがよい。色づいて刈り入れを待っている。既に、

36 刈り入れる人は報酬を受け、永遠の命に至る実を集めている。こうして、種を蒔く人も刈る人も、共に喜ぶのである。

37 そこで、『一人が種を蒔き、別の人が刈り入れる』ということわざのとおりになる。

38 あなたがたが自分では労苦しなかったものを刈り入れるために、わたしはあなたがたを遣わした。他の人々が労苦し、あなたがたはその労苦の実りにあずかっている。」

29 "Come and see a man who told me everything I have ever done! Could he be the Messiah?"

30 Everyone in town went out to see Jesus.

31 While this was happening, Jesus' disciples were saying to him, "Teacher, please eat something."

32 But Jesus told them, "I have food you don't know anything about."

33 His disciples started asking each other, "Has someone brought him something to eat?"

34 Jesus said: My food is to do what God wants! He is the one who sent me, and I must finish the work that he gave me to do.

35 You may say there are still four months until harvest time. But I tell you to look, and you will see that the fields are ripe and ready to harvest.

36 Even now the harvest workers are receiving their reward by gathering a harvest that brings eternal life. Then everyone who planted the seed and everyone who harvests the crop will celebrate together.

37 So the saying proves true, "Some plant the seed, and others harvest the crop."

38 I am sending you to harvest crops in fields where others have done all the hard work.

29 「你们来看！有一个人把我生平所做一切的事都说了出来；这个人也许就是基督吧？」

30 大家就出城去看耶稣。

31 这时候，门徒劝耶稣：「老师，请吃点东西。」

32 耶稣回答：「我有吃的东西，是你们所不知道的。」

33 门徒彼此议论：「难道有人拿东西给他吃吗？」

34 耶稣对他们说：「我的食物就是实行差我来那一位的旨意，并且完成他交给我的工作。

35 你们说：『再过四个月才是收割的时候。』我告诉你们，看看那片田地吧，农作物已经成熟，可以收割了！

36 收割的人得到报赏，为永恒的生命积聚果实，使栽种的和收割的，一同快乐。

37 『一人栽种，另一人收割』这话是真的。

38 我差遣你们去收割你们所没有耕作的田地；别人辛劳，而你们享受他们辛劳的成果。」

39 여자의 말이 내가 행한 모든 것을 그가 내게 말하였다 증언하므로 그 동네 중에 많은 사마리아인이 예수를 믿는지라

40 사마리아인들이 예수께 와서 자기들과 함께 유하시기를 청하니 거기서 이틀을 유하시매

41 예수의 말씀으로 말미암아 믿는 자가 더욱 많아

42 그 여자에게 말하되 이제 우리가 믿는 것은 네 말로 인함이 아니니 이는 우리가 친히 듣고 그가 참으로 세상의 구주신 줄 앎이라 하였더라

왕의 신하의 아들을 고치시다(마 8:5-13; 눅 7:1-10)

43 이틀이 지나매 예수께서 거기를 떠나 갈릴리로 가시며

44 친히 증언하시기를 선지자가 고향에서는 높임을 받지 못한다 하시고

45 갈릴리에 이르시매 갈릴리인들이 그를 영접하니 이는 자기들도 명절에 갔다가 예수께서 명절중 예루살렘에서 하신 모든 일을 보았음이더라

46 예수께서 다시 갈릴리 가나에 이르시니 전에 물로 포도주를 만드신 곳이라 왕의 신하가 있어 그의 아들이 가버나움에서 병들었더니

39 さて、その町の多くのサマリア人は、「この方が、わたしの行ったことをすべて言い当てました」と証言した女の言葉によって、イエスを信じた。

40 そこで、このサマリア人たちはイエスのもとにやって来て、自分たちのところにとどまるようにと頼んだ。イエスは、二日間そこに滞在された。

41 そして、更に多くの人々が、イエスの言葉を聞いて信じた。

42 彼らは女に言った。「わたしたちが信じるのは、もうあなたが話してくれたからではない。わたしたちは自分で聞いて、この方が本当に世の救い主であると分かったからです。」

役人の息子をいやす（マタ8 5—13、ルカ7 1—10）

43 二日後、イエスはそこを出発して、ガリラヤへ行かれた。

44 イエスは自ら、「預言者は自分の故郷では敬われないものだ」とはっきり言われたことがある。

45 ガリラヤにお着きになると、ガリラヤの人たちはイエスを歓迎した。彼らも祭りに行ったので、そのときエルサレムでイエスがなさったことをすべて、見ていたからである。

46 イエスは、再びガリラヤのカナに行かれた。そこは、前にイエスが水をぶどう酒に変えられた所である。さて、カファルナウムに王の役人がいて、その息子が病気であった。

39 A lot of Samaritans in that town put their faith in Jesus because the woman had said, "This man told me everything I have ever done."

40 They came and asked him to stay in their town, and he stayed on for two days.

41 Many more Samaritans put their faith in Jesus because of what they heard him say.

42 They told the woman, "We no longer have faith in Jesus just because of what you told us. We have heard him ourselves, and we are certain that he is the Savior of the world!"

Jesus Heals an Official's Son
(Matthew 8.5-13; Luke 7.1-10)

43-44 * Jesus had said, "Prophets are honored everywhere, except in their own country." Then two days later he left

45 * and went to Galilee. The people there welcomed him, because they had gone to the festival in Jerusalem and had seen everything he had done.

46 * While Jesus was in Galilee, he returned to the village of Cana, where he had turned the water into wine. There was an official in Capernaum whose son was sick.

---

39 镇上 有许多撒马利亚人信了耶稣，因为那女人说：「他把我所 做的事都说了出来。」

40 那些撒马利亚人来见耶稣，要求他和他们一起住，于是耶稣在那里住了两天。

41 有更 多的人因耶稣的信息而信了他。

42 他们告诉那女人：「我们 现在信了，不是因为你 说的话，而是因为我们 亲自听见了他的话，知道他真 是世界的救主。」

耶稣治好 官员 的儿子

43 耶稣在那里住了两 天，然后到加利利去。

44 他自己说 过：「先知在本 乡 是不受尊重 的。」

45 耶稣一到加利利，当地的人都 欢迎他；因为他们上 耶路撒冷过逾越节的时候，看见了他在节期中 所做的一切事。

46 耶稣又回到加利利的迦拿，就是从 前他变水为酒的地方。那地方有一个官员，他的儿子在迦百农 害病。

47 그가 예수께서 유대로부터 갈릴리로
오셨다는 것을 듣고 가서 청하되
내려오셔서 내 아들의 병을 고쳐 주소서
하니 그가 거의 죽게 되었음이라

48 예수께서 이르시되 너희는 1)표적과 기사를
보지 못하면 도무지 믿지 아니하리라

49 신하가 이르되 주여 내 아이가 죽기 전에
내려오소서

50 예수께서 이르시되 가라 네 아들이 살아
있다 하시니 그 사람이 예수께서 하신
말씀을 믿고 가더니

51 내려가는 길에서 그 종들이 오다가 만나서
아이가 살아 있다 하거늘

52 그 낫기 시작한 때를 물은즉 어제 일곱 시에
열기가 떨어졌나이다 하는지라

53 그의 아버지가 예수께서 네 아들이 살아
있다 말씀하신 그 때인 줄 알고 자기와 그 온
집안이 다 믿으니라

54 이것은 예수께서 유대에서 갈릴리로 오신
후에 행하신 두 번째 1)표적이니라

47 この人は、イエスがユダヤからガリラヤ
に来られたと聞き、イエスのもとに行
き、カファルナウムまで下って来て息子
をいやしてくださるように頼んだ。息子
が死にかかっていたからである。

48 イエスは役人に、「あなたがたは、しる
しや不思議な業を見なければ、決して信
じない」と言われた。

49 役人は、「主よ、子供が死なないうち
に、おいでください」と言った。

50 イエスは言われた。「帰りなさい。あな
たの息子は生きる。」 その人は、イエス
の言われた言葉を信じて帰って行った。

51 ところが、下って行く途中、僕たちが迎
えに来て、その子が生きていることを告
げた。

52 そこで、息子の病気が良くなった時刻を
尋ねると、僕たちは、「きのうの午後一
時に熱が下がりました」と言った。

53 それは、イエスが 「あなたの息子は生き
る」 と言われたのと同じ時刻であること
を、この父親は知った。そして、彼もそ
の家族もこぞって信じた。

54 これは、イエスがユダヤからガリラヤに
来てなされた、二回目のしるしである。

---

1) 또는 이적

47 And when the man heard that Jesus had come from Judea, he went and begged him to keep his son from dying.

48 Jesus told the official, "You won't have faith unless you see miracles and wonders!"

49 The man replied, "Lord, please come before my son dies!"

50 Jesus then said, "Your son will live. Go on home to him." The man believed Jesus and started back home.

51 Some of the official's servants met him along the road and told him, "Your son is better!"

52 He asked them when the boy got better, and they answered, "The fever left him yesterday at one o'clock."

53 The boy's father realized that at one o'clock the day before, Jesus had told him, "Your son will live!" So the man and everyone in his family put their faith in Jesus.

54 This was the second miracle[s] that Jesus worked after he left Judea and went to Galilee.

47 他一听到耶稣从 犹太来到加利利，就去见他，求他去迦百农治好他那病危的儿子。

48 耶稣对他说：「要不是看见 神迹奇事，你们总是不信。」

49 那官员回答：「先生，求你在我儿子没有死以前同 我一起去。」

50 耶稣对他说：「去吧，你的儿子会活的!」那人信了耶稣的话 就回去。

51 在途中，他的仆人迎着他来，对他说：「你的儿子活了!」

52 他问他们，儿子是什 么时候好起来的。他们 回答：「昨天下午一点钟 的时候，热退了。」

53 那父亲 想起，就是在那个时间，耶稣对他说「你的儿子会活的」。因此他和他全家都信了。

54 这是耶稣从 犹太回到加利利后所 行的第二个神迹。

---

s) miracle: See the note at 2.11.

제 5 장

오래된 병을 고치시다

1 그 후에 유대인의 명절이 되어 예수께서
예루살렘에 올라가시니라

2 예루살렘에 있는 양문 곁에 히브리 말로
베데스다라 하는 못이 있는데 거기 행각
다섯이 있고

3 그 안에 많은 병자, 맹인, 다리 저는 사람,
혈기 마른 사람들이 누워 1)[물의 움직임을
기다리니

4 이는 천사가 가끔 못에 내려와 물을
움직이게 하는데 움직인 후에 먼저
들어가는 자는 어떤 병에 걸렸든지 낫게
됨이러라]

5 거기 서른여덟 해 된 병자가 있더라

6 예수께서 그 누운 것을 보시고 병이 벌써
오래된 줄 아시고 이르시되 네가 낫고자
하느냐

7 병자가 대답하되 주여 물이 움직일 때에
나를 못에 넣어 주는 사람이 없어 내가 가는
동안에 다른 사람이 먼저 내려가나이다

8 예수께서 이르시되 일어나 네 자리를 들고
걸어가라 하시니

9 그 사람이 곧 나아서 자리를 들고
걸어가니라 이 날은 안식일이니

10 유대인들이 병 나은 사람에게 이르되
안식일인데 네가 자리를 들고 가는 것이
옳지 아니하니라

11 대답하되 나를 낫게 한 그가 자리를 들고
걸어가라 하더라 하니

第5章

ベトザタの池で病人をいやす

1 その後、ユダヤ人の祭りがあったので、
イエスはエルサレムに上られた。

2 エルサレムには羊の門の傍らに、ヘブラ
イ語で「ベトザタ」と呼ばれる池があ
り、そこには五つの回廊があった。

3 この回廊には、病気の人、目の見えない
人、足の不自由な人、体の麻痺した人な
どが、大勢横たわっていた。†

5 さて、そこに三十八年も病気で苦しんで
いる人がいた。

6 イエスは、その人が横たわっているのを
見、また、もう長い間病気であるのを知
って、「良くなりたいか」と言われた。

7 病人は答えた。「主よ、水が動くと
き、わたしを池の中に入れてくれる人が
いないのです。わたしが行くうちに、ほ
かの人が先に降りて行くのです。」

8 イエスは言われた。「起き上がりなさ
い。床を担いで歩きなさい。」

9 すると、その人はすぐに良くなって、床
を担いで歩きだした。
その日は安息日であった。

10 そこで、ユダヤ人たちは病気をいやして
いただいた人に言った。「今日は安息日
だ。だから床を担ぐことは、律法で許さ
れていない。」

11 しかし、その人は、「わたしをいやして
くださった方が、『床を担いで歩きなさ
い』と言われたのです」と答えた。

---

1) 어떤 사본에는, 이 괄호 내 구절이 없고 3절의 '누워'는 '누웠
으니'로 되어 있음

5

Jesus Heals a Sick Man

1 Later, Jesus went to Jerusalem for another Jewish festival.[t]

2 In the city near the sheep gate was a pool with five porches, and its name in Hebrew was Bethzatha.[u]

3-4 Many sick, blind, lame, and paralyzed people were lying close to the pool.[v]

5 Beside the pool was a man who had been sick for 38 years.

6 When Jesus saw the man and realized that he had been crippled for a long time, he asked him, "Do you want to be healed?"

7 The man answered, "Sir, I don't have anyone to put me in the pool when the water is stirred up. I try to get in, but someone else always gets there first."

8 Jesus told him, "Pick up your mat and walk!"

9 Right then the man was healed. He picked up his mat and started walking around. The day on which this happened was a Sabbath.

10 * When the Jewish leaders saw the man carrying his mat, they said to him, "This is the Sabbath! No one is allowed to carry a mat on the Sabbath."

11 But he replied, "The man who healed me told me to pick up my mat and walk."

第 5 章

在毕士大池边治病

1 这事以后，刚好是犹太人的一个节期，耶稣上耶路撒冷去。

2 在耶路撒冷，靠近羊门地方有一个池子，希伯来话叫毕士大，池边有五个走廊【4】）。

3 走廊上躺着成群的病人，其中有失明的、跛脚的、瘫痪的。【5】）

5 在那里有一个已经病了三十八年的病人。

6 耶稣看见他躺着，知道他已患病多年，就问他：「你要得到医治吗?」

7 那病人回答：「先生，水动的时候没有人帮我，把我放进池子，等我正想下去，已经有人抢先下去了。」

8 耶稣对他说：「起来，拿起你的褥子走吧!」

9 那人立刻好了，拿起他的褥子走了。那天刚好是安息日，

10 因此犹太人的领袖对那个被治好的人说：「今天是安息日，你拿着褥子是不合法的。」

11 他说：「那个治好我的人吩咐我：『拿起你的褥子走吧!』」

---

t) another Jewish festival: Either the Festival of Shelters or Passover.

u) Bethzatha: Some manuscripts have "Bethesda" and others have "Bethsaida."

v) pool: Some manuscripts add, "They were waiting for the water to be stirred, because an angel from the Lord would sometimes come down and stir it. The first person to get into the pool after that would be healed."

【4】「靠近羊门地方有一个池子……池边有五个走廊」或译「靠近羊池有一个地方，……这地方周围有五个走廊」。

【5】有些古卷加4节「他们在等候池水的漩动；因为他们相信每隔一些时候，主的天使会下来搅动池水，水动之后，最先下池的病人，无论害什么病，都会得到医治。」

12 그들이 묻되 너에게 자리를 들고 걸어가라
한 사람이 누구냐 하되

13 고침을 받은 사람은 그가 누구인지
알지 못하니 이는 거기 사람이 많으므로
예수께서 이미 피하셨음이라

14 그 후에 예수께서 성전에서 그 사람을
만나 이르시되 보라 네가 나았으니 더 심한
것이 생기지 않게 다시는 죄를 범하지 말라
하시니

15 그 사람이 유대인들에게 가서 자기를 고친
이는 예수라 하니라

16 그러므로 안식일에 이러한 일을 행하신다
하여 유대인들이 예수를 박해하게 된지라

17 예수께서 그들에게 이르시되 내 아버지께서
이제까지 일하시니 나도 일한다 하시매

18 유대인들이 이로 말미암아 더욱 예수를
죽이고자 하니 이는 안식일을 범할 뿐만
아니라 하나님을 자기의 친 아버지라 하여
자기를 하나님과 동등으로 삼으심이러라

아들의 권한

19 그러므로 예수께서 그들에게 이르시되 내가
진실로 진실로 너희에게 이르노니 아들이
아버지께서 하시는 일을 보지 않고는 아무
것도 스스로 할 수 없나니 아버지께서
행하시는 그것을 아들도 그와 같이
행하느니라

---

12 彼らは、「お前に 『床を担いで歩きなさ
い』と言ったのはだれだ」と尋ねた。

13 しかし、病気をいやしていただいた人
は、それがだれであるか知らなかった。
イエスは、群衆がそこにいる間に、立ち
去られたからである。

14 その後、イエスは、神殿の境内でこの人
に出会って言われた。「あなたは良くな
ったのだ。もう、罪を犯してはいけな
い。さもないと、もっと悪いことが起こ
るかもしれない。」

15 この人は立ち去って、自分をいやしたの
はイエスだと、ユダヤ人たちに知らせ
た。

16 そのために、ユダヤ人たちはイエスを迫
害し始めた。イエスが、安息日にこのよ
うなことをしておられたからである。

17 イエスはお答えになった。「わたしの父
は今もなお働いておられる。だから、わ
たしも働くのだ。」

18 このために、ユダヤ人たちは、ますます
イエスを殺そうとねらうようになった。
イエスが安息日を破るだけでなく、神を
御自分の父と呼んで、御自身を神と等し
い者とされたからである。

御子の権威

19 そこで、イエスは彼らに言われた。「は
っきり言っておく。子は、父のなさるこ
とを見なければ、自分からは何事もでき
ない。父がなさることはなんでも、子も
そのとおりにする。

12 They asked him, "Who is this man that told you to pick up your mat and walk?"

13 But he did not know who Jesus was, and Jesus had left because of the crowd.

14 Later, Jesus met the man in the temple and told him, "You are now well. But don't sin anymore or something worse might happen to you."

15 The man left and told the leaders that Jesus was the one who had healed him.

16 They started making a lot of trouble for Jesus because he did things like this on the Sabbath.

17 But Jesus said, "My Father has never stopped working, and this is why I keep on working."

18 Now the leaders wanted to kill Jesus for two reasons. First, he had broken the law of the Sabbath. But even worse, he had said God was his Father, which made him equal with God.

The Son's Authority

19 Jesus told the people:

I tell you for certain the Son cannot do anything on his own. He can do only what he sees the Father doing, and he does exactly what he sees the Father do.

12 他们问：「那个吩咐你拿起褥子走的是谁？」

13 可是那个被治好的人竟不知道是谁；因为那地方人很多，而耶稣又已经避开了。

14 事后，耶稣在圣殿里找到他，对他说：「你已经完全好了，不可再犯罪，免得招来更大的祸患。」

15 那人走开后，告诉犹太人的领袖，说是耶稣治好他的。

16 从此，他们开始迫害耶稣，因为他在安息日治病。

17 耶稣对他们说：「我父亲一直在工作，我也该照样工作。」

18 这话更使犹太人的领袖决意要杀害他；因为他不但破坏了安息日的戒律，而且说上帝是他自己的父亲，把自己当作跟上帝平等。

儿子的权柄

19 接着，耶稣对他们说：「我郑重地告诉你们，儿子凭着自己不能做什么；他看见父亲做什么，才做什么。父亲所做的，儿子也做。

20 아버지께서 아들을 사랑하사 자기가
　행하시는 것을 다 아들에게 보이시고 또
　그보다 더 큰 일을 보이사 너희로 놀랍게
　여기게 하시리라

21 아버지께서 죽은 자들을 일으켜 살리심
　같이 아들도 자기가 원하는 자들을
　살리느니라

22 아버지께서 아무도 심판하지 아니하시고
　심판을 다 아들에게 맡기셨으니

23 이는 모든 사람으로 아버지를 공경하는
　것 같이 아들을 공경하게 하려 하심이라
　아들을 공경하지 아니하는 자는 그를
　보내신 아버지도 공경하지 아니하느니라

24 내가 진실로 진실로 너희에게 이르노니
　내 말을 듣고 또 나 보내신 이를 믿는 자는
　영생을 얻었고 1)심판에 이르지 아니하나니
　사망에서 생명으로 옮겼느니라

25 진실로 진실로 너희에게 이르노니 죽은
　자들이 하나님의 아들의 음성을 들을 때가
　오나니 곧 이 때라 듣는 자는 살아나리라

26 아버지께서 자기 속에 생명이 있음 같이
　아들에게도 생명을 주어 그 속에 있게
　하셨고

27 또 인자됨으로 말미암아 심판하는 권한을
　주셨느니라

28 이를 놀랍게 여기지 말라 무덤 속에 있는
　자가 다 그의 음성을 들을 때가 오나니

20 父は子を愛して、御自分のなさることを
　すべて子に示されるからである。また、
　これらのことよりも大きな業を子にお示
　しになって、あなたたちが驚くことにな
　る。

21 すなわち、父が死者を復活させて命をお
　与えになるように、子も、与えたいと思
　う者に命を与える。

22 また、父はだれをも裁かず、裁きは一切
　子に任せておられる。

23 すべての人が、父を敬うように、子をも
　敬うようになるためである。子を敬わな
　い者は、子をお遣わしになった父をも敬
　わない。

24 はっきり言っておく。わたしの言葉を聞
　いて、わたしをお遣わしになった方を信
　じる者は、永遠の命を得、また、裁かれ
　ることなく、死から命へと移っている。

25 はっきり言っておく。死んだ者が神の子
　の声を聞く時が来る。今やその時であ
　る。その声を聞いた者は生きる。

26 父は、御自身の内に命を持っておられる
　ように、子にも自分の内に命を持つよう
　にしてくださったからである。

27 また、裁きを行う権能を子にお与えにな
　った。子は人の子だからである。

28 驚いてはならない。時が来ると、墓の中
　にいる者は皆、人の子の声を聞き、

---

1) 또는 정죄

20 The Father loves the Son and has shown him everything he does. The Father will show him even greater things, and you will be amazed.

21 Just as the Father raises the dead and gives life, so the Son gives life to anyone he wants to.

22 The Father doesn't judge anyone, but he has made his Son the judge of everyone.

23 The Father wants all people to honor the Son as much as they honor him. When anyone refuses to honor the Son, this is the same as refusing to honor the Father who sent him.

24 I tell you for certain that everyone who hears my message and has faith in the one who sent me has eternal life and will never be condemned. They have already gone from death to life.

25 I tell you for certain the time will come, and it is already here, when all of the dead will hear the voice of the Son of God. And those who listen to it will live!

26 The Father has the power to give life, and he has given that same power to the Son.

27 And he has given his Son the right to judge everyone, because he is the Son of Man.

28 Don't be surprised! The time will come when all of the dead will hear the voice of the Son of Man,

20 父亲爱儿子，把自己所做的指示儿子。他要把比这更重大的事指示儿子，要使你们惊奇。

21 父亲怎样使已经死了的人复活，赐生命给他们；同样，儿子也要随着自己的意思赐生命给人。

22 父亲自己不审判任何人；他把审判的权交给儿子，

23 为的要使人都尊敬儿子，像尊敬父亲一样。那不尊敬儿子的，就是不尊敬差遣他来的父亲。

24 「我郑重地告诉你们，那听我话、又信差我来那一位的，就有永恒的生命。他不至于被定罪，而是已经出死入生了。

25 我郑重地告诉你们，时刻将到，现在就是了，已死的人要听见上帝儿子的声音；那听见的都要活过来。

26 正如父亲本身是生命的根源，他也使儿子成为生命的根源。

27 「他又把执行审判的权柄赐给儿子，因为他是人子。

28 你们不要为这事惊讶；因为时刻将到，所有在坟墓里的人都要听见他的声音，

29 선한 일을 행한 자는 생명의 부활로, 악한
일을 행한 자는 심판의 부활로 나오리라

예수를 믿게 하는 증언

30 내가 아무 것도 스스로 할 수 없노라 듣는
대로 심판하노니 나는 나의 뜻대로 하려
하지 않고 나를 보내신 이의 뜻대로 하려
하므로 내 심판은 의로우니라

31 내가 만일 나를 위하여 증언하면 내 증언은
참되지 아니하되

32 나를 위하여 증언하시는 이가 따로 있으니
나를 위하여 증언하시는 그 증언이 참인 줄
아노라

33 너희가 요한에게 사람을 보내매 요한이
진리에 대하여 증언하였느니라

34 그러나 나는 사람에게서 증언을 취하지
아니하노라 다만 이 말을 하는 것은 너희로
구원을 받게 하려 함이니라

35 요한은 켜서 비추이는 등불이라 너희가
한때 그 빛에 즐거이 있기를 원하였거니와

36 내게는 요한의 증거보다 더 큰 증거가
있으니 아버지께서 내게 주사 이루게
하시는 역사 곧 내가 하는 그 역사가
아버지께서 나를 보내신 것을 나를 위하여
증언하는 것이요

29 善を行った者は復活して命を受けるため
に、悪を行った者は復活して裁きを受け
るために出て来るのだ。

30 わたしは自分では何もできない。ただ、
父から聞くままに裁く。わたしの裁きは
正しい。わたしは自分の意志ではなく、
わたしをお遣わしになった方の御心を行
おうとするからである。」

イエスについての証し

31 「もし、わたしが自分自身について証し
をするなら、その証しは真実ではない。

32 わたしについて証しをなさる方は別にお
られる。そして、その方がわたしについ
てなさる証しは真実であることを、わた
しは知っている。

33 あなたたちはヨハネのもとへ人を送った
が、彼は真理について証しをした。

34 わたしは、人間による証しは受けない。
しかし、あなたたちが救われるために、
これらのことを言っておく。

35 ヨハネは、燃えて輝くともし火であっ
た。あなたたちは、しばらくの間その光
のもとで喜び楽しもうとした。

36 しかし、わたしにはヨハネの証しにまさ
る証しがある。父がわたしに成し遂げる
ようにお与えになった業、つまり、わた
しが行っている業そのものが、父がわた
しをお遣わしになったことを証ししてい
る。

29 * and they will come out of their graves. Everyone who has done good things will rise to life, but everyone who has done evil things will rise and be condemned.

30 I cannot do anything on my own. The Father sent me, and he is the one who told me how to judge. I judge with fairness, because I obey him, and I don't just try to please myself.

Witnesses to Jesus

31 If I speak for myself, there is no way to prove I am telling the truth.

32 But there is someone else who speaks for me, and I know what he says is true.

33 * You sent messengers to John, and he told them the truth.

34 I don't depend on what people say about me, but I tell you these things so that you may be saved.

35 John was a lamp that gave a lot of light, and you were glad to enjoy his light for a while.

36 But something more important than John speaks for me. I mean the things that the Father has given me to do! All of these speak for me and prove that the Father sent me.

ér qiě yào cóng fén mù lǐ chū lai xíng shàn de fù huó
29 而且要从 坟墓里出来：行善 的，复活
dé shēng mìng zuò è de fù huó bèi dìng zuì
得生 命；作恶的，复活被 定罪。」

wèi yē sū zuò jiàn zhèng
为耶稣作见证

wǒ píng zì jǐ bù néng zuò shén me wǒ àn zhào shàng dì
30 「我凭自己不能 做什么；我按照 上 帝
de zhǐ yì lái shěn pàn ér wǒ de shěn pàn shì gōng zhèng
的旨意来审判，而我的审判是 公 正
de yīn wèi wǒ bù xún qiú zì jǐ suǒ yào de zhǐ yào shí
的；因为我不寻求自己所要的，只要实
xíng chāi wǒ lái nà yí wèi de zhǐ yì
行 差我来那一位的旨意。

wǒ ruò jiàn zhèng zì jǐ wǒ de jiàn zhèng jiù bù zú
31 「我若见 证自己，我的见 证 就不足
xìn
信。

rán ér yǒu yí wèi wèi wǒ zuò jiàn zhèng de wǒ zhī dào
32 然而，有一位为我作见 证 的，我知道
tā wèi wǒ suǒ zuò de jiàn zhèng shì zhēn shí de
他为我 所作的见 证 是 真实的。

nǐ men céng pài rén qù jiàn yuē hàn tīng jiàn tā jiàn zhèng zhēn
33 你们曾派人去见约翰，听见他见 证 真
lǐ
理。

qí shí wǒ bìng bù xū yào rén de jiàn zhèng wǒ shuō zhè
34 其实，我 并不需要人的见证；我说 这
huà shì wèi le shǐ nǐ men dé jiù
话是为了使你们得救。

yuē hàn hǎo bǐ yì zhǎn diǎn liàng zhào míng de dēng nǐ men
35 约翰好比一盏点亮 照 明的 灯，你们
yuàn yì zàn shí xiǎng shòu tā de liàng guāng
愿意暂时 享受 他的亮 光。

dàn shì wǒ kě yǐ tí chū bǐ yuē hàn gèng yǒu lì de jiàn
36 但是我可以提出比约翰 更有力的见
zhèng nà biàn shì wǒ de gōng zuò shì wǒ fù qin jiāo gěi wǒ
证，那便是我的工作—是我父亲交给我
qù wán chéng de gōng zuò zhè xiē gōng zuò kě yǐ zhèng míng
去完 成 的工作。这些 工作可以证 明
fù qin chāi qiǎn le wǒ
父亲差遣了我。

*Dn 12.2.
*Jn 1.19-27; 3.27-30.

37 또한 나를 보내신 아버지께서 친히 나를 위하여 증언하셨느니라 너희는 아무 때에도 그 음성을 듣지 못하였고 그 형상을 보지 못하였으며

38 그 말씀이 너희 속에 거하지 아니하니 이는 그가 보내신 이를 믿지 아니함이라

39 너희가 성경에서 영생을 얻는 줄 생각하고 성경을 연구하거니와 이 성경이 곧 내게 대하여 증언하는 것이니라

40 그러나 너희가 영생을 얻기 위하여 내게 오기를 원하지 아니하는도다

41 나는 사람에게서 영광을 취하지 아니하노라

42 다만 하나님을 사랑하는 것이 너희 속에 없음을 알았노라

43 나는 내 아버지의 이름으로 왔으매 너희가 영접하지 아니하나 만일 다른 사람이 자기 이름으로 오면 영접하리라

44 너희가 서로 영광을 취하고 유일하신 하나님께로부터 오는 영광은 구하지 아니하니 어찌 나를 믿을 수 있느냐

45 내가 너희를 아버지께 고발할까 생각하지 말라 너희를 고발하는 이가 있으니 곧 너희가 바라는 자 모세니라

46 모세를 믿었더라면 또 나를 믿었으리니 이는 그가 내게 대하여 기록하였음이라

37 また、わたしをお遣わしになった父が、わたしについて証しをしてくださる。あなたたちは、まだ父のお声を聞いたこともなければ、お姿を見たこともない。

38 また、あなたたちは、自分の内に父のお言葉をとどめていない。父がお遣わしになった者を、あなたたちは信じないからである。

39 あなたたちは聖書の中に永遠の命があると考えて、聖書を研究している。ところが、聖書はわたしについて証しをするものだ。

40 それなのに、あなたたちは、命を得るためにわたしのところへ来ようとしない。

41 わたしは、人からの誉れは受けない。

42 しかし、あなたたちの内には神への愛がないことを、わたしは知っている。

43 わたしは父の名によって来たのに、あなたたちはわたしを受け入れない。もし、ほかの人が自分の名によって来れば、あなたたちは受け入れる。

44 互いに相手からの誉れは受けるのに、唯一の神からの誉れは求めようとしないあなたたちには、どうして信じることができようか。

45 わたしが父にあなたたちを訴えるなどと、考えてはならない。あなたたちを訴えるのは、あなたたちが頼りにしているモーセなのだ。

46 あなたたちは、モーセを信じたのであれば、わたしをも信じたはずだ。モーセは、わたしについて書いているからである。

37 * The Father who sent me also speaks for me, but you have never heard his voice or seen him face to face.

38 You have not believed his message, because you refused to have faith in the one he sent.

39 You search the Scriptures, because you think you will find eternal life in them. The Scriptures tell about me,

40 but you refuse to come to me for eternal life.

41 I don't care about human praise,

42 but I do know that none of you love God.

43 I have come with my Father's authority, and you have not welcomed me. But you will welcome people who come on their own.

44 How could you possibly believe? You like to have your friends praise you, and you don't care about praise that the only God can give!

45 Don't think that I will be the one to accuse you to the Father. You have put your hope in Moses, yet he is the very one who will accuse you.

46 Moses wrote about me, and if you had believed Moses, you would have believed me.

37 差遣我来的父亲也为我作见证。你们从来没有听见他的声音，没有看见他的容貌，

38 没有把他的话存在心里，因为你们不信他所差来的那一位。

39 你们研究圣经，认为从里面可以找到永恒的生命；其实圣经的话就是为我作见证的！

40 然而，你们不肯到我这里来寻求生命。

41 「我不是在求人的称赞。

42 但是我看透了你们，你们并没有爱上帝的心。

43 我奉我父亲的名而来，你们却不接纳我；可是有人奉自己的名来，你们反而会接纳他。

44 你们喜欢彼此恭维，却不追求从独一无二的上帝那里来的称赞；这样，你们怎么能信呢？

45 别以为我要在我父亲面前控告你们；要控告你们的，就是你们一向所期望的摩西。

46 要是你们真的信摩西，你们当然会信我，因为他在他的书上记载着我的事。

47 그러나 그의 글도 믿지 아니하거든 어찌 내
　　말을 믿겠느냐 하시니라

47　しかし、モーセの書いたことを信じない
のであれば、どうしてわたしが語ること
を信じることができようか。」

47 But if you don't believe what Moses wrote, how can you believe what I say?

47 你们既然不信他所写的，又怎么 能信我的话呢?」

제 6 장

오천 명을 먹이시다(마 14:13-21; 막 6:30-44; 눅 9:10-17)

1 그 후에 예수께서 디베랴의 갈릴리 바다 건너편으로 가시매

2 큰 무리가 따르니 이는 병자들에게 행하시는 1)표적을 보았음이러라

3 예수께서 산에 오르사 제자들과 함께 거기 앉으시니

4 마침 유대인의 명절인 유월절이 가까운지라

5 예수께서 눈을 들어 큰 무리가 자기에게로 오는 것을 보시고 빌립에게 이르시되 우리가 어디서 떡을 사서 이 사람들을 먹이겠느냐 하시니

6 이렇게 말씀하심은 친히 어떻게 하실지를 아시고 빌립을 시험하고자 하심이라

7 빌립이 대답하되 각 사람으로 조금씩 받게 할지라도 이백 2)데나리온의 떡이 부족하리이다

8 제자 중 하나 곧 시몬 베드로의 형제 안드레가 예수께 여짜오되

9 여기 한 아이가 있어 보리떡 다섯 개와 물고기 두 마리를 가지고 있나이다 그러나 그것이 이 많은 사람에게 얼마나 되겠사옵나이까

1) 또는 이적
2) 은전의 명칭

第6章

五千人に食べ物を与える（マタ14 13—21、マコ6 30—44、ルカ9 10—17）

1 その後、イエスはガリラヤ湖、すなわちティベリアス湖の向こう岸に渡られた。

2 大勢の群衆が後を追った。イエスが病人たちになさったしるしを見たからである。

3 イエスは山に登り、弟子たちと一緒にそこにお座りになった。

4 ユダヤ人の祭りである過越祭が近づいていた。

5 イエスは目を上げ、大勢の群衆が御自分の方へ来るのを見て、フィリポに、「この人たちに食べさせるには、どこでパンを買えばよいだろうか」と言われたが、

6 こう言ったのはフィリポを試みるためであって、御自分では何をしようとしているか知っておられたのである。

7 フィリポは、「めいめいが少しずつ食べるためにも、二百デナリオン分のパンでは足りないでしょう」と答えた。

8 弟子の一人で、シモン・ペトロの兄弟アンデレが、イエスに言った。

9 「ここに大麦のパン五つと魚二匹とを持っている少年がいます。けれども、こんなに大勢の人では、何の役にも立たないでしょう。」

6

Feeding Five Thousand
(Matthew 14.13-21; Mark 6.30-44; Luke 9.10-17)

1 Jesus crossed Lake Galilee, which was also known as Lake Tiberias.

2 A large crowd had seen him work miracles to heal the sick, and those people went with him.

3-4 It was almost time for the Jewish festival of Passover, and Jesus went up on a mountain with his disciples and sat down.[w]

5 When Jesus saw the large crowd coming toward him, he asked Philip, "Where will we get enough food to feed all these people?"

6 He said this to test Philip, since he already knew what he was going to do.

7 Philip answered, "Don't you know that it would take almost a year's wages[x] just to buy only a little bread for each of these people?"

8 Andrew, the brother of Simon Peter, was one of the disciples. He spoke up and said,

9 "There is a boy here who has five small loaves of barley[y] bread and two fish. But what good is that with all these people?"

第 6 章

耶稣使五千人吃饱

（太 14·13 — 21；可 6·30 — 44；路 9·10 — 17）

1 过了些时候，耶稣渡过加利利湖（又称 提比哩亚湖）。

2 有一大群人跟随他，因为他们看见了他治病的 神迹。

3 耶稣上 山，与他的门徒坐在那里。

4 那时候犹太人的逾越节快到了。

5 耶稣抬头，看见一大群人到他跟前来，就对腓力说：「我们到 哪里去买食物，好让 这些人都吃饱呢?」

6 他说 这话是要试验腓力；他自己已经知道 要怎么做。

7 腓力回答：「就是花 两百块 银子去买饼也不够每 人吃一小 块!」

8 另外一个门徒，就是西门·彼得的弟弟安得烈，上 前 说：

9 「这里有一个孩子带来了五个大麦饼 和两 条鱼，可是哪里够分 给这许多人呢?」

---

w) sat down: Possibly to teach. Teachers in the ancient world, including Jewish teachers, usually sat down to teach.

x) almost a year's wages: The Greek text has "200 silver coins." Each coin was worth the average day's wages for a worker.

y) small loaves: These would have been flat and round or in the shape of a bun.

10 예수께서 이르시되 이 사람들로 1)앉게 하라 하시니 그 곳에 잔디가 많은지라 사람들이 1)앉으니 수가 오천 명쯤 되더라

11 예수께서 떡을 가져 축사하신 후에 1)앉아 있는 자들에게 나눠 주시고 물고기도 그렇게 그들의 원대로 주시니라

12 그들이 배부른 후에 예수께서 제자들에게 이르시되 남은 조각을 거두고 버리는 것이 없게 하라 하시므로

13 이에 거두니 보리떡 다섯 개로 먹고 남은 조각이 열두 바구니에 찼더라

14 그 사람들이 예수께서 행하신 이 2)표적을 보고 말하되 이는 참으로 세상에 오실 그 선지자라 하더라

15 그러므로 예수께서 그들이 와서 자기를 억지로 붙들어 임금으로 삼으려는 줄 아시고 다시 혼자 산으로 떠나 가시니라

바다 위로 걸어오시다(마 14:22-27; 막 6:45-52)

16 저물매 제자들이 바다에 내려가서

17 배를 타고 바다를 건너 가버나움으로 가는데 이미 어두웠고 예수는 아직 그들에게 오시지 아니하셨더니

18 큰 바람이 불어 파도가 일어나더라

10 イエスは、「人々を座らせなさい」と言われた。そこには草がたくさん生えていた。男たちはそこに座ったが、その数はおよそ五千人であった。

11 さて、イエスはパンを取り、感謝の祈りを唱えてから、座っている人々に分け与えられた。また、魚も同じようにして、欲しいだけ分け与えられた。

12 人々が満腹したとき、イエスは弟子たちに、「少しも無駄にならないように、残ったパンの屑を集めなさい」と言われた。

13 集めると、人々が五つの大麦パンを食べて、なお残ったパンの屑で、十二の籠がいっぱいになった。

14 そこで、人々はイエスのなさったしるしを見て、「まさにこの人こそ、世に来られる預言者である」と言った。

15 イエスは、人々が来て、自分を王にするために連れて行こうとしているのを知り、ひとりでまた山に退かれた。

湖の上を歩く（マタ14 22―27、マコ6 45―52）

16 夕方になったので、弟子たちは湖畔へ下りて行った。

17 そして、舟に乗り、湖の向こう岸のカファルナウムに行こうとした。既に暗くなっていたが、イエスはまだ彼らのところには来ておられなかった。

18 強い風が吹いて、湖は荒れ始めた。

---

1) 헬, 기대어 눕게(유대인이 음식 먹을 때에 가지는 자세)
2) 또는 이적

10 The ground was covered with grass, and Jesus told his disciples to tell everyone to sit down. About 5,000 men were in the crowd.

11 Jesus took the bread in his hands and gave thanks to God. Then he passed the bread to the people, and he did the same with the fish, until everyone had plenty to eat.

12 The people ate all they wanted, and Jesus told his disciples to gather up the leftovers, so that nothing would be wasted.

13 The disciples gathered them up and filled twelve large baskets with what was left over from the five barley loaves.

14 After the people had seen Jesus work this miracle,[z] they began saying, "This must be the Prophet[a] who is to come into the world!"

15 Jesus realized that they would try to force him to be their king. So he went up on a mountain, where he could be alone.

Jesus Walks on the Water
(Matthew 14.22-27; Mark 6.45-52)

16 That evening, Jesus' disciples went down to the lake.

17 They got into a boat and started across for Capernaum. Later that evening Jesus had still not come to them,

18 and a strong wind was making the water rough.

---

10 耶稣吩咐他们：「叫大家坐下。」（那地方草很多。）大家都坐下，单是男人，总数约有五千。

11 耶稣拿起饼，祝谢了，然后分给坐着的人，鱼也是这样分了；他们都尽量吃。

12 他们吃饱后，耶稣吩咐门徒：「把剩下的零碎都收拾起来，不可糟蹋。」

13 他们就把五个饼的碎块，就是大家所吃剩的，收拾起来，一共装满了十二个篮子。

14 大家看见耶稣所行的神迹，就说：「这个人一定是那要到世上来的先知!」

15 耶稣知道他们要拉住他，强迫他作王，又独自避到山上去了。

在水上行走
(太 14・22 — 33; 可 6・45 — 52)

16 傍晚，耶稣的门徒来到湖边，

17 上了船，向对岸的迦百农出发。那时候天已经黑了，耶稣还没有来到他们那里。

18 忽然，狂风大作，浪涛翻腾。

---

z) miracle: See the note at 2.11.
a) the Prophet: See the note at 1.21.

19 제자들이 노를 저어 십여 리쯤 가다가 예수께서 바다 위로 걸어 배에 가까이 오심을 보고 두려워하거늘

20 이르시되 내니 두려워하지 말라 하신대

21 이에 기뻐서 배로 영접하니 배는 곧 그들이 가려던 땅에 이르렀더라

생명의 떡

22 이튿날 바다 건너편에 서 있던 무리가 배 한 척 외에 다른 배가 거기 없는 것과 또 어제 예수께서 제자들과 함께 그 배에 오르지 아니하시고 제자들만 가는 것을 보았더니

23 (그러나 디베랴에서 배들이 주께서 축사하신 후 여럿이 떡 먹던 그 곳에 가까이 왔더라)

24 무리가 거기에 예수도 안 계시고 제자들도 없음을 보고 곧 배들을 타고 예수를 찾으러 가버나움으로 가서

25 바다 건너편에서 만나 랍비여 언제 여기 오셨나이까 하니

26 예수께서 대답하여 이르시되 내가 진실로 진실로 너희에게 이르노니 너희가 나를 찾는 것은 1)표적을 본 까닭이 아니요 떡을 먹고 배부른 까닭이로다

19 二十五ないし三十スタディオンばかり漕ぎ出したころ、イエスが湖の上を歩いて舟に近づいて来られるのを見て、彼らは恐れた。

20 イエスは言われた。「わたしだ。恐れることはない。」

21 そこで、彼らはイエスを舟に迎え入れようとした。すると間もなく、舟は目指す地に着いた。

イエスは命のパン

22 その翌日、湖の向こう岸に残っていた群衆は、そこには小舟が一そうしかなかったこと、また、イエスは弟子たちと一緒に舟に乗り込まれず、弟子たちだけが出かけたことに気づいた。

23 ところが、ほかの小舟が数そうティベリアスから、主が感謝の祈りを唱えられた後に人々がパンを食べた場所へ近づいて来た。

24 群衆は、イエスも弟子たちもそこにいないと知ると、自分たちもそれらの小舟に乗り、イエスを捜し求めてカファルナウムに来た。

25 そして、湖の向こう岸でイエスを見つけると、「ラビ、いつ、ここにおいでになったのですか」と言った。

26 イエスは答えて言われた。「はっきり言っておく。あなたがたがわたしを捜しているのは、しるしを見たからではなく、パンを食べて満腹したからだ。

---

1) 또는 이적

19 When the disciples had rowed for five or six kilometers , they saw Jesus walking on the water. He kept coming closer to the boat, and they were terrified.

20 But he said, "I am Jesus![b] Don't be afraid!"

21 The disciples wanted to take him into the boat, but suddenly the boat reached the shore where they were headed.

The Bread That Gives Life

22 The people who had stayed on the east side of the lake knew that only one boat had been there. They also knew that Jesus had not left in it with his disciples. But the next day

23 some boats from Tiberias sailed near the place where the crowd had eaten the bread for which the Lord had given thanks.

24 They saw that Jesus and his disciples had left. Then they got into the boats and went to Capernaum to look for Jesus.

25 They found him on the west side of the lake and asked, "Rabbi, when did you get here?"

26 Jesus answered, "I tell you for certain that you are not looking for me because you saw the miracles,[c] but because you ate all the food you wanted.

19 门徒摇橹，约走了五、六公里，看见耶稣在水上朝着船走过来，就很害怕。

20 耶稣对他们说：「是我，不要怕!」

21 他们这才欢欣地接他上船；船立刻到达目的地。

群众寻找耶稣

22 第二天，留在湖对岸的一群人看见那里只有一条小船；他们知道耶稣并没有与门徒一起上船，而是门徒自己去的。

23 有几条从提比哩亚来的小船停靠在岸边，就是主祝谢后分饼给大家吃的那地方附近。

24 这群人发觉耶稣和他的门徒都不在那里，就上船往迦百农去找他。

耶稣是生命的食粮

25 他们在湖的对岸找到了耶稣，问他：「老师，你几时到这里来的?」

26 耶稣回答：「老实说，你们找我，不是因为看见了神迹，而是因为吃饼吃饱了。

b) I am Jesus: The Greek text has "I am" (see the note at 8.24).
c) miracles: The Greek text has "signs" here and "sign" in verse 30 (see the note at 2.11).

27 썩을 양식을 위하여 일하지 말고
영생하도록 있는 양식을 위하여 하라 이
양식은 인자가 너희에게 주리니 인자는
아버지 하나님께서 인치신 자니라

28 그들이 묻되 우리가 어떻게 하여야
하나님의 일을 하오리이까

29 예수께서 대답하여 이르시되 하나님께서
보내신 이를 믿는 것이 하나님의 일이니라
하시니

30 그들이 묻되 그러면 우리가 보고 당신을
믿도록 행하시는 1)표적이 무엇이니이까,
하시는 일이 무엇이니이까

31 기록된 바 ㄱ)하늘에서 그들에게 떡을 주어
먹게 하였다 함과 같이 우리 조상들은
광야에서 만나를 먹었나이다

32 예수께서 이르시되 내가 진실로 진실로
너희에게 이르노니 모세가 너희에게
하늘로부터 떡을 준 것이 아니라 내
아버지께서 너희에게 하늘로부터 참 떡을
주시나니

33 하나님의 떡은 하늘에서 내려 세상에
생명을 주는 것이니라

34 그들이 이르되 주여 이 떡을 항상 우리에게
주소서

27 朽ちる食べ物のためではなく、いつまで
もなくならないで、永遠の命に至る食べ
物のために働きなさい。これこそ、人の
子があなたがたに与える食べ物である。
父である神が、人の子を認証されたから
である。」

28 そこで彼らが、「神の業を行うために
は、何をしたらよいでしょうか」と言う
と、

29 イエスは答えて言われた。「神がお遣わ
しになった者を信じること、それが神の
業である。」

30 そこで、彼らは言った。「それでは、わ
たしたちが見てあなたを信じることがで
きるように、どんなしるしを行ってくだ
さいますか。どのようなことをしてくだ
さいますか。

31 わたしたちの先祖は、荒れ野でマンナを
食べました。『天からのパンを彼らに与
えて食べさせた』と書いてあるとおりで
す。」

32 すると、イエスは言われた。「はっきり
言っておく。モーセが天からのパンをあ
なたがたに与えたのではなく、わたしの
父が天からのまことのパンをお与えにな
る。

33 神のパンは、天から降って来て、世に命
を与えるものである。」

34 そこで、彼らが、「主よ、そのパンをい
つもわたしたちにください」と言うと、

---

27 Don't work for food that spoils. Work for food that gives eternal life. The Son of Man will give you this food, because God the Father has given him the right to do so."

28 "What exactly does God want us to do?" the people asked.

29 Jesus answered, "God wants you to have faith in the one he sent."

30 They replied, "What miracle will you work, so that we can have faith in you? What will you do?

31 * For example, when our ancestors were in the desert, they were given manna[d] to eat. It happened just as the Scriptures say, 'God gave them bread from heaven to eat.'"

32 Jesus then told them, "I tell you for certain that Moses wasn't the one who gave you bread from heaven. My Father is the one who gives you the true bread from heaven.

33 And the bread that God gives is the one who came down from heaven to give life to the world."

34 The people said, "Sir, give us this bread and don't ever stop!"

---

27 不要为那会腐坏的食物操劳，要为那存到 永 生 的食物努力。这食物就是人子要赐给你们的，因为父 上帝已经在人子身 上 盖了印记。」

28 他们就问：「我们 该做什么 才算是做 上 帝的工 作呢？」

29 耶稣回答：「信他所差来的那一位，这就是上 帝要你们做的 工 作。」

30 他们 又说：「那么，你会行 什么神迹，好让 我们看了就信你呢？你的工作 到底是什么呢？

31 我们的祖先在 旷 野吃了吗哪，正如圣经 所记载的：『他从 天 上 赐食粮 给他们吃。』」

32 耶稣说：「我 郑 重 地告诉你们，摩西并 没有给你们从 天 上 来的食粮【6】）；从 天 上 来的真 食粮 是我父亲赐给你们的。

33 因为 上帝所赐的食 粮 就是那 从 天 上 降下来、把 生 命 给了世界的那一位。」

34 他们说：「先生，请时 常把这食粮 赐给我们!」

---

*Ex 16.4,15; Ps 78.24.
d) manna: When the people of Israel were wandering through the desert, the Lord gave them a special kind of food to eat. It tasted like a wafer and was called "manna," which in Hebrew means, "What is this?"

【6】「摩西并 没有给你们从 天 上 来的食粮」或译「摩西所给你们的，并不是从 天 上 来的食粮」。

35 예수께서 이르시되 나는 생명의 떡이니
　　내게 오는 자는 결코 주리지 아니할
　　터이요 나를 믿는 자는 영원히 목마르지
　　아니하리라

36 그러나 내가 너희에게 이르기를 너희는
　　나를 보고도 믿지 아니하는도다 하였느니라

37 아버지께서 내게 주시는 자는 다 내게로 올
　　것이요 내게 오는 자는 내가 결코 내쫓지
　　아니하리라

38 내가 하늘에서 내려온 것은 내 뜻을 행하려
　　함이 아니요 나를 보내신 이의 뜻을 행하려
　　함이니라

39 나를 보내신 이의 뜻은 내게 주신 자 중에
　　내가 하나도 잃어버리지 아니하고 마지막
　　날에 다시 살리는 이것이니라

40 내 아버지의 뜻은 아들을 보고 믿는 자마다
　　영생을 얻는 이것이니 마지막 날에 내가
　　이를 다시 살리리라 하시니라

41 자기가 하늘에서 내려온 떡이라 하시므로
　　유대인들이 예수에 대하여 수군거려

42 이르되 이는 요셉의 아들 예수가 아니냐
　　그 부모를 우리가 아는데 자기가 지금
　　어찌하여 하늘에서 내려왔다 하느냐

43 예수께서 대답하여 이르시되 너희는 서로
　　수군거리지 말라

35 イエスは言われた。「わたしが命のパン
　　である。わたしのもとに来る者は決して
　　飢えることがなく、わたしを信じる者は
　　決して渇くことがない。

36 しかし、前にも言ったように、あなたが
　　たはわたしを見ているのに、信じない。

37 父がわたしにお与えになる人は皆、わた
　　しのところに来る。わたしのもとに来る
　　人を、わたしは決して追い出さない。

38 わたしが天から降って来たのは、自分の
　　意志を行うためではなく、わたしをお遣
　　わしになった方の御心を行うためであ
　　る。

39 わたしをお遣わしになった方の御心と
　　は、わたしに与えてくださった人を一人
　　も失わないで、終わりの日に復活させる
　　ことである。

40 わたしの父の御心は、子を見て信じる者
　　が皆永遠の命を得ることであり、わたし
　　がその人を終わりの日に復活させること
　　だからである。」

41 ユダヤ人たちは、イエスが「わたしは天
　　から降って来たパンである」と言われた
　　ので、イエスのことでつぶやき始め、

42 こう言った。「これはヨセフの息子のイ
　　エスではないか。我々はその父も母も知
　　っている。どうして今、『わたしは天か
　　ら降って来た』などと言うのか。」

43 イエスは答えて言われた。「つぶやき合
　　うのはやめなさい。

35 Jesus replied:
I am the bread that gives life!
No one who comes to me will
ever be hungry. No one who has
faith in me will ever be thirsty.

36 I have told you already that
you have seen me and still
do not have faith in me.

37 Everything and everyone that the
Father has given me will come to me,
and I won't turn any of them away.

38 I didn't come from heaven to do
what I want! I came to do what the
Father wants me to do. He sent me,

39 and he wants to make certain that
none of the ones he has given me
will be lost. Instead, he wants me to
raise them to life on the last day.[e]

40 My Father wants everyone who
sees the Son to have faith in him
and to have eternal life. Then I will
raise them to life on the last day.

41 The people started grumbling
because Jesus had said he
was the bread that had come
down from heaven.

42 They were asking each other,
"Isn't he Jesus, the son of Joseph?
Don't we know his father and
mother? How can he say that he
has come down from heaven?"

43 Jesus told them:
Stop grumbling!

---

35 耶稣对他们说：「我就是 生命的食
粮；到我这里来的，永 远 不饿；信我
的，永 远不渴。

36 但是我对你们说 过，你们已经看见了
我，仍然不信。

37 凡是父亲所赐给我的人都会到我这里
来。到我这里来的，我绝对不会拒绝
他；

38 因为我 从 天上 下来，不是要 凭我自
己的意思行事，而是要 实行 差我来那
位的旨意。

39 差我来那位的旨意就是：他所赐给我的
人，一个也不失落，并且在末日要使他
们复活。

40 因为父亲的旨意是要 使所有看见儿子
而信他的人获得永 恒的 生命；在末
日，我要使他们复活。」

41 犹太人的领袖 因为耶稣说「我是 从 天
上 降 下来的食粮」，就窃窃私议：

42 「这个人不就是约瑟的儿子耶稣吗？我
们 认识他的父母。现在他竟说 他是
从 天上 降下来的!」

43 耶稣说：「你们 用不 着私下议论。

---

e) the last day: When God will judge all people.

44 나를 보내신 아버지께서 이끌지 아니하시면 아무도 내게 올 수 없으니 오는 그를 내가 마지막 날에 다시 살리리라

45 선지자의 글에 ᄀ)그들이 다 하나님의 가르치심을 받으리라 기록되었은즉 아버지께 듣고 배운 사람마다 내게로 오느니라

46 이는 아버지를 본 자가 있다는 것이 아니니라 오직 하나님에게서 온 자만 아버지를 보았느니라

47 진실로 진실로 너희에게 이르노니 믿는 자는 영생을 가졌나니

48 내가 곧 생명의 떡이니라

49 너희 조상들은 광야에서 만나를 먹었어도 죽었거니와

50 이는 하늘에서 내려오는 떡이니 사람으로 하여금 먹고 죽지 아니하게 하는 것이니라

51 나는 하늘에서 내려온 살아 있는 떡이니 사람이 이 떡을 먹으면 영생하리라 내가 줄 떡은 곧 세상의 생명을 위한 내 살이니라 하시니라

52 그러므로 유대인들이 서로 다투어 이르되 이 사람이 어찌 능히 자기 살을 우리에게 주어 먹게 하겠느냐

53 예수께서 이르시되 내가 진실로 진실로 너희에게 이르노니 인자의 살을 먹지 아니하고 인자의 피를 마시지 아니하면 너희 속에 생명이 없느니라

54 내 살을 먹고 내 피를 마시는 자는 영생을 가졌고 마지막 날에 내가 그를 다시 살리리니

ᄀ) 사 54:13

44 わたしをお遣わしになった父が引き寄せてくださらなければ、だれもわたしのもとへ来ることはできない。わたしはその人を終わりの日に復活させる。

45 預言者の書に、『彼らは皆、神によって教えられる』と書いてある。父から聞いて学んだ者は皆、わたしのもとに来る。

46 父を見た者は一人もいない。神のもとから来た者だけが父を見たのである。

47 はっきり言っておく。信じる者は永遠の命を得ている。

48 わたしは命のパンである。

49 あなたたちの先祖は荒れ野でマンナを食べたが、死んでしまった。

50 しかし、これは、天から降って来たパンであり、これを食べる者は死なない。

51 わたしは、天から降って来た生きたパンである。このパンを食べるならば、その人は永遠に生きる。わたしが与えるパンとは、世を生かすためのわたしの肉のことである。」

52 それで、ユダヤ人たちは、「どうしてこの人は自分の肉を我々に食べさせることができるのか」と、互いに激しく議論し始めた。

53 イエスは言われた。「はっきり言っておく。人の子の肉を食べ、その血を飲まなければ、あなたたちの内に命はない。

54 わたしの肉を食べ、わたしの血を飲む者は、永遠の命を得、わたしはその人を終わりの日に復活させる。

44 No one can come to me, unless the Father who sent me makes them want to come. But if they do come, I will raise them to life on the last day.

45 * One of the prophets wrote, "God will teach all of them." And so everyone who listens to the Father and learns from him will come to me.

46 The only one who has seen the Father is the one who has come from him. No one else has ever seen the Father.

47 I tell you for certain that everyone who has faith in me has eternal life.

48 I am the bread that gives life!

49 Your ancestors ate manna[f] in the desert, and later they died.

50 But the bread from heaven has come down, so that no one who eats it will ever die.

51 I am that bread from heaven! Everyone who eats it will live forever. My flesh is the life-giving bread I give to the people of this world.

52 They started arguing with each other and asked, "How can he give us his flesh to eat?"

53 Jesus answered: I tell you for certain that you won't live unless you eat the flesh and drink the blood of the Son of Man.

54 But if you do eat my flesh and drink my blood, you will have eternal life, and I will raise you to life on the last day.

44 要不是那差我来的父亲吸引了人，没有人能到我这里来；到我这里来的，在末日我要使他复活。

45 先知的书上说过：『人都要蒙上帝的教导。』所有听从父亲而接受他教导的，都要到我这里来。

46 这不是说有谁看见过父亲，惟有从上帝那里来的那一位见过父亲。

47 我郑重地告诉你们，信的人就有永恒的生命。

48 我就是生命的食粮。

49 你们的祖先在旷野吃了吗哪，还是死了；

50 但是那从天上降下来的食粮是使人吃了不死的。

51 我就是从天上降下来那赐生命的食粮；吃了这食粮的人永远不死。我所要赐给人的食粮就是我的肉，是为使世人得生命而献出的。」

52 这话在犹太人当中引起了剧烈的争论。他们说：「这个人怎么能把自己的肉给我们吃呢?」

53 耶稣对他们说：「我郑重地告诉你们，如果你们不吃人子的肉，喝他的血，你们就没有真生命。

54 吃我肉，喝我血的，就有永恒的生命；在末日我要使他复活。

*Is 54.13.
f) manna: See the note at 6.31.

55 내 살은 참된 양식이요 내 피는 참된
　　음료로다

56 내 살을 먹고 내 피를 마시는 자는 내 안에
　　거하고 나도 그의 안에 거하나니

57 살아 계신 아버지께서 나를 보내시매 내가
　　아버지로 말미암아 사는 것 같이 나를 먹는
　　그 사람도 나로 말미암아 살리라

58 이것은 하늘에서 내려온 떡이니 조상들이
　　먹고도 죽은 그것과 같지 아니하여 이 떡을
　　먹는 자는 영원히 살리라

59 이 말씀은 예수께서 가버나움 회당에서
　　가르치실 때에 하셨느니라

영생의 말씀

60 제자 중 여럿이 듣고 말하되 이 말씀은
　　어렵도다 누가 들을 수 있느냐 한대

61 예수께서 스스로 제자들이 이 말씀에
　　대하여 수군거리는 줄 아시고 이르시되 이
　　말이 1)너희에게 걸림이 되느냐

62 그러면 너희는 인자가 이전에 있던 곳으로
　　올라가는 것을 본다면 어떻게 하겠느냐

63 살리는 것은 영이니 육은 무익하니라 내가
　　너희에게 이른 말은 영이요 생명이라

55 わたしの肉はまことの食べ物、わたしの
　　血はまことの飲み物だからである。

56 わたしの肉を食べ、わたしの血を飲む者
　　は、いつもわたしの内におり、わたしも
　　またいつもその人の内にいる。

57 生きておられる父がわたしをお遣わしに
　　なり、またわたしが父によって生きるよ
　　うに、わたしを食べる者もわたしによっ
　　て生きる。

58 これは天から降って来たパンである。先
　　祖が食べたのに死んでしまったようなも
　　のとは違う。このパンを食べる者は永遠
　　に生きる。」

59 これらは、イエスがカファルナウムの会
　　堂で教えていたときに話されたことであ
　　る。

永遠の命の言葉

60 ところで、弟子たちの多くの者はこれを
　　聞いて言った。「実にひどい話だ。だれ
　　が、こんな話を聞いていられようか。」

61 イエスは、弟子たちがこのことについて
　　つぶやいているのに気づいて言われた。
　　「あなたがたはこのことにつまずくの
　　か。

62 それでは、人の子がもといた所に上るの
　　を見るならば……。

63 命を与えるのは"霊"である。肉は何の役
　　にも立たない。わたしがあなたがたに話
　　した言葉は霊であり、命である。

---

1) 또는 너희로 실족하게 하느냐

55 My flesh is the true food, and my blood is the true drink.

56 If you eat my flesh and drink my blood, you are one with me, and I am one with you.

57 The living Father sent me, and I have life because of him. Now everyone who eats my flesh will live because of me.

58 The bread that comes down from heaven isn't like what your ancestors ate. They died, but whoever eats this bread will live forever.

59 Jesus was teaching in a synagogue in Capernaum when he said these things.

The Words of Eternal Life

60 Many of Jesus' disciples heard him and said, "This is too hard for anyone to understand."

61 Jesus knew that his disciples were grumbling. So he asked, "Does this bother you?

62 What if you should see the Son of Man go up to heaven where he came from?

63 The Spirit is the one who gives life! Human strength can do nothing. The words that I have spoken to you are from that life-giving Spirit.

---

55 我的肉是真正的食物，我的血是真正的饮料。

56 那吃我的肉，喝我的血的，常在我生命里，而我也在他生命里。

57 永生的父亲差遣了我，我也因他而活。同样，吃我肉的人也要因我而活。

58 这就是从天上降下来的食粮；那吃这食粮的，要永远活着。这食粮不像你们祖先吃过的，他们吃了，还是死了。」

59 这些话是耶稣在迦百农会堂教导人的时候说的。

永生的话

60 好些门徒听见这些话，就说：「这教导太难了，谁听得进去呢？」

61 耶稣知道他的门徒私下在议论这件事，就对他们说：「这话使你们信心动摇吗？

62 假如你们看见人子上升回到他原来所在的地方，又怎样呢？

63 给人生命的是圣灵，肉体是无济于事的；我告诉你们的话就是赐生命的灵。

64 그러나 너희 중에 믿지 아니하는 자들이 있느니라 하시니 이는 예수께서 믿지 아니하는 자들이 누구며 자기를 팔 자가 누구인지 처음부터 아심이러라

65 또 이르시되 그러므로 전에 너희에게 말하기를 내 아버지께서 오게 하여 주지 아니하시면 누구든지 내게 올 수 없다 하였노라 하시니라

66 그 때부터 그의 제자 중에서 많은 사람이 떠나가고 다시 그와 함께 다니지 아니하더라

67 예수께서 열두 제자에게 이르시되 너희도 가려느냐

68 시몬 베드로가 대답하되 주여 영생의 말씀이 주께 있사오니 우리가 누구에게로 가오리이까

69 우리가 주는 하나님의 거룩하신 자이신 줄 믿고 알았사옵나이다

70 예수께서 대답하시되 내가 너희 열둘을 택하지 아니하였느냐 그러나 너희 중의 한 사람은 마귀니라 하시니

71 이 말씀은 가룟 시몬의 아들 유다를 가리키심이라 그는 열둘 중의 하나로 예수를 팔 자러라

64 しかし、あなたがたのうちには信じない者たちもいる。」 イエスは最初から、信じない者たちがだれであるか、また、御自分を裏切る者がだれであるかを知っておられたのである。

65 そして、言われた。「こういうわけで、わたしはあなたがたに、『父からお許しがなければ、だれもわたしのもとに来ることはできない』と言ったのだ。」

66 このために、弟子たちの多くが離れ去り、もはやイエスと共に歩まなくなった。

67 そこで、イエスは十二人に、「あなたがたも離れて行きたいか」 と言われた。

68 シモン・ペトロが答えた。「主よ、わたしたちはだれのところへ行きましょうか。あなたは永遠の命の言葉を持っておられます。

69 あなたこそ神の聖者であると、わたしたちは信じ、また知っています。」

70 すると、イエスは言われた。「あなたがた十二人は、わたしが選んだのではないか。ところが、その中の一人は悪魔だ。」

71 イスカリオテのシモンの子ユダのことを言われたのである。このユダは、十二人の一人でありながら、イエスを裏切ろうとしていた。

64 But some of you refuse to have faith in me." Jesus said this, because from the beginning he knew who would have faith in him. He also knew which one would betray him.

65 Then Jesus said, "You cannot come to me, unless the Father makes you want to come. That is why I have told these things to all of you."

66 Because of what Jesus said, many of his disciples turned their backs on him and stopped following him.

67 Jesus then asked his twelve disciples if they also were going to leave him.

68 * Simon Peter answered, "Lord, there is no one else that we can go to! Your words give eternal life.

69 We have faith in you, and we are sure that you are God's Holy One."

70 Jesus told his disciples, "I chose all twelve of you, but one of you is a demon!"

71 Jesus was talking about Judas, the son of Simon Iscariot.[g] He would later betray Jesus, even though he was one of the twelve disciples.

---

64 但是，你们当中有人不信。」（耶稣早就知道哪些人不信，谁会出卖他。）

65 他又说：「因此，我对你们说过，要不是出于我父亲的恩赐，没有人能到我这里来。」

66 从此，跟从他的人当中有好些人退出，不再跟他一道。

67 耶稣就问他的十二使徒：「你们呢？你们也要退出吗？」

68 西门·彼得回答：「主啊，你有赐永生的话语，我们还跟从谁呢？

69 我们信，并且知道你是从上帝那里来的圣者。」

70 耶稣说：「我岂不是选召了你们十二个人吗？可是你们当中有一个是魔鬼！」

71 耶稣这话是指加略人西门的儿子犹大说的。犹大是十二使徒之一，就是后来要出卖他的人。

---

*Mt 16.16; Mk 8.29; Lk 9.20.

g) Iscariot: This may mean "a man from Kerioth" (a place in Judea). But more probably it means "a man who was a liar" or "a man who was a betrayer."

<table>
<tr><td>

제 7 장

형제들까지도 예수를 믿지 아니하다

1 그 후에 예수께서 갈릴리에서 다니시고 유대에서 다니려 아니하심은 유대인들이 죽이려 함이러라

2 유대인의 명절인 초막절이 가까운지라

3 그 형제들이 예수께 이르되 당신이 행하는 일을 제자들도 보게 여기를 떠나 유대로 가소서

4 스스로 나타나기를 구하면서 묻혀서 일하는 사람이 없나니 이 일을 행하려 하거든 자신을 세상에 나타내소서 하니

5 이는 그 형제들까지도 예수를 믿지 아니함이러라

6 예수께서 이르시되 내 때는 아직 이르지 아니하였거니와 너희 때는 늘 준비되어 있느니라

7 세상이 너희를 미워하지 아니하되 나를 미워하나니 이는 내가 세상의 일들을 악하다고 증언함이라

8 너희는 명절에 올라가라 내 때가 아직 차지 못하였으니 나는 이 명절에 아직 올라가지 아니하노라

9 이 말씀을 하시고 갈릴리에 머물러 계시니라

</td><td>

第7章

イエスの兄弟たちの不信仰

1 その後、イエスはガリラヤを巡っておられた。ユダヤ人が殺そうとねらっていたので、ユダヤを巡ろうとは思われなかった。

2 ときに、ユダヤ人の仮庵祭が近づいていた。

3 イエスの兄弟たちが言った。「ここを去ってユダヤに行き、あなたのしている業を弟子たちにも見せてやりなさい。

4 公に知られようとしながら、ひそかに行動するような人はいない。こういうことをしているからには、自分を世にはっきり示しなさい。」

5 兄弟たちも、イエスを信じていなかったのである。

6 そこで、イエスは言われた。「わたしの時はまだ来ていない。しかし、あなたがたの時はいつも備えられている。

7 世はあなたがたを憎むことができないが、わたしを憎んでいる。わたしが、世の行っている業は悪いと証ししているからだ。

8 あなたがたは祭りに上って行くがよい。わたしはこの祭りには上って行かない。まだ、わたしの時が来ていないからである。」

9 こう言って、イエスはガリラヤにとどまられた。

</td></tr>
</table>

7

**Jesus' Brothers Don't
Have Faith in Him**

1 Jesus decided to leave Judea and to start going through Galilee because the leaders of the people wanted to kill him.

2 * It was almost time for the Festival of Shelters,

3 and Jesus' brothers said to him, "Why don't you go to Judea? Then your disciples can see what you are doing.

4 No one does anything in secret, if they want others to know about them. So let the world know what you are doing!"

5 Even Jesus' own brothers had not yet become his followers.

6 Jesus answered, "My time hasn't yet come,[h] but your time is always here.

7 The people of this world cannot hate you. They hate me, because I tell them that they do evil things.

8 Go on to the festival. My time hasn't yet come, and I am not going."

9 Jesus said this and stayed on in Galilee.

第 7 章

耶稣和他的兄弟

1 事后，耶稣 周游加利利省一带，不愿意在犹太地区来往，因为犹太人的 领袖想 杀害他。

2 犹太人的住棚 节快到了，

3 所以耶稣的兄弟对他说：「你离开此地到犹太去吧，好让 你的门徒能 看 见你所行的事。

4 人要 出 名，就不能暗地里做事。你既然 能 行这些事，就该在世人 面 前表现 出来!」

5 （原来连他的兄弟也还没有信他。）

6 耶稣对他们说：「我的时机还没有 成熟；你们却 随时都方 便。

7 世人不会恨你们，却憎 恨我，因为我不断地指 证 他们的 行为是邪恶的。

8 你们自己去过节吧，我现在不 上去【7】），因为我的时机还没有 成 熟。」

9 耶稣说了这些话 后 仍 然留在加利利。

---

*Lv 23.34; Dt 16.13-15.
h) My time hasn't yet come: See the note at 2.4.

【7】「我现在不 上去」有些古卷作「我不去」。

명절을 지키러 올라가시다

10 그 형제들이 명절에 올라간 후에 자기도
　　올라가시되 나타내지 않고 은밀히 가시니라

11 명절중에 유대인들이 예수를 찾으면서 그가
　　어디 있느냐 하고

12 예수에 대하여 무리 중에서 수군거림이
　　많아 어떤 사람은 좋은 사람이라 하며 어떤
　　사람은 아니라 무리를 미혹한다 하나

13 그러나 유대인들을 두려워하므로 드러나게
　　그에 대하여 말하는 자가 없더라

14 이미 명절의 중간이 되어 예수께서 성전에
　　올라가사 가르치시니

15 유대인들이 놀랍게 여겨 이르되 이 사람은
　　배우지 아니하였거늘 어떻게 글을 아느냐
　　하니

16 예수께서 대답하여 이르시되 내 교훈은 내
　　것이 아니요 나를 보내신 이의 것이니라

17 사람이 하나님의 뜻을 행하려 하면 이
　　교훈이 하나님께로부터 왔는지 내가 스스로
　　말함인지 알리라

18 스스로 말하는 자는 자기 영광만 구하되
　　보내신 이의 영광을 구하는 자는 참되니 그
　　속에 불의가 없느니라

仮庵祭でのイエス

10 しかし、兄弟たちが祭りに上って行った
　　とき、イエス御自身も、人目を避け、隠
　　れるようにして上って行かれた。

11 祭りのときユダヤ人たちはイエスを捜
　　し、「あの男はどこにいるのか」と言っ
　　ていた。

12 群衆の間では、イエスのことがいろいろ
　　とささやかれていた。「良い人だ」と言
　　う者もいれば、「いや、群衆を惑わして
　　いる」と言う者もいた。

13 しかし、ユダヤ人たちを恐れて、イエス
　　について公然と語る者はいなかった。

14 祭りも既に半ばになったころ、イエスは
　　神殿の境内に上って行って、教え始めら
　　れた。

15 ユダヤ人たちが驚いて、「この人は、学
　　問をしたわけでもないのに、どうして聖
　　書をこんなによく知っているのだろう」
　　と言うと、

16 イエスは答えて言われた。「わたしの教
　　えは、自分の教えではなく、わたしをお
　　遣わしになった方の教えである。

17 この方の御心を行おうとする者は、わた
　　しの教えが神から出たものか、わたしが
　　勝手に話しているのか、分かるはずであ
　　る。

18 自分勝手に話す者は、自分の栄光を求め
　　る。しかし、自分をお遣わしになった方
　　の栄光を求める者は真実な人であり、そ
　　の人には不義がない。

Jesus at the Festival of Shelters

10 After Jesus' brothers had gone to the festival, he went secretly, without telling anyone.

11 During the festival the leaders of the people looked for Jesus and asked, "Where is he?"

12 The crowds even got into an argument about him. Some were saying, "Jesus is a good man," while others were saying, "He is lying to everyone."

13 But the people were afraid of their leaders, and none of them talked in public about him.

14 When the festival was about half over, Jesus went into the temple and started teaching.

15 The leaders were surprised and said, "How does this man know so much? He has never been taught!"

16 Jesus replied:
I am not teaching something I thought up. What I teach comes from the one who sent me.

17 If you really want to obey God, you will know if what I teach comes from God or from me.

18 If I wanted to bring honor to myself, I would speak for myself. But I want to honor the one who sent me. This is why I tell the truth and not a lie.

耶稣过住棚节

10 耶稣的兄弟走了以后，耶稣也上去过节。他不是公开出门，而是秘密去的。

11 节期中，犹太人的领袖到处找耶稣，要知道他在哪里。

12 人群中对他议论纷纷，有的说：「他是一个好人」；有的说：「不，他在煽惑群众。」

13 只是大家都不敢公开讲论他的事，因为他们怕犹太人的领袖。

14 节期过了一半，耶稣就上圣殿去教导人。

15 犹太人的领袖都很诧异，说：「这个人没有跟过老师，怎么会这样有学问呢？」

16 耶稣说：「我的教导不是我自己的，而是出于那位差我来的。

17 一个人若决心要实行上帝的旨意就会晓得，我的教导是出于上帝的旨意还是凭着我自己讲的。

18 那凭着自己讲的，是想寻求自己的荣耀；但是那寻求差他来那位的荣耀的，才是真实无伪的。

19 모세가 너희에게 율법을 주지 아니하였느냐
너희 중에 율법을 지키는 자가 없도다
너희가 어찌하여 나를 죽이려 하느냐

20 무리가 대답하되 당신은 귀신이 들렸도다
누가 당신을 죽이려 하나이까

21 예수께서 대답하여 이르시되 내가 한 가지
일을 행하매 너희가 다 이로 말미암아
이상히 여기는도다

22 모세가 너희에게 할례를 행했으니 (그러나
할례는 모세에게서 난 것이 아니요
조상들에게서 난 것이라) 그러므로 너희가
안식일에도 사람에게 할례를 행하느니라

23 모세의 율법을 범하지 아니하려고 사람이
안식일에도 할례를 받는 일이 있거든 내가
안식일에 사람의 전신을 건전하게 한
것으로 너희가 내게 노여워하느냐

24 외모로 판단하지 말고 공의롭게 판단하라
하시니라

예수를 잡고자 하나

25 예루살렘 사람 중에서 어떤 사람이 말하되
이는 그들이 죽이고자 하는 그 사람이
아니냐

26 보라 드러나게 말하되 그들이 아무 말도
아니하는도다 당국자들은 이 사람을 참으로
그리스도인 줄 알았는가

19 モーセはあなたたちに律法を与えたでは
ないか。ところが、あなたたちはだれも
その律法を守らない。なぜ、わたしを殺
そうとするのか。」

20 群衆が答えた。「あなたは悪霊に取りつ
かれている。だれがあなたを殺そうとい
うのか。」

21 イエスは答えて言われた。「わたしが一
つの業を行ったというので、あなたたち
は皆驚いている。

22 しかし、モーセはあなたたちに割礼を命
じた。――もっとも、これはモーセから
ではなく、族長たちから始まったのだが
――だから、あなたたちは安息日にも割
礼を施している。

23 モーセの律法を破らないようにと、人は
安息日であっても割礼を受けるのに、わ
たしが安息日に全身をいやしたからとい
って腹を立てるのか。

24 うわべだけで裁くのをやめ、正しい裁き
をしなさい。」

この人はメシアか

25 さて、エルサレムの人々の中には次のよ
うに言う者たちがいた。「これは、人々
が殺そうとねらっている者ではないか。

26 あんなに公然と話しているのに、何も言
われない。議員たちは、この人がメシア
だということを、本当に認めたのではな
かろうか。

19 Didn't Moses give you the Law? Yet none of you obey it! So why do you want to kill me?

20 The crowd replied, "You're crazy! What makes you think someone wants to kill you?"

21 Jesus answered: I worked one miracle,[i] and it amazed you.

22 * Moses commanded you to circumcise your sons. But it wasn't really Moses who gave you this command. It was your ancestors, and even on the Sabbath you circumcise your sons

23 * in order to obey the Law of Moses. Why are you angry with me for making someone completely well on the Sabbath?

24 Don't judge by appearances. Judge by what is right.

25 Some of the people from Jerusalem were saying, "Isn't this the man they want to kill?

26 Yet here he is, speaking for everyone to hear. And no one is arguing with him. Do you suppose the authorities know he is the Messiah?

---

19 摩西不是把法律颁布给你们吗？可是你们没有一个人遵 守法律。你们 为什么想 杀害我呢？」

20 群 众 回答：「你有鬼附身，谁 想 杀你呢？」

21 耶稣说：「我在安息日行了一件大事，你们都 引以为奇。

22 可是摩西吩咐你们行割礼（其实割礼不是从摩西，而是从你们的祖先开始的），你们就在安息日为婴儿行割礼。

23 如果人在安息日行 割礼，目的是维护摩西的法律，那么，我在安息日使一个人完 全 恢复了健康，你们又 为什么责怪我呢？

24 不要根据外表 断定 是非，要按照 公正 的标 准 来判断才是。」

他是不是基督

25 有些耶路撒冷人说：「这个人不是我们的领袖们 想 杀掉的吗？

26 你看，他公 开讲话，竟没有人出来反对！是不是他们真的知道他就是基督？

---

i) one miracle: The healing of the sick man (5.1-18; see also the note at 2.11).
*aLv 12.3; bGn 17.10,11.
*Jn 5.9.

27 그러나 우리는 이 사람이 어디서 왔는지
　　아노라 그리스도께서 오실 때에는 어디서
　　오시는지 아는 자가 없으리라 하는지라

28 예수께서 성전에서 가르치시며 외쳐
　　이르시되 너희가 나를 알고 내가 어디서
　　온 것도 알거니와 내가 스스로 온 것이
　　아니니라 나를 보내신 이는 참되시니
　　너희는 그를 알지 못하나

29 나는 아노니 이는 내가 그에게서 났고 그가
　　나를 보내셨음이라 하시니

30 그들이 예수를 잡고자 하나 손을 대는
　　자가 없으니 이는 그의 때가 아직 이르지
　　아니하였음이러라

31 무리 중의 많은 사람이 예수를 믿고 말하되
　　그리스도께서 오실지라도 그 행하실
　　1)표적이 이 사람이 행한 것보다 더 많으랴
　　하니

32 예수에 대하여 무리가 수군거리는 것이
　　바리새인들에게 들린지라 대제사장들과
　　바리새인들이 그를 잡으려고 아랫사람들을
　　보내니

33 예수께서 이르시되 내가 너희와 함께
　　조금 더 있다가 나를 보내신 이에게로
　　돌아가겠노라

27 しかし、わたしたちは、この人がどこの
出身かを知っている。メシアが来られる
ときは、どこから来られるのか、だれも
知らないはずだ。」

28 すると、神殿の境内で教えていたイエス
は、大声で言われた。「あなたたちはわ
たしのことを知っており、また、どこの
出身かも知っている。わたしは自分勝手
に来たのではない。わたしをお遣わしに
なった方は真実であるが、あなたたちは
その方を知らない。

29 わたしはその方を知っている。わたしは
その方のもとから来た者であり、その
方がわたしをお遣わしになったのであ
る。」

30 人々はイエスを捕らえようとしたが、手
をかける者はいなかった。イエスの時は
まだ来ていなかったからである。

31 しかし、群衆の中にはイエスを信じる者
が大勢いて、「メシアが来られても、こ
の人よりも多くのしるしをなさるだろう
か」と言った。

下役たち、イエスの逮捕に向かう

32 ファリサイ派の人々は、群衆がイエスに
ついてこのようにささやいているのを耳
にした。祭司長たちとファリサイ派の人
々は、イエスを捕らえるために下役たち
を遣わした。

33 そこで、イエスは言われた。「今しばら
く、わたしはあなたたちと共にいる。そ
れから、自分をお遣わしになった方のも
とへ帰る。

---

1) 또는 이적

27 But how could that be? No one knows where the Messiah will come from, but we know where this man comes from."

28 As Jesus was teaching in the temple, he shouted, "Do you really think you know me and where I came from? I didn't come on my own! The one who sent me is truthful, and you don't know him.

29 But I know the one who sent me, because I came from him."

30 Some of the people wanted to arrest Jesus right then. But no one even laid a hand on him, because his time had not yet come.[j]

31 A lot of people in the crowd put their faith in him and said, "When the Messiah comes, he surely won't perform more miracles[k] than this man has done!"

Officers Sent To Arrest Jesus

32 When the Pharisees heard the crowd arguing about Jesus, they got together with the chief priests and sent some temple police to arrest him.

33 But Jesus told them, "I will be with you a little while longer, and then I will return to the one who sent me.

27 可是基督出现的时候，没有人会知道他从 什么地方来，而这个人的来历我们都 很 清楚。」

28 当时，耶稣在圣 殿里教导人，他高 声说：「你们 真的认识我，知道我从哪里来的吗？我来，并不是凭着自己的意思。差我来的那一位是真实的。你们不认识他，

29 我却认识他；因为我 从他那里来，是他差遣我的。」

30 于是，他们 想 逮捕他，只是没有人下手，因为他的时刻还没有到。

31 群众 当中 也有许多人信了他；他们说：「基督来的时候会比这个人行 更 多的神迹吗？」

警卫逮捕耶稣

32 法利赛人听见 群众 在纷纷议论耶稣的事，他们和祭司长 就派 警卫去逮捕耶稣。

33 耶稣说：「我还有一点点 时间跟你们在一起，然后要回到 差我来的那位那里去。

---

j) his time had not yet come: See the note at 2.4.
k) miracles: See the note at 2.11.

34 너희가 나를 찾아도 만나지 못할 터이요 나 있는 곳에 오지도 못하리라 하시니

35 이에 유대인들이 서로 묻되 이 사람이 어디로 가기에 우리가 그를 만나지 못하리요 헬라인 중에 흩어져 사는 자들에게로 가서 헬라인을 가르칠 터인가

36 나를 찾아도 만나지 못할 터이요 나 있는 곳에 오지도 못하리라 한 이 말이 무슨 말이냐 하니라

배에서 생수의 강이 흘러나오리라

37 명절 끝날 곧 큰 날에 예수께서 서서 외쳐 이르시되 누구든지 목마르거든 내게로 와서 마시라

38 나를 믿는 자는 성경에 이름과 같이 그 배에서 생수의 강이 흘러나오리라 하시니

39 이는 그를 믿는 자들이 받을 성령을 가리켜 말씀하신 것이라 (예수께서 아직 영광을 받지 않으셨으므로 성령이 아직 그들에게 계시지 아니하시더라)

40 이 말씀을 들은 무리 중에서 어떤 사람은 이 사람이 참으로 그 선지자라 하며

34 あなたたちは、わたしを捜しても、見つけることがない。わたしのいる所に、あなたたちは来ることができない。」

35 すると、ユダヤ人たちが互いに言った。「わたしたちが見つけることはないとは、いったい、どこへ行くつもりだろう。ギリシア人の間に離散しているユダヤ人のところへ行って、ギリシア人に教えるとでもいうのか。

36 『あなたたちは、わたしを捜しても、見つけることがない。わたしのいる所に、あなたたちは来ることができない』と彼は言ったが、その言葉はどういう意味なのか。」

生きた水の流れ

37 祭りが最も盛大に祝われる終わりの日に、イエスは立ち上がって大声で言われた。「渇いている人はだれでも、わたしのところに来て飲みなさい。

38 わたしを信じる者は、聖書に書いてあるとおり、その人の内から生きた水が川となって流れ出るようになる。」

39 イエスは、御自分を信じる人々が受けようとしている“霊”について言われたのである。イエスはまだ栄光を受けておられなかったので、“霊”がまだ降っていなかったからである。

群衆の間に対立が生じる

40 この言葉を聞いて、群衆の中には、「この人は、本当にあの預言者だ」と言う者や、

34 You will look for me, but you won't find me. You cannot go where I am going."

35 The people asked each other, "Where can he go to keep us from finding him? Is he going to some foreign country where our people live? Is he going there to teach the Greeks?[l]

36 What did he mean by saying that we will look for him, but won't find him? Why can't we go where he is going?"

Streams of Life-Giving Water

37 * On the last and most important day of the festival, Jesus stood up and shouted, "If you are thirsty, come to me and drink!

38 * Have faith in me, and you will have life-giving water flowing from deep inside you, just as the Scriptures say."

39 Jesus was talking about the Holy Spirit, who would be given to everyone that had faith in him. The Spirit had not yet been given to anyone, since Jesus had not yet been given his full glory.[m]

The People Take Sides

40 When the crowd heard Jesus say this, some of them said, "He must be the Prophet!"[n]

---

34 你们 要寻找 我，但是 找 不着；因为 我要去的地方，你们不能 去。」

35 犹太人的领袖们彼此对问：「他想 到哪 里去，使我们找 不着呢？难道他要到 散居在希腊 城市的犹太 侨民那里去教 导希腊人吗？

36 他所说『你们要 寻找 我，但是找不 着』和『我要去的地方，你们不能去』 这话是 什么意思呢？」

活水的河流

37 节期的最后一天是最 隆重 的一天。耶 稣站起来，高 声 宣 告说：「人要是渴 了，就该到我这里来喝。

38 圣 经 上 说：『那信我的人有活水 的 河流要从他心 中 涌 流出来【8】）。』」

39 耶稣这话是指信他的人将 要接受的 圣 灵说的。那时候圣 灵还没有 降临，因 为耶稣还没 有得到 荣耀。

群 众 因 耶 稣 纷 争

40 群 众 当 中 有许多人 听见了这话， 就说：「这个人确实是那位先知!」

---

l) Greeks: Perhaps Gentiles or Jews who followed Greek customs.
*Lv 23.36. *Ez 47.1; Zec 14.8.
m) had not yet been given his full glory: In the Gospel of John, Jesus is given his full glory both when he is nailed to the cross and when he is raised from death to sit beside his Father in heaven.
n) the Prophet: See the note at 1.21.

【8】「人要是渴了……涌流出来」或译「人要是渴了，就该到 我这里来；人要是信了我，就该来喝。圣经 上说：『有 活水的河流要从 他心中 涌 流出来』」。

41 어떤 사람은 그리스도라 하며 어떤 이들은
그리스도가 어찌 갈릴리에서 나오겠느냐

42 ㄱ)성경에 이르기를 그리스도는 다윗의
씨로 또 다윗이 살던 마을 베들레헴에서
나오리라 하지 아니하였느냐 하며

43 예수로 말미암아 무리 중에서 쟁론이 되니

44 그 중에는 그를 잡고자 하는 자들도 있으나
손을 대는 자가 없었더라

대제사장들과 바리새인들은 믿지 않다

45 아랫사람들이 대제사장들과
바리새인들에게로 오니 그들이 묻되
어찌하여 잡아오지 아니하였느냐

46 아랫사람들이 대답하되 그 사람이 말하는
것처럼 말한 사람은 이 때까지 없었나이다
하니

47 바리새인들이 대답하되 너희도
미혹되었느냐

48 당국자들이나 바리새인 중에 그를 믿는
자가 있느냐

49 율법을 알지 못하는 이 무리는 저주를 받은
자로다

50 그 중의 한 사람 곧 전에 예수께 왔던
니고데모가 그들에게 말하되

51 우리 율법은 사람의 말을 듣고 그 행한 것을
알기 전에 심판하느냐

41 「この人はメシアだ」と言う者がいた
が、このように言う者もいた。「メシア
はガリラヤから出るだろうか。

42 メシアはダビデの子孫で、ダビデのいた
村ベツレヘムから出ると、聖書に書いて
あるではないか。」

43 こうして、イエスのことで群衆の間に対
立が生じた。

44 その中にはイエスを捕らえようと思う者
もいたが、手をかける者はなかった。

ユダヤ人指導者たちの不信仰

45 さて、祭司長たちやファリサイ派の人々
は、下役たちが戻って来たとき、「どう
して、あの男を連れて来なかったのか」
と言った。

46 下役たちは、「今まで、あの人のように
話した人はいません」と答えた。

47 すると、ファリサイ派の人々は言った。
「お前たちまでも惑わされたのか。

48 議員やファリサイ派の人々の中に、あの
男を信じた者がいるだろうか。

49 だが、律法を知らないこの群衆は、呪わ
れている。」

50 彼らの中の一人で、以前イエスを訪ねた
ことのあるニコデモが言った。

51 「我々の律法によれば、まず本人から事
情を聞き、何をしたかを確かめたうえで
なければ、判決を下してはならないこと
になっているではないか。」

ㄱ) 삼하 7:12 이하; 미 5:2

41 Others said, "He is the Messiah!" Others even said, "Can the Messiah come from Galilee?

42 * The Scriptures say that the Messiah will come from the family of King David. Doesn't this mean that he will be born in David's hometown of Bethlehem?"

43 The people started taking sides against each other because of Jesus.

44 Some of them wanted to arrest him, but no one laid a hand on him.

The Leaders Refuse To Have Faith in Jesus

45 When the temple police returned to the chief priests and Pharisees, they were asked, "Why didn't you bring Jesus here?"

46 They answered, "No one has ever spoken like this man!"

47 The Pharisees said to them, "Have you also been fooled?

48 Not one of the chief priests or the Pharisees has faith in him.

49 And these people who don't know the Law are under God's curse anyway."

50 * Nicodemus was there at the time. He was a member of the council, and was the same one who had earlier come to see Jesus.°⁾ He said,

51 "Our Law doesn't let us condemn people before we hear what they have to say. We cannot judge them before we know what they have done."

---

41 也有人说：「他是基督!」另有人说：
「基督怎么会来自加利利？

42 因为 圣 经记载着：基督是大卫的后
代，要 降 生 在大卫的本 乡伯利恒。」

43 于是 群众 为了耶稣引起纷争。

44 有些人想 逮捕他，但是没有人 下手。

犹太人的领袖不信耶稣

45 警卫们 回去见祭司长和法利赛人；他
们问：「为什么 没有把耶稣带来呢?」

46 警卫们 回答：「从来没有人 像 他那样
讲 话的!」

47 法利赛人说：「你们也受他愚弄了吗？

48 难道我们的领袖或法利赛人有信他的
吗？

49 这些不明 白摩西法律的愚民是该受诅
咒 的!」

50 他们 当 中 有尼哥德慕；他从前去 见
过耶稣。他警告他们：

51 「我们的法律 容许在没有 听口 供 或
查明 真 相 之前 定人的罪吗?」

---

*2 S 7.12; Mic 5.2.
*Jn 3.1,2.
o) who had earlier come to see Jesus: See 3.1-21.

52 그들이 대답하여 이르되 너도 갈릴리에서 왔느냐 찾아 보라 갈릴리에서는 선지자가 나지 못하느니라 하였더라

음행중에 잡혀온 여자가 용서 받다

53 1)[다 각각 집으로 돌아가고

52 彼らは答えて言った。「あなたもガリラヤ出身なのか。よく調べてみなさい。ガリラヤからは預言者の出ないことが分かる。」

わたしもあなたを罪に定めない

53 人々はおのおのの家へ帰って行った。

---

1) 어떤 사본에, 7:53부터 8:11까지 없음

52 Then they said, "Nicodemus, you must be from Galilee! Read the Scriptures, and you will find that no prophet is to come from Galilee."

A Woman Caught in Sin

53 Everyone else went home,

52 他们说：「难道你也是加利利人吗？去查考圣经就知道，加利利不会出先知【9】）。」

【9】「加利利不会出先知」另有些古卷作「那位先知不可能出自加利利」。

제 8 장

1　예수는 감람 산으로 가시니라

2　아침에 다시 성전으로 들어오시니
　백성이 다 나아오는지라 앉으사 그들을
　가르치시더니

3　서기관들과 바리새인들이 음행중에 잡힌
　여자를 끌고 와서 가운데 세우고

4　예수께 말하되 선생이여 이 여자가
　간음하다가 현장에서 잡혔나이다

5　ㄱ)모세는 율법에 이러한 여자를 돌로 치라
　명하였거니와 선생은 어떻게 말하겠나이까

6　그들이 이렇게 말함은 고발할 조건을
　얻고자 하여 예수를 시험함이러라 예수께서
　몸을 굽히사 손가락으로 땅에 쓰시니

7　그들이 묻기를 마지 아니하는지라 이에
　일어나 이르시되 너희 중에 죄 없는 자가
　먼저 돌로 치라 하시고

8　다시 몸을 굽혀 손가락으로 땅에 쓰시니

9　그들이 이 말씀을 듣고 양심에 가책을 느껴
　어른으로 시작하여 젊은이까지 하나씩
　하나씩 나가고 오직 예수와 그 가운데 섰는
　여자만 남았더라

10　예수께서 일어나사 여자 외에 아무도
　없는 것을 보시고 이르시되 여자여 너를
　고발하던 그들이 어디 있느냐 너를 정죄한
　자가 없느냐

第8章

1　イエスはオリーブ山へ行かれた。

2　朝早く、再び神殿の境内に入られると、
民衆が皆、御自分のところにやって来た
ので、座って教え始められた。

3　そこへ、律法学者たちやファリサイ派の
人々が、姦通の現場で捕らえられた女を
連れて来て、真ん中に立たせ、

4　イエスに言った。「先生、この女は姦通
をしているときに捕まりました。

5　こういう女は石で打ち殺せと、モーセは
律法の中で命じています。ところで、あ
なたはどうお考えになりますか。」

6　イエスを試して、訴える口実を得るため
に、こう言ったのである。イエスはかが
み込み、指で地面に何か書き始められ
た。

7　しかし、彼らがしつこく問い続けるの
で、イエスは身を起こして言われた。
「あなたたちの中で罪を犯したことのな
い者が、まず、この女に石を投げなさ
い。」

8　そしてまた、身をかがめて地面に書き続
けられた。

9　これを聞いた者は、年長者から始まっ
て、一人また一人と、立ち去ってしま
い、イエスひとりと、真ん中にいた女が
残った。

10　イエスは、身を起こして言われた。「婦
人よ、あの人たちはどこにいるのか。だ
れもあなたを罪に定めなかったのか。」

ㄱ) 레 20:10; 신 22:22 이하

8

1 but Jesus walked out to the Mount of Olives.

2 Then early the next morning he went to the temple. The people came to him, and he sat down[p] and started teaching them.

3 The Pharisees and the teachers of the Law of Moses brought in a woman who had been caught in bed with a man who wasn't her husband. They made her stand in the middle of the crowd.

4 Then they said, "Teacher, this woman was caught sleeping with a man who isn't her husband.

5 * The Law of Moses teaches that a woman like this should be stoned to death! What do you say?"

6 They asked Jesus this question, because they wanted to test him and bring some charge against him. But Jesus simply bent over and started writing on the ground with his finger.

7 They kept on asking Jesus about the woman. Finally, he stood up and said, "If any of you have never sinned, then go ahead and throw the first stone at her!"

8 Once again he bent over and began writing on the ground.

9 The people left one by one, beginning with the oldest. Finally, Jesus and the woman were there alone.

10 Jesus stood up and asked her, "Where is everyone? Isn't there anyone left to accuse you?"

第 8 章

行淫的女人

1 〔大家都回家去了，耶稣却到橄榄山去。

2 第二天一早，他回到圣殿；群众都来找他，他就坐下，开始教导他们。

3 经学教师和法利赛人带来一个女人；她是在行淫时被抓到的。他们叫她站在中间，

4 问耶稣：「老师，这个女人在行淫时被抓到。

5 摩西在法律上命令我们，这样的女人必须用石头打死。你认为怎样？」

6 他们想用这话陷害耶稣，找把柄控告他。但是耶稣弯下身子，用指头在地上写字。

7 他们还是不停地问他，耶稣就直起腰来，对他们说：「你们当中谁没有犯过罪，谁就先拿石头打她。」

8 说过这话，他又弯下身子，在地上写字。

9 他们听见这话，就一个一个溜走，从年纪大的先走，只剩下耶稣和那个还站在那里的女人。

10 耶稣就直起腰来，问她说：「妇人，他们都哪里去了？没有人留下来定你的罪吗？」

---

p) sat down: See the note at 6.3,4.
*Lv 20.10; Dt 22.22-24.

11 대답하되 주여 없나이다 예수께서 이르시되 나도 너를 정죄하지 아니하노니 가서 다시는 죄를 범하지 말라 하시니라]

나는 세상의 빛

12 예수께서 또 말씀하여 이르시되 나는 세상의 빛이니 나를 따르는 자는 어둠에 다니지 아니하고 생명의 빛을 얻으리라

13 바리새인들이 이르되 네가 너를 위하여 증언하니 네 증언은 참되지 아니하도다

14 예수께서 대답하여 이르시되 내가 나를 위하여 증언하여도 내 증언이 참되니 나는 내가 어디서 오며 어디로 가는 것을 알거니와 너희는 내가 어디서 오며 어디로 가는 것을 알지 못하느니라

15 너희는 육체를 따라 판단하나 나는 아무도 판단하지 아니하노라

16 만일 내가 판단하여도 내 판단이 참되니 이는 내가 혼자 있는 것이 아니요 나를 보내신 이가 나와 함께 계심이라

17 너희 ㄱ)율법에도 두 사람의 증언이 참되다 기록되었으니

18 내가 나를 위하여 증언하는 자가 되고 나를 보내신 아버지도 나를 위하여 증언하시느니라

11 女が、「主よ、だれも」と言うと、イエスは言われた。「わたしもあなたを罪に定めない。行きなさい。これからは、もう罪を犯してはならない。」〕

イエスは世の光

12 イエスは再び言われた。「わたしは世の光である。わたしに従う者は暗闇の中を歩かず、命の光を持つ。」

13 それで、ファリサイ派の人々が言った。「あなたは自分について証しをしている。その証しは真実ではない。」

14 イエスは答えて言われた。「たとえわたしが自分について証しをするとしても、その証しは真実である。自分がどこから来たのか、そしてどこへ行くのか、わたしは知っているからだ。しかし、あなたたちは、わたしがどこから来てどこへ行くのか、知らない。

15 あなたたちは肉に従って裁くが、わたしはだれをも裁かない。

16 しかし、もしわたしが裁くとすれば、わたしの裁きは真実である。なぜならわたしはひとりではなく、わたしをお遣わしになった父と共にいるからである。

17 あなたたちの律法には、二人が行う証しは真実であると書いてある。

18 わたしは自分について証しをしており、わたしをお遣わしになった父もわたしについて証しをしてくださる。」

ㄱ) 신 19:15; 17:6

11 "No sir," the woman answered.

Then Jesus told her, "I am not going to accuse you either. You may go now, but don't sin anymore."[q)]

Jesus Is the Light for the World

12 * Once again Jesus spoke to the people. This time he said, "I am the light for the world! Follow me, and you won't be walking in the dark. You will have the light that gives life."

13 * The Pharisees objected, "You are the only one speaking for yourself, and what you say isn't true!"

14 Jesus replied:
Even if I do speak for myself, what I say is true! I know where I came from and where I am going. But you don't know where I am from or where I am going.

15 You judge in the same way that everyone else does, but I don't judge anyone.

16 If I did judge, I would judge fairly, because I would not be doing it alone. The Father who sent me is here with me.

17 * Your Law requires two witnesses to prove that something is true.

18 I am one of my witnesses, and the Father who sent me is the other one.

---

11 她说：「先生，没有。」耶稣说：「好，我也不定你的罪。去吧，别再犯罪!」)【10】)

耶稣是世界的光

12 耶稣又对大家说：「我是世界的光；跟从我的，会得着生命的光，绝不会在黑暗里走。」

13 法利赛人对他说：「你在为自己作证；你的证言是无效的。」

14 耶稣说：「即使我为自己作见证，我的证言也是真实的；因为我知道我从哪里来，往哪里去。你们却不知道我从哪里来，往哪里去。

15 你们以人的标准来判断人；我却不判断任何人。

16 即使我判断人，我的判断也是正确的；因为我不是独自判断，而是那位差我来的父亲跟我一起判断。

17 你们的法律书上记载着，有两个人见证相符，他们的见证就算有效。

18 我为自己作见证；那位差我来的父亲也为我作见证。」

---

q) don't sin anymore: Verses 1-11 are not in some manuscripts. In other manuscripts these verses are placed after 7.36 or after 21.25 or after Luke 21.38, with some differences in the text.
*Mt 5.14; Jn 9.5.
*Jn 5.31.
*Dt 19.15.

【10】有些古卷 没有括弧内这一段；另有些古卷 把这一段 放在约翰福音 21·24 之后；也有些古卷 放在路加福音 21·38 之后；再有古卷 放在约翰福音 7·36 之后。

19 이에 그들이 묻되 네 아버지가 어디 있느냐 예수께서 대답하시되 너희는 나를 알지 못하고 내 아버지도 알지 못하는도다 나를 알았더라면 내 아버지도 알았으리라

20 이 말씀은 성전에서 가르치실 때에 헌금함 앞에서 하셨으나 잡는 사람이 없으니 이는 그의 때가 아직 이르지 아니하였음이러라

내가 가는 곳

21 다시 이르시되 내가 가리니 너희가 나를 찾다가 너희 죄 가운데서 죽겠고 내가 가는 곳에는 너희가 오지 못하리라

22 유대인들이 이르되 그가 말하기를 내가 가는 곳에는 너희가 오지 못하리라 하니 그가 자결하려는가

23 예수께서 이르시되 너희는 아래에서 났고 나는 위에서 났으며 너희는 이 세상에 속하였고 나는 이 세상에 속하지 아니하였느니라

24 그러므로 내가 너희에게 말하기를 너희가 너희 죄 가운데서 죽으리라 하였노라 너희가 만일 내가 그인 줄 믿지 아니하면 너희 죄 가운데서 죽으리라

19 彼らが「あなたの父はどこにいるのか」と言うと、イエスはお答えになった。「あなたたちは、わたしもわたしの父も知らない。もし、わたしを知っていたら、わたしの父をも知るはずだ。」

20 イエスは神殿の境内で教えておられたとき、宝物殿の近くでこれらのことを話された。しかし、だれもイエスを捕らえなかった。イエスの時がまだ来ていなかったからである。

わたしの行く所にあなたたちは来ることができない

21 そこで、イエスはまた言われた。「わたしは去って行く。あなたたちはわたしを捜すだろう。だが、あなたたちは自分の罪のうちに死ぬことになる。わたしの行く所に、あなたたちは来ることができない。」

22 ユダヤ人たちが、「『わたしの行く所に、あなたたちは来ることができない』と言っているが、自殺でもするつもりなのだろうか」と話していると、

23 イエスは彼らに言われた。「あなたたちは下のものに属しているが、わたしは上のものに属している。あなたたちはこの世に属しているが、わたしはこの世に属していない。

24 だから、あなたたちは自分の罪のうちに死ぬことになると、わたしは言ったのである。『わたしはある』ということを信じないならば、あなたたちは自分の罪のうちに死ぬことになる。」

19 "Where is your Father?" they asked.

"You don't know me or my Father!" Jesus answered. "If you knew me, you would know my Father."

20 Jesus said this while he was still teaching in the place where the temple treasures were stored. But no one arrested him, because his time had not yet come.[r]

You Cannot Go Where I Am Going

21 Jesus also told them, "I am going away, and you will look for me. But you cannot go where I am going, and you will die with your sins unforgiven."

22 The people asked, "Does he intend to kill himself? Is that what he means by saying we cannot go where he is going?"

23 Jesus answered, "You are from below, but I am from above. You belong to this world, but I don't.

24 This is why I said you will die with your sins unforgiven. If you don't have faith in me for who I am,[s] you will die, and your sins will not be forgiven."

---

19 于是他们问：「你的父亲在哪里?」

耶稣回答：「你们不认识我，也不认识我的父亲；如果你们认识我，也就会认识我的父亲。」

20 这些话是耶稣在圣殿的库房里教导人的时候说的。当时没有人逮捕他，因为他的时刻还没有到。

我去的地方你们不能去

21 耶稣又对他们说：「我要走了；你们要寻找我，可是你们将死在自己的罪中。我去的地方，你们不能去。」

22 犹太人的领袖就说：「他说『我去的地方，你们不能去』，难道他要自杀吗?」

23 耶稣说：「你们是从地上来的，我是从天上来的；你们属这世界，我不属这世界。

24 所以我说，你们将死在自己的罪中。如果你们不信我就是『自有永有』的那一位，你们将死在自己的罪中。」

---

r) his time had not yet come: See the note at 2.4.
s) I am: For the Jewish people the most holy name of God is "Yahweh," which may be translated "I am." In the Gospel of John "I am" is sometimes used by Jesus to show that he is that one.

25 그들이 말하되 네가 누구냐 예수께서 이르시되 나는 처음부터 너희에게 말하여 온 자니라

26 내가 너희에게 대하여 말하고 판단할 것이 많으나 나를 보내신 이가 참되시매 내가 그에게 들은 그것을 세상에 말하노라 하시되

27 그들은 아버지를 가리켜 말씀하신 줄을 깨닫지 못하더라

28 이에 예수께서 이르시되 너희가 인자를 든 후에 내가 그인 줄을 알고 또 내가 스스로 아무 것도 하지 아니하고 오직 아버지께서 가르치신 대로 이런 것을 말하는 줄도 알리라

29 나를 보내신 이가 나와 함께 하시도다 나는 항상 그가 기뻐하시는 일을 행하므로 나를 혼자 두지 아니하셨느니라

30 이 말씀을 하시매 많은 사람이 믿더라

진리가 너희를 자유롭게 하리라

31 그러므로 예수께서 자기를 믿은 유대인들에게 이르시되 너희가 내 말에 거하면 참으로 내 제자가 되고

32 진리를 알지니 진리가 너희를 자유롭게 하리라

25 彼らが、「あなたは、いったい、どなたですか」と言うと、イエスは言われた。「それは初めから話しているではないか。

26 あなたたちについては、言うべきこと、裁くべきことがたくさんある。しかし、わたしをお遣わしになった方は真実であり、わたしはその方から聞いたことを、世に向かって話している。」

27 彼らは、イエスが御父について話しておられることを悟らなかった。

28 そこで、イエスは言われた。「あなたたちは、人の子を上げたときに初めて、『わたしはある』ということ、また、わたしが、自分勝手には何もせず、ただ、父に教えられたとおりに話していることが分かるだろう。

29 わたしをお遣わしになった方は、わたしと共にいてくださる。わたしをひとりにしてはおかれない。わたしは、いつもこの方の御心に適うことを行うからである。」

30 これらのことを語られたとき、多くの人々がイエスを信じた。

真理はあなたたちを自由にする

31 イエスは、御自分を信じたユダヤ人たちに言われた。「わたしの言葉にとどまるならば、あなたたちは本当にわたしの弟子である。

32 あなたたちは真理を知り、真理はあなたたちを自由にする。」

25 "Who are you?" they asked Jesus. Jesus answered, "I am exactly who I told you at the beginning.

26 There is a lot more I could say to condemn you. But the one who sent me is truthful, and I tell the people of this world only what I have heard from him."

27 No one understood that Jesus was talking to them about the Father.

28 Jesus went on to say, "When you have lifted up the Son of Man,[t] you will know who I am. You will also know that I don't do anything on my own. I say only what my Father taught me.

29 The one who sent me is with me. I always do what pleases him, and he will never leave me."

30 After Jesus said this, many of the people put their faith in him.

The Truth Will Set You Free

31 Jesus told the people who had faith in him, "If you keep on obeying what I have said, you truly are my disciples.

32 You will know the truth, and the truth will set you free."

25 他们就问：「你到底是谁？」耶稣回答：「我从一开始就告诉过你们了【11】）。

26 关于你们，有许多事我应当说，应当审判。但是，差我来的那一位是真实的；我只是把从他那里听到的告诉世人。」

27 他们不明白耶稣所说关于父亲的事。

28 所以耶稣告诉他们：「当你们把人子举了起来，你们就会知道我就是『自有永有』的，并且知道我不凭着自己做什么，我只说父亲所教导我的。

29 差遣我来的那一位跟我同在；他并没有撇下我，使我孤单，因为我始终做他所喜欢的事。」

30 许多人听到耶稣这些话就信了他。

自由人和奴隶

31 耶稣对信他的犹太人说：「你们若常常遵守我的教导，就真的是我的门徒了；

32 你们会认识真理，真理会使你们得自由。」

---

t) lifted up the Son of Man: See the note at 7.39.

【11】「我从一开始就告诉过你们了」或译「我何必告诉你们」。

33 그들이 대답하되 우리가 아브라함의
　　자손이라 남의 종이 된 적이 없거늘
　　어찌하여 우리가 자유롭게 되리라 하느냐

34 예수께서 대답하시되 진실로 진실로
　　너희에게 이르노니 죄를 범하는 자마다
　　죄의 종이라

35 종은 영원히 집에 거하지 못하되 아들은
　　영원히 거하나니

36 그러므로 아들이 너희를 자유롭게 하면
　　너희가 참으로 자유로우리라

37 나도 너희가 아브라함의 자손인 줄 아노라
　　그러나 내 말이 너희 안에 있을 곳이
　　없으므로 나를 죽이려 하는도다

38 나는 내 아버지에게서 본 것을 말하고
　　너희는 너희 아비에게서 들은 것을
　　행하느니라

39 대답하여 이르되 우리 아버지는
　　아브라함이라 하니 예수께서 이르시되
　　너희가 아브라함의 자손이면 아브라함이
　　행한 일들을 할 것이거늘

40 지금 하나님께 들은 진리를 너희에게 말한
　　사람인 나를 죽이려 하는도다 아브라함은
　　이렇게 하지 아니하였느니라

33 すると、彼らは言った。「わたしたちは
アブラハムの子孫です。今までだれかの
奴隷になったことはありません。『あな
たたちは自由になる』とどうして言われ
るのですか。」

34 イエスはお答えになった。「はっきり言
っておく。罪を犯す者はだれでも罪の奴
隷である。

35 奴隷は家にいつまでもいるわけにはいか
ないが、子はいつまでもいる。

36 だから、もし子があなたたちを自由にす
れば、あなたたちは本当に自由になる。

37 あなたたちがアブラハムの子孫だという
ことは、分かっている。だが、あなたた
ちはわたしを殺そうとしている。わたし
の言葉を受け入れないからである。

38 わたしは父のもとで見たことを話してい
る。ところが、あなたたちは父から聞い
たことを行っている。」

反対者たちの父

39 彼らが答えて、「わたしたちの父はアブ
ラハムです」と言うと、イエスは言われ
た。「アブラハムの子なら、アブラハム
と同じ業をするはずだ。

40 ところが、今、あなたたちは、神から聞
いた真理をあなたたちに語っているこの
わたしを、殺そうとしている。アブラハ
ムはそんなことはしなかった。

33 * They answered, "We are Abraham's children! We have never been anyone's slaves. How can you say we will be set free?"

34 Jesus replied:
I tell you for certain that anyone who sins is a slave of sin!

35 And slaves don't stay in the family forever, though the Son will always remain in the family.

36 If the Son gives you freedom, you are free!

37 I know that you are from Abraham's family. Yet you want to kill me, because my message isn't really in your hearts.

38 I am telling you what my Father has shown me, just as you are doing what your father has taught you.

Your Father Is the Devil

39 The people said to Jesus, "Abraham is our father!"

Jesus replied, "If you were Abraham's children, you would do what Abraham did.

40 Instead, you want to kill me for telling you the truth that God gave me. Abraham never did anything like that.

33 他们回答:「我们是亚伯拉罕的子孙;我们没作过谁的奴隶,你说『你们会得自由』,这话是什么意思呢?」

34 耶稣对他们说:「我郑重地告诉你们,每个犯罪的人都是罪的奴隶。

35 奴隶在家庭里没有稳固的地位,儿子却始终属于家庭。

36 要是上帝的儿子使你们得自由,你们就真的是自由人了。

37 我知道你们是亚伯拉罕的子孙,可是你们想杀害我,因为你们不接受我的教导。

38 我讲的是我父亲指示我的,而你们是做你们的父亲告诉你们的。」

39 他们回答:「我们的祖宗是亚伯拉罕。」耶稣说:「如果你们真的是亚伯拉罕的子孙,你们一定会做亚伯拉罕所做的事。

40 我只不过告诉你们我从上帝那里听到的真理,你们却想杀我。亚伯拉罕并没有做过这种事啊!

*Mt 3.9; Lk 3.8.

41 너희는 너희 아비가 행한 일들을 하는도다 대답하되 우리가 음란한 데서 나지 아니하였고 아버지는 한 분뿐이시니 곧 하나님이시로다

42 예수께서 이르시되 하나님이 너희 아버지였으면 너희가 나를 사랑하였으리니 이는 내가 하나님께로부터 나와서 왔음이라 나는 스스로 온 것이 아니요 아버지께서 나를 보내신 것이니라

43 어찌하여 내 말을 깨닫지 못하느냐 이는 내 말을 들을 줄 알지 못함이로다

44 너희는 너희 아비 마귀에게서 났으니 너희 아비의 욕심대로 너희도 행하고자 하느니라 그는 처음부터 살인한 자요 [1)진리가 그 속에 없으므로 [1)진리에 서지 못하고 거짓을 말할 때마다 제 것으로 말하나니 이는 그가 거짓말쟁이요 거짓의 아비가 되었음이라

45 내가 [1)진리를 말하므로 너희가 나를 믿지 아니하는도다

46 너희 중에 누가 나를 죄로 책잡겠느냐 내가 [1)진리를 말하는데도 어찌하여 나를 믿지 아니하느냐

47 하나님께 속한 자는 하나님의 말씀을 듣나니 너희가 듣지 아니함은 하나님께 속하지 아니하였음이로다

41 あなたたちは、自分の父と同じ業をしている。」　そこで彼らが、「わたしたちは姦淫によって生まれたのではありません。わたしたちにはただひとりの父がいます。それは神です」と言うと、

42 イエスは言われた。「神があなたたちの父であれば、あなたたちはわたしを愛するはずである。なぜなら、わたしは神のもとから来て、ここにいるからだ。わたしは自分勝手に来たのではなく、神がわたしをお遣わしになったのである。

43 わたしの言っていることが、なぜ分からないのか。それは、わたしの言葉を聞くことができないからだ。

44 あなたたちは、悪魔である父から出た者であって、その父の欲望を満たしたいと思っている。悪魔は最初から人殺しであって、真理をよりどころとしていない。彼の内には真理がないからだ。悪魔が偽りを言うときは、その本性から言っている。自分が偽り者であり、その父だからである。

45 しかし、わたしが真理を語るから、あなたたちはわたしを信じない。

46 あなたたちのうち、いったいだれが、わたしに罪があると責めることができるのか。わたしは真理を語っているのに、なぜわたしを信じないのか。

47 神に属する者は神の言葉を聞く。あなたたちが聞かないのは神に属していないからである。」

1) 또는 참된 것

41 But you are doing exactly what your father does."

"Don't accuse us of having someone else as our father!" they said. "We just have one father, and he is God."

42 Jesus answered:

If God were your Father, you would love me, because I came from God and now I am here. He sent me. I did not come on my own.

43 Why can't you understand what I am talking about? Can't you stand to hear what I am saying?

44 Your father is the devil, and you do exactly what he wants. He has always been a murderer and a liar. There is nothing truthful about him. He speaks on his own, and everything he says is a lie. Not only is he a liar himself, but he is also the father of all lies.

45 Everything I have told you is true, and you still refuse to have faith in me.

46 Can any of you accuse me of sin? If you cannot, why won't you have faith in me? After all, I am telling you the truth.

47 Anyone who belongs to God will listen to his message. But you refuse to listen, because you don't belong to God.

41 你们是做你们的父亲所做的事。」他们回答:「上帝是我们惟一的父亲;我们并不是私生子啊!」

42 耶稣对他们说:「如果上帝真的是你们的父亲,你们一定会爱我;因为我是从上帝那里来的,而我已经在这里了。我不是凭自己来的,而是他差遣我的。

43 你们为什么不明白我的话呢?因为我的话你们听不进去。

44 你们原是魔鬼的儿女,只想随从你们父亲的欲念行事。从起初他就是谋杀者,从不站在真理一边,因为他根本没有真理。他撒谎是出于本性;因为他本是撒谎者,也是一切虚谎的根源。

45 正因为我讲真理,你们就不信我。

46 你们当中谁能指证我有罪呢?我既然讲真理,你们为什么不信我呢?

47 凡是上帝的儿女,必然听上帝的话。你们不是从上帝那里来的,所以你们不听。」

48 유대인들이 대답하여 이르되 우리가 너를 사마리아 사람이라 또는 귀신이 들렸다 하는 말이 옳지 아니하냐

49 예수께서 대답하시되 나는 귀신 들린 것이 아니라 오직 내 아버지를 공경함이거늘 너희가 나를 무시하는도다

50 나는 내 영광을 구하지 아니하나 구하고 판단하시는 이가 계시니라

51 진실로 진실로 너희에게 이르노니 사람이 내 말을 지키면 영원히 죽음을 보지 아니하리라

52 유대인들이 이르되 지금 네가 귀신 들린 줄을 아노라 아브라함과 선지자들도 죽었거늘 네 말은 사람이 내 말을 지키면 영원히 죽음을 맛보지 아니하리라 하니

53 너는 이미 죽은 우리 조상 아브라함보다 크냐 또 선지자들도 죽었거늘 너는 너를 누구라 하느냐

54 예수께서 대답하시되 내가 내게 영광을 돌리면 내 영광이 아무 것도 아니거니와 내게 영광을 돌리시는 이는 내 아버지시니 곧 너희가 너희 하나님이라 칭하는 그이시라

アブラハムが生まれる前から「わたしはある」

48 ユダヤ人たちが、「あなたはサマリア人で悪霊に取りつかれていると、我々が言うのも当然ではないか」と言い返すと、

49 イエスはお答えになった。「わたしは悪霊に取りつかれてはいない。わたしは父を重んじているのに、あなたたちはわたしを重んじない。

50 わたしは、自分の栄光は求めていない。わたしの栄光を求め、裁きをなさる方が、ほかにおられる。

51 はっきり言っておく。わたしの言葉を守るなら、その人は決して死ぬことがない。」

52 ユダヤ人たちは言った。「あなたが悪霊に取りつかれていることが、今はっきりした。アブラハムは死んだし、預言者たちも死んだ。ところが、あなたは、『わたしの言葉を守るなら、その人は決して死を味わうことがない』と言う。

53 わたしたちの父アブラハムよりも、あなたは偉大なのか。彼は死んだではないか。預言者たちも死んだ。いったい、あなたは自分を何者だと思っているのか。」

54 イエスはお答えになった。「わたしが自分自身のために栄光を求めようとしているのであれば、わたしの栄光はむなしい。わたしに栄光を与えてくださるのはわたしの父であって、あなたたちはこの方について、『我々の神だ』と言っている。

Jesus and Abraham

48 The people told Jesus, "We were right to say that you are a Samaritan[u] and that you have a demon in you!"

49 Jesus answered, "I don't have a demon in me. I honor my Father, and you refuse to honor me.

50 I don't want honor for myself. But there is one who wants me to be honored, and he is also the one who judges.

51 I tell you for certain that if you obey my words, you will never die."

52 Then the people said, "Now we are sure that you have a demon. Abraham is dead, and so are the prophets. How can you say that no one who obeys your words will ever die?

53 Are you greater than our father Abraham? He died, and so did the prophets. Who do you think you are?"

54 Jesus replied, "If I honored myself, it would mean nothing. My Father is the one who honors me. You claim that he is your God,

耶稣和亚伯拉罕

48 犹太人问耶稣：「我们说你是撒马利亚人，并且有鬼附身，难道说错了吗?」

49 耶稣说：「我并没有鬼附身；我尊敬我的父亲，你们却侮辱我。

50 我不求自己的荣耀，但是有一位替我寻求并主持公道的。

51 我郑重地告诉你们，遵守我教导的人一定永远不死。」

52 他们对他说：「现在我们更确实知道你有鬼附身！亚伯拉罕死了，先知们也死了，你却说『遵守我教导的人一定永远不死』。

53 你敢说你比我们祖宗亚伯拉罕伟大吗？亚伯拉罕死了，先知们也死了，你把自己当作什么人呢?」

54 耶稣回答：「如果我荣耀自己，我的荣耀就毫无价值。那位荣耀我的是我的父亲，就是你们所说是你们上帝的那一位。

---

u) Samaritan: See 4.9 and the note there.

55 너희는 그를 알지 못하되 나는 아노니 만일
　　내가 알지 못한다 하면 나도 너희 같이
　　거짓말쟁이가 되리라 나는 그를 알고 또
　　그의 말씀을 지키노라

56 너희 조상 아브라함은 나의 때 볼 것을
　　즐거워하다가 보고 기뻐하였느니라

57 유대인들이 이르되 네가 아직 오십 세도
　　못되었는데 아브라함을 보았느냐

58 예수께서 이르시되 진실로 진실로 너희에게
　　이르노니 아브라함이 나기 전부터 내가
　　있느니라 하시니

59 그들이 돌을 들어 치려 하거늘 예수께서
　　숨어 성전에서 나가시니라

55 あなたたちはその方を知らないが、わた
　　しは知っている。わたしがその方を知ら
　　ないと言えば、あなたたちと同じくわた
　　しも偽り者になる。しかし、わたしはそ
　　の方を知っており、その言葉を守ってい
　　る。

56 あなたたちの父アブラハムは、わたしの
　　日を見るのを楽しみにしていた。そし
　　て、それを見て、喜んだのである。」

57 ユダヤ人たちが、「あなたは、まだ五十
　　歳にもならないのに、アブラハムを見た
　　のか」と言うと、

58 イエスは言われた。「はっきり言ってお
　　く。アブラハムが生まれる前から、『わ
　　たしはある。』」

59 すると、ユダヤ人たちは、石を取り上
　　げ、イエスに投げつけようとした。しか
　　し、イエスは身を隠して、神殿の境内か
　　ら出て行かれた。

55 even though you don't really know him. If I said I didn't know him, I would be a liar, just like all of you. But I know him, and I do what he says.

56 Your father Abraham was really glad to see me."

57 "You are not even 50 years old!" they said. "How could you have seen Abraham?"

58 Jesus answered, "I tell you for certain that even before Abraham was, I was, and I am."[v]

59 The people picked up stones to kill Jesus, but he hid and left the temple.

55 你们从来不认识他，我却认识他。如果我说我不认识他，我就跟你们一样是撒谎者了。可是我认识他，并且遵守他的教导。

56 你们的祖宗亚伯拉罕曾欢欢喜喜地盼望着我来的日子；一看见了，他就非常快乐。」

57 他们对他说：「你还不到五十岁，你见过亚伯拉罕吗【12】」

58 耶稣回答：「我郑重地告诉你们，亚伯拉罕出生以前，我就『有』了。」

59 于是，他们捡起石头要打他，耶稣却躲开，从圣殿走出去。

---

v) I am: See the note at 8.24.

【12】「你见过亚伯拉罕吗」另有些古卷作「亚伯拉罕见过你吗」。

제 9 장

날 때부터 맹인 된 사람을 고치시다

1 예수께서 길을 가실 때에 날 때부터 맹인 된 사람을 보신지라

2 제자들이 물어 이르되 랍비여 이 사람이 맹인으로 난 것이 누구의 죄로 인함이니이까 자기니이까 그의 부모니이까

3 예수께서 대답하시되 이 사람이나 그 부모의 죄로 인한 것이 아니라 그에게서 하나님이 하시는 일을 나타내고자 하심이라

4 때가 아직 낮이매 나를 보내신 이의 일을 우리가 하여야 하리라 밤이 오리니 그 때는 아무도 일할 수 없느니라

5 내가 세상에 있는 동안에는 세상의 빛이로라

6 이 말씀을 하시고 땅에 침을 뱉어 진흙을 이겨 그의 눈에 바르시고

7 이르시되 실로암 못에 가서 씻으라 하시니 (실로암은 번역하면 보냄을 받았다는 뜻이라) 이에 가서 씻고 밝은 눈으로 왔더라

8 이웃 사람들과 전에 그가 걸인인 것을 보았던 사람들이 이르되 이는 앉아서 구걸하던 자가 아니냐

第9章

生まれつきの盲人をいやす

1 さて、イエスは通りすがりに、生まれつき目の見えない人を見かけられた。

2 弟子たちがイエスに尋ねた。「ラビ、この人が生まれつき目が見えないのは、だれが罪を犯したからですか。本人ですか。それとも、両親ですか。」

3 イエスはお答えになった。「本人が罪を犯したからでも、両親が罪を犯したからでもない。神の業がこの人に現れるためである。

4 わたしたちは、わたしをお遣わしになった方の業を、まだ日のあるうちに行わねばならない。だれも働くことのできない夜が来る。

5 わたしは、世にいる間、世の光である。」

6 こう言ってから、イエスは地面に唾をし、唾で土をこねてその人の目にお塗りになった。

7 そして、「シロアム──『遣わされた者』という意味──の池に行って洗いなさい」と言われた。そこで、彼は行って洗い、目が見えるようになって、帰って来た。

8 近所の人々や、彼が物乞いであったのを前に見ていた人々が、「これは、座って物乞いをしていた人ではないか」と言った。

9

Jesus Heals a Man Born Blind

1 As Jesus walked along, he saw a man who had been blind since birth.

2 Jesus' disciples asked, "Teacher, why was this man born blind? Was it because he or his parents sinned?"

3 "No, it wasn't!" Jesus answered. "But because of his blindness, you will see God work a miracle for him.

4 As long as it is day, we must do what the one who sent me wants me to do. When night comes, no one can work.

5 * While I am in the world, I am the light for the world."

6 After Jesus said this, he spit on the ground. He made some mud and smeared it on the man's eyes.

7 Then he said, "Go wash off the mud in Siloam Pool." The man went and washed in Siloam, which means "One Who Is Sent." When he had washed off the mud, he could see.

8 The man's neighbors and the people who had seen him begging wondered if he really could be the same man.

*Mt 5.14; Jn 8.12.

第 9 章

1 耶稣在路上看见一个生下来就失明的人。

2 他的门徒问他：「老师，这个人生来就失明，是谁的罪造成的？是他自己的罪或是他父母的罪呢？」

3 耶稣回答：「他失明跟他自己或他父母的罪都没有关系，而是要在他身上彰显上帝的作为。

4 趁着白天，我们必须做差我来那位的工作；黑夜一到，就没有人能工作。

5 我在世上的时候，我就是世上的光。」

6 说了这话，耶稣吐口水在地上，用口水和着泥，抹在盲人的眼睛上，

7 并对他说：「你到西罗亚池子去洗吧。」（西罗亚的意思是「奉差遣」。）他就去洗，回来的时候，能看见了。

8 他的邻居和经常看见他在讨饭的人说：「这个人不是一向坐在这里讨饭的吗？」

9　어떤 사람은 그 사람이라 하며 어떤 사람은 아니라 그와 비슷하다 하거늘 자기 말은 내가 그라 하니

10　그들이 묻되 그러면 네 눈이 어떻게 떠졌느냐

11　대답하되 예수라 하는 그 사람이 진흙을 이겨 내 눈에 바르고 나더러 실로암에 가서 씻으라 하기에 가서 씻었더니 보게 되었노라

12　그들이 이르되 그가 어디 있느냐 이르되 알지 못하노라 하니라

보게 된 맹인과 바리새인들

13　그들이 전에 맹인이었던 사람을 데리고 바리새인들에게 갔더라

14　예수께서 진흙을 이겨 눈을 뜨게 하신 날은 안식일이라

15　그러므로 바리새인들도 그가 어떻게 보게 되었는지를 물으니 이르되 그 사람이 진흙을 내 눈에 바르매 내가 씻고 보나이다 하니

16　바리새인 중에 어떤 사람은 말하되 이 사람이 안식일을 지키지 아니하니 하나님께로부터 온 자가 아니라 하며 어떤 사람은 말하되 죄인으로서 어떻게 이러한 1)표적을 행하겠느냐 하여 그들 중에 분쟁이 있었더니

9　「その人だ」と言う者もいれば、「いや違う。似ているだけだ」と言う者もいた。本人は、「わたしがそうなのです」と言った。

10　そこで人々が、「では、お前の目はどのようにして開いたのか」と言うと、

11　彼は答えた。「イエスという方が、土をこねてわたしの目に塗り、『シロアムに行って洗いなさい』と言われました。そこで、行って洗ったら、見えるようになったのです。」

12　人々が「その人はどこにいるのか」と言うと、彼は「知りません」と言った。

ファリサイ派の人々、事情を調べる

13　人々は、前に盲人であった人をファリサイ派の人々のところへ連れて行った。

14　イエスが土をこねてその目を開けられたのは、安息日のことであった。

15　そこで、ファリサイ派の人々も、どうして見えるようになったのかと尋ねた。彼は言った。「あの方が、わたしの目にこねた土を塗りました。そして、わたしが洗うと、見えるようになったのです。」

16　ファリサイ派の人々の中には、「その人は、安息日を守らないから、神のもとから来た者ではない」と言う者もいれば、「どうして罪のある人間が、こんなしるしを行うことができるだろうか」と言う者もいた。こうして、彼らの間で意見が分かれた。

---

1) 또는 이적

9　Some of them said he was the same beggar, while others said he only looked like him. But he told them, "I am that man."

10　"Then how can you see?" they asked.

11　He answered, "Someone named Jesus made some mud and smeared it on my eyes. He told me to go and wash it off in Siloam Pool. When I did, I could see."

12　"Where is he now?" they asked. "I don't know," he answered.

The Pharisees Try To Find Out What Happened

13-14　The day when Jesus made the mud and healed the man was a Sabbath. So the people took the man to the Pharisees.

15　They asked him how he was able to see, and he answered, "Jesus made some mud and smeared it on my eyes. Then after I washed it off, I could see."

16　Some of the Pharisees said, "This man Jesus doesn't come from God. If he did, he would not break the law of the Sabbath."

Others asked, "How could someone who is a sinner work such a miracle?"[w]

Since the Pharisees could not agree among themselves,

9　有的说：「就是他」；也有的说：「不是他，只是像 他罢了。」那个人自己说：「我就是他。」

10　他们问：「你的眼睛是怎样 开的呢?」

11　他回答：「一个名 叫耶稣的，和了泥抹我的眼睛，对我说：『你到西罗亚池子去洗。』我去，一洗就能看 见。」

12　他们问：「那个人在哪里?」他回答：「我不知道。」

法利赛人查究失明 人的事

13　他们带那 从 前失 明的人去见法利赛人。

14　耶稣和了泥开他眼睛 的那一天是安息日。

15　法利赛人又一次盘问那个人是怎 样得看见的。他告诉他们：「他用泥抹我的眼睛，我一洗就能 看见。」

16　有些法利赛人说：「做这事的人不可能是从 上 帝那里来的，因为他不守安息日的戒律。」另有些人说：「一个有罪的人怎 能 行这样 的神迹呢?」他们因此争 论起来。

---

w) miracle: See the note at 2.11.

17 이에 맹인되었던 자에게 다시 묻되 그 사람이 네 눈을 뜨게 하였으니 너는 그를 어떠한 사람이라 하느냐 대답하되 선지자니이다 하니

18 유대인들이 그가 맹인으로 있다가 보게 된 것을 믿지 아니하고 그 부모를 불러 묻되

19 이는 너희 말에 맹인으로 났다 하는 너희 아들이냐 그러면 지금은 어떻게 해서 보느냐

20 그 부모가 대답하여 이르되 이 사람이 우리 아들인 것과 맹인으로 난 것을 아나이다

21 그러나 지금 어떻게 해서 보는지 또는 누가 그 눈을 뜨게 하였는지 우리는 알지 못하나이다 그에게 물어 보소서 그가 장성하였으니 자기 일을 말하리이다

22 그 부모가 이렇게 말한 것은 이미 유대인들이 누구든지 예수를 그리스도로 시인하는 자는 출교하기로 결의하였으므로 그들을 무서워함이러라

23 이러므로 그 부모가 말하기를 그가 장성하였으니 그에게 물어 보소서 하였더라

17 そこで、人々は盲人であった人に再び言った。「目を開けてくれたということだが、いったい、お前はあの人をどう思うのか。」彼は「あの方は預言者です」と言った。

18 それでも、ユダヤ人たちはこの人について、盲人であったのに目が見えるようになったということを信じなかった。ついに、目が見えるようになった人の両親を呼び出して、

19 尋ねた。「この者はあなたたちの息子で、生まれつき目が見えなかったと言うのか。それが、どうして今は目が見えるのか。」

20 両親は答えて言った。「これがわたしどもの息子で、生まれつき目が見えなかったことは知っています。

21 しかし、どうして今、目が見えるようになったかは、分かりません。だれが目を開けてくれたのかも、わたしどもは分かりません。本人にお聞きください。もう大人ですから、自分のことは自分で話すでしょう。」

22 両親がこう言ったのは、ユダヤ人たちを恐れていたからである。ユダヤ人たちは既に、イエスをメシアであると公に言い表す者がいれば、会堂から追放すると決めていたのである。

23 両親が、「もう大人ですから、本人にお聞きください」と言ったのは、そのためである。

17 they asked the man, "What do you say about this one who healed your eyes?" "He is a prophet!" the man told them.

18 But the Jewish leaders would not believe that the man had once been blind. They sent for his parents

19 and asked them, "Is this the son that you said was born blind? How can he now see?"

20 The man's parents answered, "We are certain that he is our son, and we know that he was born blind.

21 But we don't know how he got his sight or who gave it to him. Ask him! He is old enough to speak for himself."

22-23 The man's parents said this because they were afraid of their leaders. The leaders had already agreed that no one was to have anything to do with anyone who said Jesus was the Messiah.

---

17 于是，法利赛人再次盘问那个人：「既然他开了你的眼睛，你说他是怎样的人呢？」

他回答：「他是一位先知。」

18 犹太人的领袖不相信他从前失明，现在看得见；等到把他的父母找来，

19 他们问：「这个人是你们的儿子吗？你们不是说他生下来就失明吗？那么，现在又怎么会看见呢？」

20 他的父母回答：「他是我们的儿子，他生下来就是失明的，这个我们知道。

21 至于他现在怎么会看见，是谁开了他的眼睛，我们都不知道。他已经成人了，你们去问他吧，让他自己回答你们！」

22 他的父母这样说是因为怕犹太人的领袖；当时他们已经商妥，如果有人承认耶稣是基督，就要把他赶出会堂。

23 因此他的父母回答：「他已经成人了，你们去问他吧！」

24 이에 그들이 맹인이었던 사람을 두 번째
불러 이르되 너는 하나님께 영광을 돌리라
우리는 이 사람이 죄인인 줄 아노라

25 대답하되 그가 죄인인지 내가 알지 못하나
한 가지 아는 것은 내가 맹인으로 있다가
지금 보는 그것이니이다

26 그들이 이르되 그 사람이 네게 무엇을
하였느냐 어떻게 네 눈을 뜨게 하였느냐

27 대답하되 내가 이미 일렀어도 듣지
아니하고 어찌하여 다시 듣고자 하나이까
당신들도 그의 제자가 되려 하나이까

28 그들이 욕하여 이르되 너는 그의 제자이나
우리는 모세의 제자라

29 하나님이 모세에게는 말씀하신 줄을 우리가
알거니와 이 사람은 어디서 왔는지 알지
못하노라

30 그 사람이 대답하여 이르되 이상하다 이
사람이 내 눈을 뜨게 하였으되 당신들은
그가 어디서 왔는지 알지 못하는도다

31 하나님이 죄인의 말을 듣지 아니하시고
경건하여 그의 뜻대로 행하는 자의 말은
들으시는 줄을 우리가 아나이다

32 창세 이후로 맹인으로 난 자의 눈을 뜨게
하였다 함을 듣지 못하였으니

24 さて、ユダヤ人たちは、盲人であった人をもう一度呼び出して言った。「神の前で正直に答えなさい。わたしたちは、あの者が罪ある人間だと知っているのだ。」

25 彼は答えた。「あの方が罪人かどうか、わたしには分かりません。ただ一つ知っているのは、目の見えなかったわたしが、今は見えるということです。」

26 すると、彼らは言った。「あの者はお前にどんなことをしたのか。お前の目をどうやって開けたのか。」

27 彼は答えた。「もうお話ししたのに、聞いてくださいませんでした。なぜまた、聞こうとなさるのですか。あなたがたもあの方の弟子になりたいのですか。」

28 そこで、彼らはののしって言った。「お前はあの者の弟子だが、我々はモーセの弟子だ。

29 我々は、神がモーセに語られたことは知っているが、あの者がどこから来たのかは知らない。」

30 彼は答えて言った。「あの方がどこから来られたか、あなたがたがご存じないとは、実に不思議です。あの方は、わたしの目を開けてくださったのに。

31 神は罪人の言うことはお聞きにならないと、わたしたちは承知しています。しかし、神をあがめ、その御心を行う人の言うことは、お聞きになります。

32 生まれつき目が見えなかった者の目を開けた人がいるということなど、これまで一度も聞いたことがありません。

24 The leaders called the man back and said, "Swear by God to tell the truth! We know that Jesus is a sinner."

25 The man replied, "I don't know if he is a sinner or not. All I know is that I used to be blind, but now I can see!"

26 "What did he do to you?" they asked. "How did he heal your eyes?"

27 The man answered, "I have already told you once, and you refused to listen. Why do you want me to tell you again? Do you also want to become his disciples?"

28 The leaders insulted the man and said, "You are his follower! We are followers of Moses.

29 We are sure God spoke to Moses, but we don't even know where Jesus comes from."

30 "How strange!" the man replied. "He healed my eyes, and yet you don't know where he comes from.

31 We know that God listens only to people who love and obey him. God doesn't listen to sinners.

32 And this is the first time in history anyone has ever given sight to someone born blind.

24 他们再一次把那 生下来就失明的叫来，对他说：「你必须在上 帝面 前说诚 实话！我们知道耶稣是一个罪人。」

25 他回答：「他是不是罪人，我不知道；不过我知道一件事：我从 前失明，现在能 看见了。」

26 他们问：「他替你做了什么？他怎 样开了你的眼睛？」

27 他回答：「我已经告诉你们了，你们不肯听。为什么 现在又要听呢？难道你们也 想作 他的门徒吗？」

28 他们辱骂他：「你才是那个家伙的门徒；我们是摩西的门徒。

29 我们知道 上 帝对摩西说 过话；至于那家伙，我们 根本不知道他是哪里来的!」

30 他回答：「这就怪了。他开了我的眼睛，你们却不知道他是从哪里来的！

31 我们知道，上帝不听罪人的祈求；他只垂听那敬拜他、并实行 他旨意的人。

32 从 创 世以来，未曾 听过有人开了生来 就是失明的眼睛的。

33 이 사람이 하나님께로부터 오지
　　아니하였으면 아무 일도 할 수 없으리이다

34 그들이 대답하여 이르되 네가 온전히 죄
　　가운데서 나서 우리를 가르치느냐 하고
　　이에 쫓아내어 보내니라

맹인이 되었더라면 죄가 없으려니와

35 예수께서 그들이 그 사람을 쫓아냈다 하는
　　말을 들으셨더니 그를 만나사 이르시되
　　네가 1)인자를 믿느냐

36 대답하여 이르되 주여 그가 누구시오니이까
　　내가 믿고자 하나이다

37 예수께서 이르시되 네가 그를 보았거니와
　　지금 너와 말하는 자가 그이니라

38 이르되 주여 내가 믿나이다 하고
　　절하는지라

39 예수께서 이르시되 내가 심판하러 이
　　세상에 왔으니 보지 못하는 자들은 보게
　　하고 보는 자들은 맹인이 되게 하려 함이라
　　하시니

40 바리새인 중에 예수와 함께 있던 자들이 이
　　말씀을 듣고 이르되 우리도 맹인인가

41 예수께서 이르시되 너희가 맹인이
　　되었더라면 죄가 없으려니와 본다고 하니
　　너희 죄가 그대로 있느니라

33 あの方が神のもとから来られたのでなけ
　　れば、何もおできにならなかったはずで
　　す。」

34 彼らは、「お前は全く罪の中に生まれた
　　のに、我々に教えようというのか」と言
　　い返し、彼を外に追い出した。

ファリサイ派の人々の罪

35 イエスは彼が外に追い出されたことをお
　　聞きになった。そして彼に出会うと、
　　「あなたは人の子を信じるか」と言われ
　　た。

36 彼は答えて言った。「主よ、その方はど
　　んな人ですか。その方を信じたいのです
　　が。」

37 イエスは言われた。「あなたは、もうそ
　　の人を見ている。あなたと話しているの
　　が、その人だ。」

38 彼が、「主よ、信じます」と言って、ひ
　　ざまずくと、

39 イエスは言われた。「わたしがこの世に
　　来たのは、裁くためである。こうして、
　　見えない者は見えるようになり、見える
　　者は見えないようになる。」

40 イエスと一緒に居合わせたファリサイ
　　派の人々は、これらのことを聞いて、
　　「我々も見えないということか」と言っ
　　た。

41 イエスは言われた。「見えなかったのであ
　　れば、罪はなかったであろう。しかし、
　　今、『見える』とあなたたちは言ってい
　　る。だから、あなたたちの罪は残る。」

---

1) 어떤 사본에, 하나님의 아들을

33 Jesus could not do anything unless he came from God."

34 The leaders told the man, "You have been a sinner since the day you were born! Do you think you can teach us anything?" Then they said, "You can never come back into any of our synagogues!"

35 When Jesus heard what had happened, he went and found the man. Then Jesus asked, "Do you have faith in the Son of Man?"

36 He replied, "Sir, if you will tell me who he is, I will put my faith in him."

37 "You have already seen him," Jesus answered, "and right now he is talking with you."

38 The man said, "Lord, I put my faith in you!" Then he worshiped Jesus.

39 Jesus told him, "I came to judge the people of this world. I am here to give sight to the blind and to make blind everyone who can see."

40 When the Pharisees heard Jesus say this, they asked, "Are we blind?"

41 Jesus answered, "If you were blind, you would not be guilty. But now that you claim to see, you will keep on being guilty."

---

33 除非他是从上帝那里来的，他什么都不能做。」

34 他们斥责他：「你这生长在罪中的家伙，居然教训起我们来!」于是他们把他从会堂里赶出去。

灵性的盲目

35 耶稣听见他们把他赶出会堂。以后耶稣找到他，对他说：「你信人子吗?」

36 他回答：「先生，请告诉我他是谁，好让我信他!」

37 耶稣对他说：「你已经见到他，现在跟你讲话的就是他。」

38 他说：「主啊，我信!」就向耶稣下拜。

39 耶稣说：「我到这世上来的目的是要审判，使失明的，能看见；能看见的，反而失明。」

40 在那里的一些法利赛人听见这话，就问他：「难道你把我们也当作失明的吗?」

41 耶稣回答：「如果你们是失明的，你们就没有罪；既然你们说『我们能看见』，那么，你们仍然是有罪的。」

제 10 장

양의 우리 비유

1 내가 진실로 진실로 너희에게 이르노니 문을 통하여 양의 우리에 들어가지 아니하고 다른 데로 넘어가는 자는 절도며 강도요

2 문으로 들어가는 이는 양의 목자라

3 문지기는 그를 위하여 문을 열고 양은 그의 음성을 듣나니 그가 자기 양의 이름을 각각 불러 인도하여 내느니라

4 자기 양을 다 내놓은 후에 앞서 가면 양들이 그의 음성을 아는 고로 따라오되

5 타인의 음성은 알지 못하는 고로 타인을 따르지 아니하고 도리어 도망하느니라

6 예수께서 이 비유로 그들에게 말씀하셨으나 그들은 그가 하신 말씀이 무엇인지 알지 못하니라

선한 목자

7 그러므로 예수께서 다시 이르시되 내가 진실로 진실로 너희에게 말하노니 나는 양의 문이라

8 나보다 먼저 온 자는 다 절도요 강도니 양들이 듣지 아니하였느니라

9 내가 문이니 누구든지 나로 말미암아 들어가면 구원을 받고 또는 들어가며 나오며 꼴을 얻으리라

10 도둑이 오는 것은 도둑질하고 죽이고 멸망시키려는 것뿐이요 내가 온 것은 양으로 생명을 얻게 하고 더 풍성히 얻게 하려는 것이라

第10章

「羊の囲い」のたとえ

1 「はっきり言っておく。羊の囲いに入るのに、門を通らないでほかの所を乗り越えて来る者は盗人であり、強盗である。

2 門から入る者が羊飼いである。

3 門番は羊飼いには門を開き、羊はその声を聞き分ける。羊飼いは自分の羊の名を呼んで連れ出す。

4 自分の羊をすべて連れ出すと、先頭に立って行く。羊はその声を知っているので、ついて行く。

5 しかし、ほかの者には決してついて行かず、逃げ去る。ほかの者たちの声を知らないからである。」

6 イエスは、このたとえをファリサイ派の人々に話されたが、彼らはその話が何のことか分からなかった。

イエスは良い羊飼い

7 イエスはまた言われた。「はっきり言っておく。わたしは羊の門である。

8 わたしより前に来た者は皆、盗人であり、強盗である。しかし、羊は彼らの言うことを聞かなかった。

9 わたしは門である。わたしを通って入る者は救われる。その人は、門を出入りして牧草を見つける。

10 盗人が来るのは、盗んだり、屠ったり、滅ぼしたりするためにほかならない。わたしが来たのは、羊が命を受けるため、しかも豊かに受けるためである。

10

dì shí zhāng

第 10 章

A Story about Sheep

1 Jesus said:
I tell you for certain only thieves and robbers climb over the fence instead of going in through the gate to the sheep pen.

2-3 But the gatekeeper opens the gate for the shepherd, and he goes in through it. The sheep know their shepherd's voice. He calls each of them by name and leads them out.

4 When he has led out all of his sheep, he walks in front of them, and they follow, because they know his voice.

5 The sheep will not follow strangers. They don't recognize a stranger's voice, and they run away.

6 Jesus told the people this story. But they did not understand what he was talking about.

Jesus Is the Good Shepherd

7 Jesus said:
I tell you for certain that I am the gate for the sheep.

8 Everyone who came before me was a thief or a robber, and the sheep did not listen to any of them.

9 I am the gate. All who come in through me will be saved. Through me they will come and go and find pasture.

10 A thief comes only to rob, kill, and destroy. I came so everyone would have life, and have it fully.

羊 圈 的 比 喻

1 耶稣又说:「我 郑 重 地告诉你们,那不从 门进羊 圈,却从 别处爬进去的,是贼,是强 盗。

2 那从 门进去的,才是羊的牧人。

3 看门的替他开门;他的羊 认得他的 声音。他按名字呼唤自己的羊,领它们出来。

4 他把自己的羊 都领出来,就走在它们前头;他的羊 跟着他,因为它们认得他的 声 音。

5 它们 并不跟随陌生 人,反而要逃开,因为不认得陌 生人的 声音。」

6 耶稣对他们 说了这个比 喻,但是他们不明白他所 说的是什么意思。

好牧人耶稣

7 于是,耶稣又对他们说:「我 郑 重 地告诉你们,我就是 羊的门。

8 凡在我以前来的都是贼,是 强盗;羊不 听从他们。

9 我是门;那从我进来的,必然安全,并且可以进进出出,也会找到 草场。

10 盗贼进来,无非要偷,要杀,要毁坏。我来的目的是要使他们得 生 命,而且是 丰丰 富富的 生 命。

11 나는 선한 목자라 선한 목자는 양들을
위하여 목숨을 버리거니와

12 삯꾼은 목자가 아니요 양도 제 양이
아니라 이리가 오는 것을 보면 양을 버리고
달아나나니 이리가 양을 물어 가고 또
헤치느니라

13 달아나는 것은 그가 삯꾼인 까닭에 양을
돌보지 아니함이나

14 나는 선한 목자라 나는 내 양을 알고 양도
나를 아는 것이

15 아버지께서 나를 아시고 내가 아버지를
아는 것 같으니 나는 양을 위하여 목숨을
버리노라

16 또 이 우리에 들지 아니한 다른 양들이 내게
있어 내가 인도하여야 할 터이니 그들도 내
음성을 듣고 한 무리가 되어 한 목자에게
있으리라

17 내가 내 목숨을 버리는 것은 그것을
내가 다시 얻기 위함이니 이로 말미암아
아버지께서 나를 사랑하시느니라

18 이를 내게서 빼앗는 자가 있는 것이 아니라
내가 스스로 버리노라 나는 버릴 권세도
있고 다시 얻을 권세도 있으니 이 계명은 내
아버지에게서 받았노라 하시니라

19 이 말씀으로 말미암아 유대인 중에 다시
분쟁이 일어나니

20 그 중에 많은 사람이 말하되 그가 귀신 들려
미쳤거늘 어찌하여 그 말을 듣느냐 하며

11 わたしは良い羊飼いである。良い羊飼い
は羊のために命を捨てる。

12 羊飼いでなく、自分の羊を持たない雇い
人は、狼が来るのを見ると、羊を置き去
りにして逃げる。——狼は羊を奪い、ま
た追い散らす。——

13 彼は雇い人で、羊のことを心にかけてい
ないからである。

14 わたしは良い羊飼いである。わたしは自
分の羊を知っており、羊もわたしを知っ
ている。

15 それは、父がわたしを知っておられ、わ
たしが父を知っているのと同じである。
わたしは羊のために命を捨てる。

16 わたしには、この囲いに入っていないほ
かの羊もいる。その羊をも導かなければ
ならない。その羊もわたしの声を聞き分
ける。こうして、羊は一人の羊飼いに導
かれ、一つの群れになる。

17 わたしは命を、再び受けるために、捨て
る。それゆえ、父はわたしを愛してくだ
さる。

18 だれもわたしから命を奪い取ることはで
きない。わたしは自分でそれを捨てる。
わたしは命を捨てることもでき、それを
再び受けることもできる。これは、わた
しが父から受けた掟である。」

19 この話をめぐって、ユダヤ人たちの間に
また対立が生じた。

20 多くのユダヤ人は言った。「彼は悪霊に
取りつかれて、気が変になっている。な
ぜ、あなたたちは彼の言うことに耳を貸
すのか。」

11 I am the good shepherd, and the good shepherd gives up his life for his sheep.

12 Hired workers are not like the shepherd. They don't own the sheep, and when they see a wolf coming, they run off and leave the sheep. Then the wolf attacks and scatters the flock.

13 Hired workers run away because they don't care about the sheep.

14 * I am the good shepherd. I know my sheep, and they know me.

15 * Just as the Father knows me, I know the Father, and I give up my life for my sheep.

16 I have other sheep that are not in this sheep pen. I must also bring them together, when they hear my voice. Then there will be one flock of sheep and one shepherd.

17 The Father loves me, because I give up my life, so I may receive it back again.

18 No one takes my life from me. I give it up willingly! I have the power to give it up and the power to receive it back again, just as my Father commanded me to do.

19 The people took sides because of what Jesus had told them.

20 Many of them said, "He has a demon in him! He is crazy! Why listen to him?"

11 「我是好牧人；好牧人 愿意为 羊 舍命。

12 雇工 不是牧人，羊也不是他自己的。他一看见 豺 狼来，就撇下 羊 逃跑；豺 狼 抓 住羊，赶散了羊群。

13 雇工跑掉了，因为他不过是一个雇工，并不 关 心 羊 群。

14-15 我是好牧人。正如父亲认识我，我 认识父亲。同样，我认得我的羊；它们 也认得我。我愿意为它们舍命。

16 我还有其他的羊 不在这羊 圈里，我 也必须把它们领来；它们会 听我的声 音。它们 两者 要合成一群，同属于一 个牧人。

17 「父亲爱我；因为我愿 意牺 牲自己的 生命，为要再得到 生 命。

18 没有人 能 夺走我的 生 命，是我自愿 牺牲 的；我有 权 牺牲，也有 权 再 得回。这是我父亲 命 令我做的。」

19 犹太人又为了这些话起纷争。

20 他们 当 中 有好些人说：「他是鬼附 的！他发疯了！何必听他？」

*Jr 23.1-6; Ez 34.1-16,23,24.
*Mt 11.27; Lk 10.22.

21 어떤 사람은 말하되 이 말은 귀신 들린 자의 말이 아니라 귀신이 맹인의 눈을 뜨게 할 수 있느냐 하더라

유대인들이 예수를 돌로 치려 하다

22 예루살렘에 수전절이 이르니 때는 겨울이라

23 예수께서 성전 안 솔로몬 행각에서 거니시니

24 유대인들이 에워싸고 이르되 당신이 언제까지나 우리 마음을 의혹하게 하려 하나이까 그리스도이면 밝히 말씀하소서 하니

25 예수께서 대답하시되 내가 너희에게 말하였으되 믿지 아니하는도다 내가 내 아버지의 이름으로 행하는 일들이 나를 증거하는 것이거늘

26 너희가 내 양이 아니므로 믿지 아니하는도다

27 내 양은 내 음성을 들으며 나는 그들을 알며 그들은 나를 따르느니라

28 내가 그들에게 영생을 주노니 영원히 멸망하지 아니할 것이요 또 그들을 내 손에서 빼앗을 자가 없느니라

29 [1)]그들을 주신 내 아버지는 만물보다 크시매 아무도 아버지 손에서 빼앗을 수 없느니라

30 나와 아버지는 하나이니라 하신대

31 유대인들이 다시 돌을 들어 치려 하거늘

21 ほかの者たちは言った。「悪霊に取りつかれた者は、こういうことは言えない。悪霊に盲人の目が開けられようか。」

ユダヤ人、イエスを拒絶する

22 そのころ、エルサレムで神殿奉献記念祭が行われた。冬であった。

23 イエスは、神殿の境内でソロモンの回廊を歩いておられた。

24 すると、ユダヤ人たちがイエスを取り囲んで言った。「いつまで、わたしたちに気をもませるのか。もしメシアなら、はっきりそう言いなさい。」

25 イエスは答えられた。「わたしは言ったが、あなたたちは信じない。わたしが父の名によって行う業が、わたしについて証しをしている。

26 しかし、あなたたちは信じない。わたしの羊ではないからである。

27 わたしの羊はわたしの声を聞き分ける。わたしは彼らを知っており、彼らはわたしに従う。

28 わたしは彼らに永遠の命を与える。彼らは決して滅びず、だれも彼らをわたしの手から奪うことはできない。

29 わたしの父がわたしにくださったものは、すべてのものより偉大であり、だれも父の手から奪うことはできない。

30 わたしと父とは一つである。」

31 ユダヤ人たちは、イエスを石で打ち殺そうとして、また石を取り上げた。

---

1) 어떤 사본에, 내 아버지께서 내게 주신 것이 만물보다 크매

21 But others said, "How could anyone with a demon in him say these things? No one like this could give sight to a blind person!"

Jesus Is Rejected

22 That winter, Jesus was in Jerusalem for the Temple Festival.

23 One day he was walking in the part of the temple known as Solomon's Porch, [x)]

24 and the people gathered all around him. They said, "How long are you going to keep us guessing? If you are the Messiah, tell us plainly!"

25 Jesus answered:
I have told you, and you refused to believe me. The things I do by my Father's authority show who I am.

26 But since you are not my sheep, you don't believe me.

27 My sheep know my voice, and I know them. They follow me,

28 and I give them eternal life, so that they will never be lost. No one can snatch them out of my hand.

29 My Father gave them to me, and he is greater than all others. [y)] No one can snatch them from his hands,

30 and I am one with the Father.

31 Once again the people picked up stones in order to kill Jesus.

---

21 另有些人说：「鬼附的人不能 说出这 样的话！鬼能 开盲 人的眼睛吗?」

被犹太人弃绝

22 在耶路撒冷，庆祝 献殿节的时候到 了；那时候是 冬 天。

23 耶稣在 圣 殿里的所罗门廊 下走着;

24 犹太人围绕着他，对他说：「你使我们 悬疑要到几时呢？坦白地告诉我们，你 是不是基督?」

25 耶稣回答：「我已经告诉过你们，可是 你们不信。我奉 我父亲的 名 所做的 事就是我的证 据。

26 但是，你们不是我的羊，所以你们不 信。

27 我的 羊 听我的声 音，我认得它们; 它们跟随我。

28 我赐给他们 永 恒的 生 命，他们不至 于死亡；无论谁都不能 从 我 手 中 把他们夺走。

29 那位把他们赐给我的父亲比一切都伟大 【13】），没有人 能 从 父亲 手里把他 们夺走。

30 父亲和我原 为一。」

31 这时候，犹太人又拿起石头要打他。

---

x) Solomon's Porch: A public place with tall columns along the east side of the temple.

y) he is greater than all others: Some manuscripts have "they are greater than all others."

【13】「那位把他们赐给我的父亲比一切都伟大」另有些古卷作 「我父亲所赐给我的比一切都伟大」。

32 예수께서 대답하시되 내가 아버지로
말미암아 여러 가지 선한 일로 너희에게
보였거늘 그 중에 어떤 일로 나를 돌로 치려
하느냐

33 유대인들이 대답하되 선한 일로 말미암아
우리가 너를 돌로 치려는 것이 아니라
신성모독으로 인함이니 네가 사람이 되어
자칭 하나님이라 함이로라

34 예수께서 이르시되 너희 ㄱ)율법에 기록된
바 내가 너희를 신이라 하였노라 하지
아니하였느냐

35 성경은 폐하지 못하나니 하나님의 말씀을
받은 사람들을 신이라 하셨거든

36 하물며 아버지께서 거룩하게 하사 세상에
보내신 자가 나는 하나님의 아들이라 하는
것으로 너희가 어찌 신성모독이라 하느냐

37 만일 내가 내 아버지의 일을 행하지
아니하거든 나를 믿지 말려니와

38 내가 행하거든 나를 믿지 아니할지라도
그 일은 믿으라 그러면 너희가 아버지께서
내 안에 계시고 내가 아버지 안에 있음을
깨달아 알리라 하시니

39 그들이 다시 예수를 잡고자 하였으나 그
손에서 벗어나 나가시니라

40 다시 요단 강 저편 요한이 처음으로 1)세례
베풀던 곳에 가사 거기 거하시니

32 すると、イエスは言われた。「わたし
は、父が与えてくださった多くの善い業
をあなたたちに示した。その中のどの
業のために、石で打ち殺そうとするの
か。」

33 ユダヤ人たちは答えた。「善い業のこと
で、石で打ち殺すのではない。神を冒瀆
したからだ。あなたは、人間なのに、自
分を神としているからだ。」

34 そこで、イエスは言われた。「あなたた
ちの律法に、『わたしは言う。あなたた
ちは神々である』と書いてあるではない
か。

35 神の言葉を受けた人たちが、『神々』と
言われている。そして、聖書が廃れるこ
とはありえない。

36 それなら、父から聖なる者とされて世に
遣わされたわたしが、『わたしは神の子
である』と言ったからとて、どうして
『神を冒瀆している』と言うのか。

37 もし、わたしが父の業を行っていないの
であれば、わたしを信じなくてもよい。

38 しかし、行っているのであれば、わたし
を信じなくても、その業を信じなさい。
そうすれば、父がわたしの内におられ、
わたしが父の内にいることを、あなたた
ちは知り、また悟るだろう。」

39 そこで、ユダヤ人たちはまたイエスを捕
らえようとしたが、イエスは彼らの手を
逃れて、去って行かれた。

40 イエスは、再びヨルダンの向こう側、ヨ
ハネが最初に洗礼を授けていた所に行っ
て、そこに滞在された。

---

1) 헬, 또는 침례   ㄱ) 시 82:6

32 But he said, "I have shown you many good things my Father sent me to do. Which one are you going to stone me for?"

33 They answered, "We are not stoning you because of any good thing you did. We are stoning you because you did a terrible thing. You are just a man, and here you are claiming to be God!"

34 * Jesus replied:
In your Scriptures doesn't God say, "You are gods"?

35 You can't argue with the Scriptures, and God spoke to those people and called them gods.

36 So why do you accuse me of a terrible sin for saying that I am the Son of God? After all, it is the Father who prepared me for this work. He is also the one who sent me into the world.

37 If I don't do as my Father does, you should not believe me.

38 But if I do what my Father does, you should believe because of that, even if you don't have faith in me. Then you will know for certain that the Father is one with me, and I am one with the Father.

39 Again they wanted to arrest Jesus. But he escaped

40 * and crossed the Jordan to the place where John had earlier been baptizing. While Jesus was there,

---

32 耶稣对他们说：「我在你们 面前 做了父亲要我做的许多善 事；你们究竟为了哪一件事要拿石头打我?」

33 他们回答：「我们不是为了你所做的善事要拿石头打你，而是因为你侮辱了上帝！你不过是一个人，竟把自己当 作上 帝!」

34 耶稣说：「你们的法律不是写着 上 帝曾说『你们是神』吗？

35 我们知道 圣 经的话是永不 改变的；对那些接受 上帝信息的人，上帝 尚且 称 他们为 神。

36 至于我，我是父亲所 拣选 并 差 遣到世 上 来的。我说 我是 上 帝的儿子，你们为什么 说我侮辱 上 帝呢？

37 如果我不是做我父亲的事，你们就不必信我；

38 如果是，你们 纵 使不信我，也 应 当相 信我的工作，好使你们 确实知道父亲在我的生 命里，我也在父亲的 生命里。」

39 于是他们 又想 逮捕他，他却逃脱了他们的手。

40 耶稣又回约旦河的对岸，到约翰从前施洗的地方，住在那里。

---

*Ps 82.6.
*Jn 1.28.

41 많은 사람이 왔다가 말하되 요한은 아무
　1)표적도 행하지 아니하였으나 요한이 이
　사람을 가리켜 말한 것은 다 참이라 하더라

42 그리하여 거기서 많은 사람이 예수를
　믿으니라

41 多くの人がイエスのもとに来て言った。
　「ヨハネは何のしるしも行わなかった
　が、彼がこの方について話したことは、
　すべて本当だった。」
42 そこでは、多くの人がイエスを信じた。

1) 또는 이적

41 many people came to him. They were saying, "John didn't work any miracles, but everything he said about Jesus is true."

42 A lot of those people also put their faith in Jesus.

41 有许多人来找他，说：「约翰没有行过神迹，但是他指着这个人所说的一切话都是真实的。」

42 在那里，有许多人信了耶稣。

제 11 장

죽은 나사로를 살리시다

1 어떤 병자가 있으니 이는 마리아와 그 자매
마르다의 마을 베다니에 사는 나사로라

2 이 마리아는 향유를 주께 붓고 머리털로
주의 발을 닦던 자요 병든 나사로는 그의
오라버니더라

3 이에 그 누이들이 예수께 사람을 보내어
이르되 주여 보시옵소서 사랑하시는 자가
병들었나이다 하니

4 예수께서 들으시고 이르시되 이 병은 죽을
병이 아니라 하나님의 영광을 위함이요
하나님의 아들이 이로 말미암아 영광을
받게 하려 함이라 하시더라

5 예수께서 본래 마르다와 그 1)동생과
나사로를 사랑하시더니

6 나사로가 병들었다 함을 들으시고 그
계시던 곳에 이틀을 더 유하시고

7 그 후에 제자들에게 이르시되 유대로 다시
가자 하시니

8 제자들이 말하되 랍비여 방금도 유대인들이
돌로 치려 하였는데 또 그리로 가시려
하나이까

9 예수께서 대답하시되 낮이 열두 시간이
아니냐 사람이 낮에 다니면 이 세상의 빛을
보므로 실족하지 아니하고

第11章

ラザロの死

1 ある病人がいた。マリアとその姉妹マル
タの村、ベタニアの出身で、ラザロとい
った。

2 このマリアは主に香油を塗り、髪の毛で
主の足をぬぐった女である。その兄弟ラ
ザロが病気であった。

3 姉妹たちはイエスのもとに人をやって、
「主よ、あなたの愛しておられる者が
病気なのです」と言わせた。

4 イエスは、それを聞いて言われた。「こ
の病気は死で終わるものではない。神の
栄光のためである。神の子がそれによっ
て栄光を受けるのである。」

5 イエスは、マルタとその姉妹とラザロを
愛しておられた。

6 ラザロが病気だと聞いてからも、なお二
日間同じ所に滞在された。

7 それから、弟子たちに言われた。「もう
一度、ユダヤに行こう。」

8 弟子たちは言った。「ラビ、ユダヤ人た
ちがついこの間もあなたを石で打ち殺そ
うとしたのに、またそこへ行かれるので
すか。」

9 イエスはお答えになった。「昼間は十二
時間あるではないか。昼のうちに歩け
ば、つまずくことはない。この世の光を
見ているからだ。

1) 형제

10 But if you walk during the night, you will stumble, because you don't have any light."

11 Then he told them, "Our friend Lazarus is asleep, and I am going there to wake him up."

12 They replied, "Lord, if he is asleep, he will get better."

13 Jesus really meant that Lazarus was dead, but they thought he was talking only about sleep.

14 Then Jesus told them plainly, "Lazarus is dead!

15 I am glad I wasn't there, because now you will have a chance to put your faith in me. Let's go to him."

16 Thomas, whose nickname was "Twin," said to the other disciples, "Come on. Let's go, so we can die with him."

Jesus Brings Lazarus to Life

17 When Jesus got to Bethany, he found that Lazarus had already been in the tomb four days.

18 Bethany was less than three kilometers from Jerusalem,

19 and many people had come from the city to comfort Martha and Mary because their brother had died.

10 人在黑夜走路，就会绊倒，因为他没有光。」

11 耶稣说了这些话后，又说：「我们的朋友拉撒路睡着了，我要去唤醒他。」

12 门徒说：「主啊，如果他是睡着了，他会好起来的。」

13 其实，耶稣的意思是说拉撒路已经死了；他们却以为他讲的是正常的睡眠。

14 于是耶稣明明地告诉他们：「拉撒路死了；

15 为了要使你们相信，我不在他那里倒是好的。现在我们去看他吧。」

16 多马（绰号双胞胎的）对其他的门徒说：「我们跟老师一道去，跟他一起死吧!」

复活和生命的主

17 耶稣到了伯大尼，知道拉撒路已经在四天前埋葬了。

18 伯大尼离耶路撒冷还不到三公里；

19 有好些犹太人来探望马大和马利亚，为了她们弟弟的死来安慰她们。

20 마르다는 예수께서 오신다는 말을 듣고 곧
　　나가 맞이하되 마리아는 집에 앉았더라

21 마르다가 예수께 여짜오되 주께서
　　여기 계셨더라면 내 오라버니가 죽지
　　아니하였겠나이다

22 그러나 나는 이제라도 주께서 무엇이든지
　　하나님께 구하시는 것을 하나님이 주실
　　줄을 아나이다

23 예수께서 이르시되 네 오라비가 다시
　　살아나리라

24 마르다가 이르되 마지막 날 부활 때에는
　　다시 살아날 줄을 내가 아나이다

25 예수께서 이르시되 나는 부활이요 생명이니
　　나를 믿는 자는 죽어도 살겠고

26 무릇 살아서 나를 믿는 자는 영원히 죽지
　　아니하리니 이것을 네가 믿느냐

27 이르되 주여 그러하외다 주는 그리스도시요
　　세상에 오시는 하나님의 아들이신 줄 내가
　　믿나이다

28 이 말을 하고 돌아가서 가만히 그 자매
　　마리아를 불러 말하되 선생님이 오셔서
　　너를 부르신다 하니

29 마리아가 이 말을 듣고 급히 일어나 예수께
　　나아가매

30 예수는 아직 마을로 들어오지 아니하시고
　　마르다가 맞이했던 곳에 그대로 계시더라

20 マルタは、イエスが来られたと聞いて、
　　迎えに行ったが、マリアは家の中に座っ
　　ていた。

21 マルタはイエスに言った。「主よ、もし
　　ここにいてくださいましたら、わたしの
　　兄弟は死ななかったでしょうに。

22 しかし、あなたが神にお願いになること
　　は何でも神はかなえてくださると、わた
　　しは今でも承知しています。」

23 イエスが、「あなたの兄弟は復活する」
　　と言われると、

24 マルタは、「終わりの日の復活の時に復
　　活することは存じております」と言っ
　　た。

25 イエスは言われた。「わたしは復活であ
　　り、命である。わたしを信じる者は、死
　　んでも生きる。

26 生きていてわたしを信じる者はだれも、
　　決して死ぬことはない。このことを信じ
　　るか。」

27 マルタは言った。「はい、主よ、あなた
　　が世に来られるはずの神の子、メシアで
　　あるとわたしは信じております。」

イエス、涙を流す

28 マルタは、こう言ってから、家に帰って
　　姉妹のマリアを呼び、「先生がいらし
　　て、あなたをお呼びです」と耳打ちし
　　た。

29 マリアはこれを聞くと、すぐに立ち上が
　　り、イエスのもとに行った。

30 イエスはまだ村には入らず、マルタが出
　　迎えた場所におられた。

20 When Martha heard that Jesus had arrived, she went out to meet him, but Mary stayed in the house.

21 Martha said to Jesus, "Lord, if you had been here, my brother would not have died.

22 Yet even now I know that God will do anything you ask."

23 Jesus told her, "Your brother will live again!"

24 Martha answered, "I know he will be raised to life on the last day, [z] when all the dead are raised."

25 Jesus then said, "I am the one who raises the dead to life! Everyone who has faith in me will live, even if they die.

26 And everyone who lives because of faith in me will never really die. Do you believe this?"

27 "Yes, Lord!" she replied. "I believe you are the Christ, the Son of God. You are the one we hoped would come into the world."

28 After Martha said this, she went and privately said to her sister Mary, "The Teacher is here, and he wants to see you."

29 As soon as Mary heard this, she got up and went out to Jesus.

30 He was still outside the village where Martha had gone to meet him.

---

20 马大 听见耶稣来了，就出来迎接他；马利亚却留在家里。

21 马大对耶稣说：「主啊，要是你在这里，我的弟弟就不会死！

22 但是我知道，甚至 现在，无论你 向上 帝求什么，他一定赐给你。」

23 耶稣告诉她：「你的弟弟一定会复活的。」

24 马大说：「我知道在末日他一定会复活。」

25 耶稣说：「我就是复活，就是 生命。信我的人，虽然死了，仍然要活着；

26 活着信我的人一定 永 远不死。你信这一切吗？」

27 马大回答：「主啊，是的！我信你就是那要到世 上来的基督，是上 帝的儿子。」

耶稣哭了

28 马大 说了这话就回家，轻 声告诉妹妹马利亚说：「老师来了，他叫你。」

29 马利亚 听见这话，立刻起来，去见耶稣。

30 （当时耶稣还没有进村子，仍然在马大迎接他的地方。）

---

z) the last day: When God will judge all people.

31 마리아와 함께 집에 있어 위로하던
유대인들은 그가 급히 일어나 나가는 것을
보고 곡하러 무덤에 가는 줄로 생각하고
따라가더니

32 마리아가 예수 계신 곳에 가서 뵈옵고
그 발 앞에 엎드리어 이르되 주께서
여기 계셨더라면 내 오라버니가 죽지
아니하였겠나이다 하더라

33 예수께서 그가 우는 것과 또 함께 온
유대인들이 우는 것을 보시고 심령에
비통히 여기시고 불쌍히 여기사

34 이르시되 그를 어디 두었느냐 이르되 주여
와서 보옵소서 하니

35 예수께서 눈물을 흘리시더라

36 이에 유대인들이 말하되 보라 그를 얼마나
사랑하셨는가 하며

37 그 중 어떤 이는 말하되 맹인의 눈을 뜨게
한 이 사람이 그 사람은 죽지 않게 할 수
없었더냐 하더라

38 이에 예수께서 다시 속으로 비통히
여기시며 무덤에 가시니 무덤이 굴이라
돌로 막았거늘

39 예수께서 이르시되 돌을 옮겨 놓으라
하시니 그 죽은 자의 누이 마르다가 이르되
주여 죽은 지가 나흘이 되었으매 벌써
냄새가 나나이다

31 家の中でマリアと一緒にいて、慰めていたユダヤ人たちは、彼女が急に立ち上がって出て行くのを見て、墓に泣きに行くのだろうと思い、後を追った。

32 マリアはイエスのおられる所に来て、イエスを見るなり足もとにひれ伏し、「主よ、もしここにいてくださいましたら、わたしの兄弟は死ななかったでしょうに」と言った。

33 イエスは、彼女が泣き、一緒に来たユダヤ人たちも泣いているのを見て、心に憤りを覚え、興奮して、

34 言われた。「どこに葬ったのか。」 彼らは、「主よ、来て、御覧ください」と言った。

35 イエスは涙を流された。

36 ユダヤ人たちは、「御覧なさい、どんなにラザロを愛しておられたことか」と言った。

37 しかし、中には、「盲人の目を開けたこの人も、ラザロが死なないようにはできなかったのか」と言う者もいた。

イエス、ラザロを生き返らせる

38 イエスは、再び心に憤りを覚えて、墓に来られた。墓は洞穴で、石でふさがれていた。

39 イエスが、「その石を取りのけなさい」と言われると、死んだラザロの姉妹マルタが、「主よ、四日もたっていますから、もうîn においます」と言った。

31	Many people had come to comfort Mary, and when they saw her quickly leave the house, they thought she was going out to the tomb to cry. So they followed her.
32	Mary went to where Jesus was. Then as soon as she saw him, she knelt at his feet and said, "Lord, if you had been here, my brother would not have died."
33	When Jesus saw that Mary and the people with her were crying, he was terribly upset
34	and asked, "Where have you put his body?" They replied, "Lord, come and you will see."
35	Jesus started crying,
36	and the people said, "See how much he loved Lazarus."
37	Some of them said, "He gives sight to the blind. Why couldn't he have kept Lazarus from dying?"
38	Jesus was still terribly upset. So he went to the tomb, which was a cave with a stone rolled against the entrance.
39	Then he told the people to roll the stone away. But Martha said, "Lord, you know that Lazarus has been dead four days, and there will be a bad smell."

31 那些到家里安慰马利亚的犹太人看见她急忙起身出去，就跟着她，以为她要到坟墓去哭。

32 马利亚来到耶稣那里，一看见他，就俯伏在他脚前，说：「主啊，要是你在这里，我的弟弟就不会死!」

33 耶稣看见马利亚哭，也看见跟她一起来的犹太人在哭，心里非常悲伤，深深地激动，

34 就问他们：「你们把他葬在哪里?」他们回答：「主啊，请来看。」

35 耶稣哭了。

36 因此犹太人说：「你看，他多么爱这个人!」

37 有些人却说：「他开过盲人的眼睛，难道他不能使拉撒路不死吗?」

使拉撒路复活

38 耶稣心里又非常激动。他来到坟墓前；那坟墓是一个洞穴，入口的地方有一块石头堵住。

39 耶稣吩咐：「把石头挪开!」死者的姐姐马大说：「主啊，他已经葬了四天，尸体都发臭了!」

40 예수께서 이르시되 내 말이 네가 믿으면 하나님의 영광을 보리라 하지 아니하였느냐 하시니

41 돌을 옮겨 놓으니 예수께서 눈을 들어 우러러 보시고 이르시되 아버지여 내 말을 들으신 것을 감사하나이다

42 항상 내 말을 들으시는 줄을 내가 알았나이다 그러나 이 말씀 하옵는 것은 둘러선 무리를 위함이니 곧 아버지께서 나를 보내신 것을 그들로 믿게 하려 함이니이다

43 이 말씀을 하시고 큰 소리로 나사로야 나오라 부르시니

44 죽은 자가 수족을 베로 동인 채로 나오는데 그 얼굴은 수건에 싸였더라 예수께서 이르시되 풀어 놓아 다니게 하라 하시니라

예수를 죽이려고 모의하다(마 26:1-5; 막 14:1-2; 눅 22:1-2)

45 마리아에게 와서 예수께서 하신 일을 본 많은 유대인이 그를 믿었으나

46 그 중에 어떤 자는 바리새인들에게 가서 예수께서 하신 일을 알리니라

47 이에 대제사장들과 바리새인들이 공회를 모으고 이르되 이 사람이 많은 1)표적을 행하니 우리가 어떻게 하겠느냐

---

40 イエスは、「もし信じるなら、神の栄光が見られると、言っておいたではないか」と言われた。

41 人々が石を取りのけると、イエスは天を仰いで言われた。「父よ、わたしの願いを聞き入れてくださって感謝します。

42 わたしの願いをいつも聞いてくださることを、わたしは知っています。しかし、わたしがこう言うのは、周りにいる群衆のためです。あなたがわたしをお遣わしになったことを、彼らに信じさせるためです。」

43 こう言ってから、「ラザロ、出て来なさい」と大声で叫ばれた。

44 すると、死んでいた人が、手と足を布で巻かれたまま出て来た。顔は覆いで包まれていた。イエスは人々に、「ほどいてやって、行かせなさい」と言われた。

イエスを殺す計画（マタ26 1―5、マコ14 1―2、ルカ22 1―2）

45 マリアのところに来て、イエスのなさったことを目撃したユダヤ人の多くは、イエスを信じた。

46 しかし、中には、ファリサイ派の人々のもとへ行き、イエスのなさったことを告げる者もいた。

47 そこで、祭司長たちとファリサイ派の人々は最高法院を召集して言った。「この男は多くのしるしを行っているが、どうすればよいか。

---

1) 또는 이적

40 Jesus replied, "Didn't I tell you that if you had faith, you would see the glory of God?"

41 After the stone had been rolled aside, Jesus looked up toward heaven and prayed, "Father, I thank you for answering my prayer.

42 I know that you always answer my prayers. But I said this, so the people here would believe you sent me."

43 When Jesus had finished praying, he shouted, "Lazarus, come out!"

44 The man who had been dead came out. His hands and feet were wrapped with strips of burial cloth, and a cloth covered his face. Jesus then told the people, "Untie him and let him go."

The Plot To Kill Jesus
(Matthew 26.1-5; Mark 14.1,2; Luke 22.1,2)

45 Many of the people who had come to visit Mary saw the things Jesus did, and they put their faith in him.

46 Others went to the Pharisees and told what Jesus had done.

47 Then the chief priests and the Pharisees called the council together and said, "What should we do? This man is working a lot of miracles. [a]

---

40 耶稣对她说：「我不是对你说过，你信就会看见 上帝的荣耀吗？」

41 于是他们把石头挪开。耶稣举目 望天，说：「父亲哪，我感谢你，因为你已经垂 听了我。

42 我知道你时 常 垂 听我；但是我说 这话是为了周围 这些人，为要使他们信是你差 遣我来的。」

43 说完 这话，他大 声喊：「拉撒路，出来!」

44 那死了的人就出来；他的手脚 裹着布条，脸 上也包着布。耶稣吩咐他们说：「解开他，让他走!」

杀害耶稣的阴谋
（太 26·1—5；可14·1—2；路22·1—2）

45 许多来探访马利亚的犹太人看见耶稣所做的事，就信了他。

46 但也有些人回去见法利赛人，把耶稣所做的事 向 他们报告。

47 因此，法利赛人和祭司 长 们召开议会，在会 上 说：「这个人行了这许多神迹，我们该怎么办呢？

---

a) miracles: See the note at 2.11.

48 만일 그를 이대로 두면 모든 사람이 그를 믿을 것이요 그리고 로마인들이 와서 우리 땅과 민족을 빼앗아 가리라 하니

49 그 중의 한 사람 그 해의 대제사장인 가야바가 그들에게 말하되 너희가 아무 것도 알지 못하는도다

50 한 사람이 백성을 위하여 죽어서 온 민족이 망하지 않게 되는 것이 너희에게 유익한 줄을 생각하지 아니하는도다 하였으니

51 이 말은 스스로 함이 아니요 그 해의 대제사장이므로 예수께서 그 민족을 위하시고

52 또 그 민족만 위할 뿐 아니라 흩어진 하나님의 자녀를 모아 하나가 되게 하기 위하여 죽으실 것을 미리 말함이러라

53 이 날부터는 그들이 예수를 죽이려고 모의하니라

54 그러므로 예수께서 다시 유대인 가운데 드러나게 다니지 아니하시고 거기를 떠나 빈 들 가까운 곳인 에브라임이라는 동네에 가서 제자들과 함께 거기 머무르시니라

55 유대인의 유월절이 가까우매 많은 사람이 자기를 성결하게 하기 위하여 유월절 전에 시골에서 예루살렘으로 올라갔더니

56 그들이 예수를 찾으며 성전에 서서 서로 말하되 너희 생각에는 어떠하냐 그가 명절에 오지 아니하겠느냐 하니

48 このままにしておけば、皆が彼を信じるようになる。そして、ローマ人が来て、我々の神殿も国民も滅ぼしてしまうだろう。」

49 彼らの中の一人で、その年の大祭司であったカイアファが言った。「あなたがたは何も分かっていない。

50 一人の人間が民の代わりに死に、国民全体が滅びないで済む方が、あなたがたに好都合だとは考えないのか。」

51 これは、カイアファが自分の考えから話したのではない。その年の大祭司であったので預言して、イエスが国民のために死ぬ、と言ったのである。

52 国民のためばかりでなく、散らされている神の子たちを一つに集めるためにも死ぬ、と言ったのである。

53 この日から、彼らはイエスを殺そうとたくらんだ。

54 それで、イエスはもはや公然とユダヤ人たちの間を歩くことはなく、そこを去り、荒れ野に近い地方のエフライムという町に行き、弟子たちとそこに滞在された。

55 さて、ユダヤ人の過越祭が近づいた。多くの人が身を清めるために、過越祭の前に地方からエルサレムへ上った。

56 彼らはイエスを捜し、神殿の境内で互いに言った。「どう思うか。あの人はこの祭りには来ないのだろうか。」

48 If we don't stop him now, everyone will put their faith in him. Then the Romans will come and destroy our temple and our nation."[b)]

49 One of the council members was Caiaphas, who was also high priest that year. He spoke up and said, "You people don't have any sense at all!

50 Don't you know it is better for one person to die for the people than for the whole nation to be destroyed?"

51 Caiaphas did not say this on his own. As high priest that year, he was prophesying that Jesus would die for the nation.

52 Yet Jesus would not die just for the Jewish nation. He would die to bring together all of God's scattered people.

53 From that day on, the council started making plans to put Jesus to death.

54 Because of this plot against him, Jesus stopped going around in public. He went to the town of Ephraim, which was near the desert, and he stayed there with his disciples.

55 It was almost time for Passover. Many of the Jewish people who lived out in the country had come to Jerusalem to get themselves ready[c)] for the festival.

56 They looked around for Jesus. Then when they were in the temple, they asked each other, "You don't think he will come here for Passover, do you?"

48 要是让他这样·搞下去，大家都信了他，罗马人会来掳掠我们的圣殿和民族的!」

49 他们当中有一个人名叫该亚法，就是当年的大祭司。他发言：「你们什么都不懂!

50 让一个人替全民死，免得整个民族被消灭。难道看不出这对你们是一件合算的事吗?」

51 其实，这话不是出于他自己；只因他是当年的大祭司，他在预言耶稣要替犹太人死，

52 不但替他们死，也要把分散各地的上帝的儿女都召集在一起，合成一群。

53 从那时候开始，犹太人的领袖们计划杀害耶稣。

54 因此耶稣不在犹太地区公开活动。他到一个靠近旷野、叫以法莲的镇上去，在那里和门徒一起住。

55 犹太人的逾越节快到了。节期以前，许多人从乡下上耶路撒冷去，要在那里守洁净礼。

56 他们到处寻找耶稣；当他们聚在圣殿里的时候，彼此对问：「你认为怎样，他不会来过节吧?」

b) destroy our temple and our nation: The Jewish leaders were afraid that Jesus would lead his followers to rebel against Rome and that the Roman army would then destroy their nation.

c) get themselves ready: The Jewish people had to do certain things to prepare themselves to worship God.

57 이는 대제사장들과 바리새인들이 누구든지 예수 있는 곳을 알거든 신고하여 잡게 하라 명령하였음이러라

57 祭司長たちとファリサイ派の人々は、イエスの居どころが分かれば届け出よと、命令を出していた。イエスを逮捕するためである。

57　The chief priests and the Pharisees told the people to let them know if any of them saw Jesus. This is how they hoped to arrest him.

57　那些祭司长和法利赛人早已下命令：如果有人知道耶稣在什么地方，必须报告，好让他们去逮捕他。

제 12 장

예수의 발에 향유를 붓다(마 26:6-13; 막 14:3-9)

1　유월절 엿새 전에 예수께서 베다니에 이르시니 이 곳은 예수께서 죽은 자 가운데서 살리신 나사로가 있는 곳이라

2　거기서 예수를 위하여 잔치할새 마르다는 일을 하고 나사로는 예수와 함께 1)앉은 자 중에 있더라

3　마리아는 지극히 비싼 향유 곧 순전한 나드 한 근을 가져다가 예수의 발에 붓고 자기 머리털로 그의 발을 닦으니 향유 냄새가 집에 가득하더라

4　제자 중 하나로서 예수를 잡아 줄 가룟 유다가 말하되

5　이 향유를 어찌하여 삼백 2)데나리온에 팔아 가난한 자들에게 주지 아니하였느냐 하니

6　이렇게 말함은 가난한 자들을 생각함이 아니요 그는 도둑이라 돈궤를 맡고 거기 넣는 것을 훔쳐 감이러라

7　예수께서 이르시되 그를 가만 두어 나의 장례할 날을 위하여 그것을 간직하게 하라

8　가난한 자들은 항상 너희와 함께 있거니와 나는 항상 있지 아니하리라 하시니라

第12章

ベタニアで香油を注がれる（マタ26 6—13、マコ14 3—9）

1　過越祭の六日前に、イエスはベタニアに行かれた。そこには、イエスが死者の中からよみがえらせたラザロがいた。

2　イエスのためにそこで夕食が用意され、マルタは給仕をしていた。ラザロは、イエスと共に食事の席に着いた人々の中にいた。

3　そのとき、マリアが純粋で非常に高価なナルドの香油を一リトラ持って来て、イエスの足に塗り、自分の髪でその足をぬぐった。家は香油の香りでいっぱいになった。

4　弟子の一人で、後にイエスを裏切るイスカリオテのユダが言った。

5　「なぜ、この香油を三百デナリオンで売って、貧しい人々に施さなかったのか。」

6　彼がこう言ったのは、貧しい人々のことを心にかけていたからではない。彼は盗人であって、金入れを預かっていながら、その中身をごまかしていたからである。

7　イエスは言われた。「この人のするままにさせておきなさい。わたしの葬りの日のために、それを取って置いたのだから。

8　貧しい人々はいつもあなたがたと一緒にいるが、わたしはいつも一緒にいるわけではない。」

---

1) 헬, 기대어 눕게(유대인이 음식 먹을 때에 가지는 자세)
2) 은전의 명칭

12

At Bethany

(Matthew 26.6-13; Mark 14.3-9)

1 Six days before Passover Jesus went back to Bethany, where he had raised Lazarus from death.

2 A meal had been prepared for Jesus. Martha was doing the serving, and Lazarus himself was there.

3 * Mary took a very expensive bottle of perfume[d] and poured it on Jesus' feet. She wiped them with her hair, and the sweet smell of the perfume filled the house.

4 A disciple named Judas Iscariot[e] was there. He was the one who was going to betray Jesus, and he asked,

5 "Why wasn't this perfume sold for 300 silver coins and the money given to the poor?"

6 Judas did not really care about the poor. He asked this because he carried the moneybag and sometimes would steal from it.

7 Jesus replied, "Leave her alone! She has kept this perfume for the day of my burial.

8 * You will always have the poor with you, but you won't always have me."

第 12 章

在伯大尼受膏

（太 26・6 — 13；可 14・3 — 9）

1 逾越节前六天，耶稣到了伯大尼，就是拉撒路住的地方（耶稣曾在这里使拉撒路复活。）

2 有人在那里为耶稣预备了晚饭；马大帮忙 招待，拉撒路和其他的客人跟耶稣一起用 饭。

3 这时候，马利亚拿来一瓶极珍贵的纯哪哒 香 油膏，倒在耶稣脚上，然后用自己的头发去擦；屋子里充 满了 香气。

4 耶稣的一个门徒，就是将 出卖他的加略人犹大，说：

5 「为 什么不拿这香 油 膏去卖三百块银子来分给穷 人呢?」

6 他说这话，并不是真的 关心 穷人，而是因为他是贼；他管钱，常盗 用 公款。

7 但是耶稣说：「由她吧！这是她留下来为着我安葬之日用的。

8 常 常 有穷 人跟你们一起，但是你们不 常 有我。」

*Lk 7.37,38.

d) very expensive bottle of perfume: The Greek text has "expensive perfume made of pure spikenard," a plant used to make perfume.

e) Iscariot: See the note at 6.71.

*Dt 15.11.

나사로까지 죽이려고 모의하다

9 유대인의 큰 무리가 예수께서 여기 계신
줄을 알고 오니 이는 예수만 보기 위함이
아니요 죽은 자 가운데서 살리신 나사로도
보려 함이러라

10 대제사장들이 나사로까지 죽이려고
모의하니

11 나사로 때문에 많은 유대인이 가서 예수를
믿음이러라

**예루살렘으로 가시다(마 21:1-11; 막
11:1-11; 눅 19:28-40)**

12 그 이튿날에는 명절에 온 큰 무리가
예수께서 예루살렘으로 오신다는 것을 듣고

13 종려나무 가지를 가지고 맞으러 나가
외치되 호산나 찬송하리로다 주의 이름으로
오시는 이 곧 이스라엘의 왕이시여 하더라

14 예수는 한 어린 나귀를 보고 타시니

15 이는 기록된 바 ㄱ)시온 딸아 두려워하지
말라 보라 너의 왕이 나귀 새끼를 타고
오신다 함과 같더라

16 제자들은 처음에 이 일을 깨닫지
못하였다가 예수께서 영광을 얻으신
후에야 이것이 예수께 대하여 기록된
것임과 사람들이 예수께 이같이 한 것임이
생각났더라

ラザロに対する陰謀

9 イエスがそこにおられるのを知って、ユ
ダヤ人の大群衆がやって来た。それはイ
エスだけが目当てではなく、イエスが死
者の中からよみがえらせたラザロを見る
ためでもあった。

10 祭司長たちはラザロをも殺そうと謀っ
た。

11 多くのユダヤ人がラザロのことで離れて
行って、イエスを信じるようになったか
らである。

**エルサレムに迎えられる（マタ21 1―
11、マコ11 1―11、ルカ19 28―40）**

12 その翌日、祭りに来ていた大勢の群衆
は、イエスがエルサレムに来られると聞
き、

13 なつめやしの枝を持って迎えに出た。そ
して、叫び続けた。「ホサナ。主の名に
よって来られる方に、祝福があるよう
に、
　イスラエルの王に。」

14 イエスはろばの子を見つけて、お乗りに
なった。次のように書いてあるとおりで
ある。

15 「シオンの娘よ、恐れるな。見よ、お前
の王がおいでになる、ろばの子に乗っ
て。」

16 弟子たちは最初これらのことが分からな
かったが、イエスが栄光を受けられたと
き、それがイエスについて書かれたもの
であり、人々がそのとおりにイエスにし
たということを思い出した。

ㄱ) 슥 9:9

A Plot To Kill Lazarus

9 A lot of people came when they heard that Jesus was there. They also wanted to see Lazarus, because Jesus had raised him from death.

10 So the chief priests made plans to kill Lazarus.

11 He was the reason that many of the people were turning from them and putting their faith in Jesus.

Jesus Enters Jerusalem

(Matthew 21.1-11; Mark

11.1-11; Luke 19.28-40)

12 The next day a large crowd was in Jerusalem for Passover. When they heard that Jesus was coming for the festival,

13 * they took palm branches and went out to greet him.[f] They shouted, "Hooray![g] God bless the one who comes in the name of the Lord! God bless the King of Israel!"

14 Jesus found a donkey and rode on it, just as the Scriptures say,

15 * "People of Jerusalem, don't be afraid! Your King is now coming, and he is riding on a donkey."

16 At first, Jesus' disciples did not understand. But after he had been given his glory,[h] they remembered all this. Everything had happened exactly as the Scriptures said it would.

杀害拉撒路的阴谋

9 一大群 犹太人听说耶稣在伯大尼，就
到那里去。他们不但是为着耶稣而去，
也是 想看看耶稣使他从死里复活的拉
撒路。

10 因此，祭司 长们 计谋连拉撒路也要
杀，

11 因为许多犹太人为了他的缘 故离开他
们，信了耶稣。

光 荣 进耶路撒冷

(太 21·1 — 11；可 11·1 — 11；

路 19·28 — 40)

12 第二天，一大群到耶路撒冷过节的人听
说 耶稣就要 进城。

13 于是他们拿着棕 树枝出去迎接他，欢
呼说：「赞美 上帝！愿 上 帝赐福给那
位奉主 的名而来的！愿 上 帝赐福给
以色列的君王!」

14 耶稣找到一匹驴，骑上去，正 如 圣
经所记载的：

15 锡安城 的儿女们哪，不要惧怕。
看哪，你们的君王 骑着小驴来了!

16 起初，他的门徒不 明白这事的意义，
到了耶稣得了 荣耀以后才 想起圣 经
的话是指着他说的，而且他们 果然照
所说 的做了。

---

*Ps 118.25,26.

f) took palm branches and went out to greet him: This was one way the people welcomed a famous person.

g) Hooray: This translates a word that can mean "please save us." But it is most often used as a shout of praise to God.

*Zec 9.9.

h) had been given his glory: See the note at 7.39.

17 나사로를 무덤에서 불러내어 죽은 자 가운데서 살리실 때에 함께 있던 무리가 증언한지라

18 이에 무리가 예수를 맞음은 이 1)표적 행하심을 들었음이러라

19 바리새인들이 서로 말하되 볼지어다 너희 하는 일이 쓸 데 없다 보라 온 세상이 그를 따르는도다 하니라

인자가 들려야 하리라

20 명절에 예배하러 올라온 사람 중에 헬라인 몇이 있는데

21 그들이 갈릴리 벳새다 사람 빌립에게 가서 청하여 이르되 선생이여 우리가 예수를 뵈옵고자 하나이다 하니

22 빌립이 안드레에게 가서 말하고 안드레와 빌립이 예수께 가서 여쭈니

23 예수께서 대답하여 이르시되 인자가 영광을 얻을 때가 왔도다

24 내가 진실로 진실로 너희에게 이르노니 한 알의 밀이 땅에 떨어져 죽지 아니하면 한 알 그대로 있고 죽으면 많은 열매를 맺느니라

25 자기의 2)생명을 사랑하는 자는 잃어버릴 것이요 이 세상에서 자기의 2)생명을 미워하는 자는 영생하도록 보전하리라

17 イエスがラザロを墓から呼び出して、死者の中からよみがえらせたとき一緒にいた群衆は、その証しをしていた。

18 群衆がイエスを出迎えたのも、イエスがこのようなしるしをなさったと聞いていたからである。

19 そこで、ファリサイ派の人々は互いに言った。「見よ、何をしても無駄だ。世をあげてあの男について行ったではないか。」

ギリシア人、イエスに会いに来る

20 さて、祭りのとき礼拝するためにエルサレムに上って来た人々の中に、何人かのギリシア人がいた。

21 彼らは、ガリラヤのベトサイダ出身のフィリポのもとへ来て、「お願いです。イエスにお目にかかりたいのです」と頼んだ。

22 フィリポは行ってアンデレに話し、アンデレとフィリポは行って、イエスに話した。

23 イエスはこうお答えになった。「人の子が栄光を受ける時が来た。

24 はっきり言っておく。一粒の麦は、地に落ちて死ななければ、一粒のままである。だが、死ねば、多くの実を結ぶ。

25 自分の命を愛する者は、それを失うが、この世で自分の命を憎む人は、それを保って永遠の命に至る。

---

1) 또는 이적
2) 또는 영혼

17-18 A crowd had come to meet Jesus because they had seen him call Lazarus out of the tomb. They kept talking about him and this miracle.[i]

19 But the Pharisees said to each other, "There is nothing we can do! Everyone in the world is following Jesus."

Some Greeks Want To Meet Jesus

20 Some Greeks[j] had gone to Jerusalem to worship during Passover.

21 Philip from Bethsaida in Galilee was there too. So they went to him and said, "Sir, we would like to meet Jesus."

22 Philip told Andrew. Then the two of them went to Jesus and told him.

The Son of Man Must Be Lifted Up

23 Jesus said:
The time has come for the Son of Man to be given his glory.[k]

24 I tell you for certain that a grain of wheat that falls on the ground will never be more than one grain unless it dies. But if it dies, it will produce lots of wheat.

25 * If you love your life, you will lose it. If you give it up in this world, you will be given eternal life.

---

17 当耶稣呼唤拉撒路，使他从死里复活，走出墓穴时，跟耶稣在一起的那群人把他们所看见的传开了。

18 许多人因为听见他行这神迹，都去迎接他。

19 法利赛人彼此说：「我们真是一事无成；你看，全世界都跟他去了！」

希腊人要求见耶稣

20 在节期中，到耶路撒冷礼拜的人当中有些希腊人。

21 他们来见加利利的伯赛大人腓力，要求他：「先生，我们想见耶稣。」

22 腓力去告诉安得烈，两个人一起去告诉耶稣。

23 耶稣说：「人子得荣耀的时刻已经到了。

24 我郑重地告诉你们，一粒麦子不落在地里，死了，仍旧是一粒；如果死了，就结出许多子粒来。

25 那爱惜自己生命的，要丧失生命；愿意牺牲自己在这世上的生命的，反而要保存这生命到永生。

---

i) miracle: See the note at 2.11.
j) Greeks: Perhaps Gentiles who worshiped with the Jews. See the note at 7.35.
k) be given his glory: See the note at 7.39.
*Mt 10.39; 16.25; Mk 8.35; Lk 9.24; 17.33.

26 사람이 나를 섬기려면 나를 따르라 나
　 있는 곳에 나를 섬기는 자도 거기 있으리니
　 사람이 나를 섬기면 내 아버지께서 그를
　 귀히 여기시리라

27 지금 내 1)마음이 괴로우니 무슨 말을 하리요
　 아버지여 나를 구원하여 이 때를 면하게
　 하여 주옵소서 그러나 내가 이를 위하여 이
　 때에 왔나이다

28 아버지여, 아버지의 이름을 영광스럽게
　 하옵소서 하시니 이에 하늘에서 소리가
　 나서 이르되 내가 이미 영광스럽게 하였고
　 또다시 영광스럽게 하리라 하시니

29 곁에 서서 들은 무리는 천둥이 울었다고도
　 하며 또 어떤 이들은 천사가 그에게
　 말하였다고도 하니

30 예수께서 대답하여 이르시되 이 소리가 난
　 것은 나를 위한 것이 아니요 너희를 위한
　 것이니라

31 이제 이 세상에 대한 심판이 이르렀으니 이
　 세상의 임금이 쫓겨나리라

32 내가 땅에서 들리면 모든 사람을 내게로
　 이끌겠노라 하시니

33 이렇게 말씀하심은 자기가 어떠한 죽음으로
　 죽을 것을 보이심이러라

34 이에 무리가 대답하되 우리는 율법에서
　 그리스도가 영원히 계신다 함을 들었거늘
　 너는 어찌하여 인자가 들려야 하리라
　 하느냐 이 인자는 누구냐

26 わたしに仕えようとする者は、わたしに
　 従え。そうすれば、わたしのいるところ
　 に、わたしに仕える者もいることにな
　 る。わたしに仕える者がいれば、父はそ
　 の人を大切にしてくださる。」

人の子は上げられる

27 「今、わたしは心騒ぐ。何と言おうか。
　 『父よ、わたしをこの時から救ってくだ
　 さい』と言おうか。しかし、わたしはま
　 さにこの時のために来たのだ。
28 父よ、御名の栄光を現してください。」す
　 ると、天から声が聞こえた。「わたしは既
　 に栄光を現した。再び栄光を現そう。」
29 そばにいた群衆は、これを聞いて、「雷が
　 鳴った」と言い、ほかの者たちは「天使
　 がこの人に話しかけたのだ」と言った。
30 イエスは答えて言われた。「この声が聞こ
　 えたのは、わたしのためではなく、あな
　 たがたのためだ。
31 今こそ、この世が裁かれる時。今、この
　 世の支配者が追放される。
32 わたしは地上から上げられるとき、すべ
　 ての人を自分のもとへ引き寄せよう。」
33 イエスは、御自分がどのような死を遂げ
　 るかを示そうとして、こう言われたので
　 ある。
34 すると、群衆は言葉を返した。「わたし
　 たちは律法によって、メシアは永遠にい
　 つもおられると聞いていました。それな
　 のに、人の子は上げられなければならな
　 い、とどうして言われるのですか。その
　 『人の子』とはだれのことですか。」

---

1) 또는 영혼

26 If you serve me, you must go with me. My servants will be with me wherever I am. If you serve me, my Father will honor you.

27 Now I am deeply troubled, and I don't know what to say. But I must not ask my Father to keep me from this time of suffering. In fact, I came into the world to suffer.

28 So Father, bring glory to yourself. A voice from heaven then said, "I have already brought glory to myself, and I will do it again!"

29 When the crowd heard the voice, some of them thought it was thunder. Others thought an angel had spoken to Jesus.

30 Then Jesus told the crowd, "That voice spoke to help you, not me.

31 This world's people are now being judged, and the ruler of this world[l] is already being thrown out!

32 If I am lifted up above the earth, I will make everyone want to come to me."

33 Jesus was talking about the way he would be put to death.

34 * The crowd said to Jesus, "The Scriptures teach that the Messiah will live forever. How can you say that the Son of Man must be lifted up? Who is this Son of Man?"

26 谁要事奉我，就得跟从我；我在哪里，我的仆人也要在那里。那事奉我的人，我父亲一定重用他。」

耶稣讲到自己的死

27 「现在我心里愁烦，我该说什么好呢？我该求父亲救我脱离这时刻吗？但我正是为此而来，要经历这苦难的时刻。

28 父亲哪，愿你荣耀你的名!」当时，有声音从天上下来，说：「我已经荣耀了我的名，还要再荣耀!」

29 站在那里的群众听见这声音，就说：「打雷了!」另有些人说：「有天使在跟他讲话!」

30 但是耶稣对他们说：「这声音不是为我，而是为你们发的。

31 现在这世界要受审判；现在世上的统治者要被推翻。

32 我从地上被举起的时候，我要吸引万人来归我。」

33 （他这话是指自己将怎样死说的。）

34 群众回答：「我们的法律告诉我们，基督是永世长存的；你为什么说人子必须被举起？这人子是谁呢？」

---

l) world: In the Gospel of John "world" sometimes refers to the people who live in this world and to the evil forces that control their lives.

*Ps 110.4; Is 9.7; Ez 37.24,25; Dn 7.14.

35 예수께서 이르시되 아직 잠시 동안 빛이 너희 중에 있으니 빛이 있을 동안에 다녀 어둠에 붙잡히지 않게 하라 어둠에 다니는 자는 그 가는 곳을 알지 못하느니라

36 너희에게 아직 빛이 있을 동안에 빛을 믿으라 그리하면 빛의 아들이 되리라

그들이 예수를 믿지 아니하다

예수께서 이 말씀을 하시고 그들을 떠나가서 숨으시니라

37 이렇게 많은 1)표적을 그들 앞에서 행하셨으나 그를 믿지 아니하니

38 이는 선지자 이사야의 말씀을 이루려 하심이라 이르되 ㄱ)주여 우리에게서 들은 바를 누가 믿었으며 주의 팔이 누구에게 나타났나이까 하였더라

39 그들이 능히 믿지 못한 것은 이 때문이니 곧 이사야가 다시 일렀으되

40 ㄴ)그들의 눈을 멀게 하시고 그들의 마음을 완고하게 하셨으니 이는 그들로 하여금 눈으로 보고 마음으로 깨닫고 돌이켜 내게 고침을 받지 못하게 하려 함이라 하였음이더라

41 이사야가 이렇게 말한 것은 주의 영광을 보고 주를 가리켜 말한 것이라

35 イエスは言われた。「光は、いましばらく、あなたがたの間にある。暗闇に追いつかれないように、光のあるうちに歩きなさい。暗闇の中を歩く者は、自分がどこへ行くのか分からない。

36 光の子となるために、光のあるうちに、光を信じなさい。」

イエスを信じない者たち

イエスはこれらのことを話してから、立ち去って彼らから身を隠された。

37 このように多くのしるしを彼らの目の前で行われたが、彼らはイエスを信じなかった。

38 預言者イザヤの言葉が実現するためであった。彼はこう言っている。
「主よ、だれがわたしたちの知らせを信じましたか。
主の御腕は、だれに示されましたか。」

39 彼らが信じることができなかった理由を、イザヤはまた次のように言っている。

40 「神は彼らの目を見えなくし、
その心をかたくなにされた。
こうして、彼らは目で見ることなく、
心で悟らず、立ち帰らない。
わたしは彼らをいやさない。」

41 イザヤは、イエスの栄光を見たので、このように言い、イエスについて語ったのである。

---

1) 또는 이적

ㄱ) 사 53:1
ㄴ) 사 6:10

35 Jesus answered, "The light will be with you for only a little longer. Walk in the light while you can. Then you won't be caught walking blindly in the dark.

36 Have faith in the light while it is with you, and you will be children of the light."

The People Refuse To Have Faith in Jesus

After Jesus had said these things, he left and went into hiding.

37 He had worked a lot of miracles[m] among the people, but they were still not willing to have faith in him.

38 * This happened so that what the prophet Isaiah had said would come true,
"Lord, who has believed
our message?
And who has seen
your mighty strength?"

39 The people could not have faith in Jesus, because Isaiah had also said,

40 * "The Lord has blinded
the eyes of the people,
and he has made
the people stubborn.
He did this so that they
could not see
or understand,
and so that they
would not turn to the Lord
and be healed."

41 Isaiah said this, because he saw the glory of Jesus and spoke about him.[n]

---

35 耶稣说：「光 在你们 中 间为时不多了，你们该趁 着还有 光 的时候继续行走，免得黑暗追 上 你们， 因为在黑暗 中 行走的人不知道他 往 哪里去。

36 趁着你们 还有 光 的时候 要信从光，好 使你们 成 为 光 明 的人。」

犹太人的不信

说 完了这些话，耶稣离开他们，隐 藏起来。

37 他虽然在他们 面 前 行过许多神迹，他们 还是 不 信 他。

38 这是要 应验 先知以赛亚说 过的话：主啊，有谁信我 们所 传的信息呢？主的权力向 谁 彰 显呢？

39 他们所以不能信的理由，以赛亚也说过：

40 上 帝使他 们的眼睛瞎了，使他们的心智麻木了，免得他们的眼 睛看见，他们的心智领悟。所以上帝说：他们不会 转 向 我，让我治好他们。

41 以赛亚 说这些话 是 因为他看 见了耶稣的荣耀，指着他说的。

---

m) miracles: See the note at 2.11.
*Is 53.1 (LXX).
*Is 6.10 (LXX).
n) he saw the glory of Jesus and spoke about him: Or "he saw the glory of God and spoke about Jesus."

42 그러나 관리 중에도 그를 믿는 자가 많되
바리새인들 때문에 드러나게 말하지 못하니
이는 출교를 당할까 두려워함이라

43 그들은 사람의 영광을 하나님의 영광보다
더 사랑하였더라

마지막 날과 심판

44 예수께서 외쳐 이르시되 나를 믿는 자는
나를 믿는 것이 아니요 나를 보내신 이를
믿는 것이며

45 나를 보는 자는 나를 보내신 이를 보는
것이니라

46 나는 빛으로 세상에 왔나니 무릇 나를 믿는
자로 어둠에 거하지 않게 하려 함이로라

47 사람이 내 말을 듣고 지키지 아니할지라도
내가 그를 심판하지 아니하노라 내가 온
것은 세상을 심판하려 함이 아니요 세상을
구원하려 함이로라

48 나를 저버리고 내 말을 받지 아니하는 자를
심판할 이가 있으니 곧 내가 한 그 말이
마지막 날에 그를 심판하리라

49 내가 내 자의로 말한 것이 아니요 나를
보내신 아버지께서 내가 말할 것과 이를
것을 친히 명령하여 주셨으니

50 나는 그의 명령이 영생인 줄 아노라
그러므로 내가 이르는 것은 내 아버지께서
내게 말씀하신 그대로니라 하시니라

42 とはいえ、議員の中にもイエスを信じる
者は多かった。ただ、会堂から追放され
るのを恐れ、ファリサイ派の人々をはば
かって公に言い表さなかった。

43 彼らは、神からの誉れよりも、人間から
の誉れの方を好んだのである。

イエスの言葉による裁き

44 イエスは叫んで、こう言われた。「わた
しを信じる者は、わたしを信じるのでは
なくて、わたしを遣わされた方を信じる
のである。

45 わたしを見る者は、わたしを遣わされた
方を見るのである。

46 わたしを信じる者が、だれも暗闇の中に
とどまることのないように、わたしは光
として世に来た。

47 わたしの言葉を聞いて、それを守らない
者がいても、わたしはその者を裁かな
い。わたしは、世を裁くためではなく、
世を救うために来たからである。

48 わたしを拒み、わたしの言葉を受け入れ
ない者に対しては、裁くものがある。わ
たしの語った言葉が、終わりの日にその
者を裁く。

49 なぜなら、わたしは自分勝手に語ったの
ではなく、わたしをお遣わしになった父
が、わたしの言うべきこと、語るべきこ
とをお命じになったからである。

50 父の命令は永遠の命であることを、わた
しは知っている。だから、わたしが語る
ことは、父がわたしに命じられたままに
語っているのである。」

42 Even then, many of the leaders put their faith in Jesus, but they did not tell anyone about it. The Pharisees had already given orders for the people not to have anything to do with anyone who had faith in Jesus.

43 And besides, the leaders liked praise from others more than they liked praise from God.

Jesus Came To Save the World

44 In a loud voice Jesus said: Everyone who has faith in me also has faith in the one who sent me.

45 And everyone who has seen me has seen the one who sent me.

46 I am the light that has come into the world. No one who has faith in me will stay in the dark.

47 I am not the one who will judge those who refuse to obey my teachings. I came to save the people of this world, not to be their judge.

48 But everyone who rejects me and my teachings will be judged on the last day[o] by what I have said.

49 I don't speak on my own. I say only what the Father who sent me has told me to say.

50 I know that his commands will bring eternal life. This is why I tell you exactly what the Father has told me.

---

42 虽然如此，犹太人的领袖 中 也有许多信耶稣的，只因怕法利赛人，不敢公开承 认，免得被 赶出会堂。

43 他们爱人的赞许 胜 过爱 上帝的赞许。

耶稣的话要 审 判人

44 耶稣高声 呼喊：「信我的，不仅是信我，也是信差我来的那位。

45 看见我的，也就是看见那差我来的。

46 我作光，来到世上，为要使所有信 我的人不住在黑暗里。

47 那听见我的信息而不遵守的，我不 审判他。我来的目的不在 审 判世人，而是要 拯 救世人。

48 那拒绝我、不接受我信息的人自有 审判他的；在末日，我所讲 的话要审 判他！

49 因为我没有 凭着自己讲 什么，而是那位差 我来的父亲 命 令我说 什 么，讲 什么。

50 我知道他的命 令 会带来永 恒 的 生命。所以，我讲 的 正 是父亲要我 讲的。」

---

o) the last day: See the note at 6.39.

제 13 장

제자들의 발을 씻으시다

1 유월절 전에 예수께서 자기가 세상을 떠나 아버지께로 돌아가실 때가 이른 줄 아시고 세상에 있는 자기 사람들을 사랑하시되 끝까지 사랑하시니라

2 마귀가 벌써 시몬의 아들 가룟 유다의 마음에 예수를 팔려는 생각을 넣었더라

3 저녁 먹는 중 예수는 아버지께서 모든 것을 자기 손에 맡기신 것과 또 자기가 하나님께로부터 오셨다가 하나님께로 돌아가실 것을 아시고

4 저녁 잡수시던 자리에서 일어나 겉옷을 벗고 수건을 가져다가 허리에 두르시고

5 이에 대야에 물을 떠서 제자들의 발을 씻으시고 그 두르신 수건으로 닦기를 시작하여

6 시몬 베드로에게 이르시니 베드로가 이르되 주여 주께서 내 발을 씻으시나이까

7 예수께서 대답하여 이르시되 내가 하는 것을 네가 지금은 알지 못하나 이 후에는 알리라

8 베드로가 이르되 내 발을 1)절대로 씻지 못하시리이다 예수께서 대답하시되 내가 너를 씻어 주지 아니하면 네가 나와 상관이 없느니라

9 시몬 베드로가 이르되 주여 내 발뿐 아니라 손과 머리도 씻어 주옵소서

---

1) 또는 영원히

第13章

弟子の足を洗う

1 さて、過越祭の前のことである。イエスは、この世から父のもとへ移る御自分の時が来たことを悟り、世にいる弟子たちを愛して、この上なく愛し抜かれた。

2 夕食のときであった。既に悪魔は、イスカリオテのシモンの子ユダに、イエスを裏切る考えを抱かせていた。

3 イエスは、父がすべてを御自分の手にゆだねられたこと、また、御自分が神のもとから来て、神のもとに帰ろうとしていることを悟り、

4 食事の席から立ち上がって上着を脱ぎ、手ぬぐいを取って腰にまとわれた。

5 それから、たらいに水をくんで弟子たちの足を洗い、腰にまとった手ぬぐいでふき始められた。

6 シモン・ペトロのところに来ると、ペトロは、「主よ、あなたがわたしの足を洗ってくださるのですか」と言った。

7 イエスは答えて、「わたしのしていることは、今あなたには分かるまいが、後で、分かるようになる」と言われた。

8 ペトロが、「わたしの足など、決して洗わないでください」と言うと、イエスは、「もしわたしがあなたを洗わないなら、あなたはわたしと何のかかわりもないことになる」と答えられた。

9 そこでシモン・ペトロが言った。「主よ、足だけでなく、手も頭も。」

13

Jesus Washes the Feet of His Disciples

1 It was before Passover, and Jesus knew that the time had come for him to leave this world and to return to the Father. He had always loved his followers in this world, and he loved them to the very end.

2 Even before the evening meal started, the devil had made Judas, the son of Simon Iscariot,[p] decide to betray Jesus.

3 Jesus knew he had come from God and would go back to God. He also knew that the Father had given him complete power.

4 So during the meal Jesus got up, removed his outer garment, and wrapped a towel around his waist.

5 He put some water into a large bowl. Then he began washing his disciples' feet and drying them with the towel he was wearing.

6 But when he came to Simon Peter, this disciple asked, "Lord, are you going to wash my feet?"

7 Jesus answered, "You don't really know what I am doing, but later you will understand."

8 "You will never wash my feet!" Peter replied.

"If I don't wash you," Jesus told him, "you don't really belong to me."

9 Peter said, "Lord, don't wash just my feet. Wash my hands and my head."

第 13 章

耶稣为门徒洗脚

1 逾越节前，耶稣知道他离开这世界、回父亲那里去的时刻到了。他一向爱世上属于他自己的人，他始终如一地爱他们。

2 耶稣和他的门徒在吃晚饭的时候，魔鬼已经控制了加略人西门的儿子犹大的心，使他决意出卖耶稣。

3 耶稣知道父亲已经把一切的权力交给他；他知道自己是从上帝那里来的，又要回到上帝那里去。

4 他从席位上起来，脱了外衣，拿一条毛巾束在腰间，

5 然后倒水在盆里，开始替门徒们洗脚，又用毛巾擦干。

6 他来到西门·彼得跟前的时候，彼得说：「主啊，你替我洗脚吗？」

7 耶稣回答：「我所做的，你现在不知道，日后你就会明白。」

8 彼得说：「我决不让你洗我的脚！」耶稣说：「如果我不洗你的脚，你跟我就没有关系了。」

9 西门·彼得说：「主啊，这样的话，不只我的脚，连我的手和头也洗吧！」

---

p) Iscariot: See the note at 6.71.

10 예수께서 이르시되 이미 목욕한 자는 발밖에 씻을 필요가 없느니라 온 몸이 깨끗하니라 너희가 깨끗하나 다는 아니니라 하시니

11 이는 자기를 팔 자가 누구인지 아심이라 그러므로 다는 깨끗하지 아니하다 하시니라

12 그들의 발을 씻으신 후에 옷을 입으시고 다시 앉아 그들에게 이르시되 내가 너희에게 행한 것을 너희가 아느냐

13 너희가 나를 선생이라 또는 주라 하니 너희 말이 옳도다 내가 그러하다

14 내가 주와 또는 선생이 되어 너희 발을 씻었으니 너희도 서로 발을 씻어 주는 것이 옳으니라

15 내가 너희에게 행한 것 같이 너희도 행하게 하려 하여 본을 보였노라

16 내가 진실로 진실로 너희에게 이르노니 종이 주인보다 크지 못하고 보냄을 받은 자가 보낸 자보다 크지 못하나니

17 너희가 이것을 알고 행하면 복이 있으리라

18 내가 너희 모두를 가리켜 말하는 것이 아니니라 나는 내가 택한 자들이 누구인지 앎이라 그러나 ㄱ)내 떡을 먹는 자가 내게 발꿈치를 들었다 한 성경을 응하게 하려는 것이니라

10 イエスは言われた。「既に体を洗った者は、全身清いのだから、足だけ洗えばよい。あなたがたは清いのだが、皆が清いわけではない。」

11 イエスは、御自分を裏切ろうとしている者がだれであるかを知っておられた。それで、「皆が清いわけではない」と言われたのである。

12 さて、イエスは、弟子たちの足を洗ってしまうと、上着を着て、再び席に着いて言われた。「わたしがあなたがたにしたことが分かるか。

13 あなたがたは、わたしを『先生』とか『主』とか呼ぶ。そのように言うのは正しい。わたしはそうである。

14 ところで、主であり、師であるわたしがあなたがたの足を洗ったのだから、あなたがたも互いに足を洗い合わなければならない。

15 わたしがあなたがたにしたとおりに、あなたがたもするようにと、模範を示したのである。

16 はっきり言っておく。僕は主人にまさらず、遣わされた者は遣わした者にまさりはしない。

17 このことが分かり、そのとおりに実行するなら、幸いである。

18 わたしは、あなたがた皆について、こう言っているのではない。わたしは、どのような人々を選び出したか分かっている。しかし、『わたしのパンを食べている者が、わたしに逆らった』という聖書の言葉は実現しなければならない。

ㄱ) 시 41:9

10 Jesus answered, "People who have bathed and are clean all over need to wash just their feet. And you, my disciples, are clean, except for one of you."

11 Jesus knew who would betray him. That is why he said, "except for one of you."

12 * After Jesus had washed his disciples' feet and had put his outer garment back on, he sat down again.[q)]
Then he said:
Do you understand what I have done?

13 You call me your teacher and Lord, and you should, because that is who I am.

14 And if your Lord and teacher has washed your feet, you should do the same for each other.

15 I have set the example, and you should do for each other exactly what I have done for you.

16 * I tell you for certain that servants are not greater than their master, and messengers are not greater than the one who sent them.

17 You know these things, and God will bless you, if you do them.

18 * I am not talking about all of you. I know the ones I have chosen. But what the Scriptures say must come true. And they say, "The man who ate with me has turned against me!"

---

10 耶稣说：「洗过澡的人 全 身都 干净 了，只需要洗脚【14】）。你们是干净的， 但不是每一个人都干 净。」

11 （耶稣已经 知道 谁 要出卖他，所以说 「不是每一个人都干净」。）

12 耶稣洗完了他们的脚，穿 上 外衣， 然后又回到自己的座位。他问门徒们： 「我刚 才替你们 做的，你们 明 白吗？

13 你 们 尊我为师，为主，这是对的，因 为我本来就是。

14 我是你们的主，你们的老师，我 尚 且 替你们洗脚，你们也应该彼此洗脚。

15 我为你们立了 榜样，是要你们 照着 我替你们做的去做。

16 我 郑 重 地告诉你们，奴仆不比主人 大，奉 差 遣的也不比差 遣他的人 重 要。

17 既然明 白这事，你们若 能够 实行是 多么的有福啊！

18 「我这话不是指你们 全体说的；我认识 我 所拣 选的人。只是 圣 经 上 所 说『那跟我一起吃饭的人竟 用 脚踢 我』这话必须实现。

---

*Lk 22.27.
q) sat down again: On special occasions the Jewish people followed the Greek and Roman custom of lying down on their left side and leaning on their left elbow, while eating with their right hand.
*Mt 10.24; Lk 6.40; Jn 15.20.
*Ps 41.9.

【14】 有些 古卷 没有「只需要洗脚」。

19 지금부터 일이 일어나기 전에 미리
　너희에게 일러 둠은 일이 일어날 때에 내가
　그인 줄 너희가 믿게 하려 함이로라

20 내가 진실로 진실로 너희에게 이르노니
　내가 보낸 자를 영접하는 자는 나를
　영접하는 것이요 나를 영접하는 자는 나를
　보내신 이를 영접하는 것이니라

**너희 중 하나가 나를 팔리라(마 26:20-25;
막 14:17-21; 눅 22:21-23)**

21 예수께서 이 말씀을 하시고 심령이 괴로워
　증언하여 이르시되 내가 진실로 진실로
　너희에게 이르노니 너희 중 하나가 나를
　팔리라 하시니

22 제자들이 서로 보며 누구에게 대하여
　말씀하시는지 의심하더라

23 예수의 제자 중 하나 곧 그가 사랑하시는
　자가 예수의 품에 의지하여 누웠는지라

24 시몬 베드로가 머릿짓을 하여 말하되
　말씀하신 자가 누구인지 말하라 하니

25 그가 예수의 가슴에 그대로 의지하여
　말하되 주여 누구니이까

26 예수께서 대답하시되 내가 떡 한 조각을
　적셔다 주는 자가 그니라 하시고 곧 한
　조각을 적셔서 가룟 시몬의 아들 유다에게
　주시니

19 事の起こる前に、今、言っておく。事が
起こったとき、『わたしはある』という
ことを、あなたがたが信じるようになる
ためである。

20 はっきり言っておく。わたしの遣わす者
を受け入れる人は、わたしを受け入れ、
わたしを受け入れる人は、わたしをお
遣わしになった方を受け入れるのであ
る。」

**裏切りの予告（マタ26 20―25、マコ14
17―21、ルカ22 21―23）**

21 イエスはこう話し終えると、心を騒が
せ、断言された。「はっきり言ってお
く。あなたがたのうちの一人がわたしを
裏切ろうとしている。」

22 弟子たちは、だれについて言っておられ
るのか察しかねて、顔を見合わせた。

23 イエスのすぐ隣には、弟子たちの一人
で、イエスの愛しておられた者が食事の
席に着いていた。

24 シモン・ペトロはこの弟子に、だれにつ
いて言っておられるのかと尋ねるように
合図した。

25 その弟子が、イエスの胸もとに寄りかか
ったまま、「主よ、それはだれのことで
すか」と言うと、

26 イエスは、「わたしがパン切れを浸して
与えるのがその人だ」と答えられた。そ
れから、パン切れを浸して取り、イスカ
リオテのシモンの子ユダにお与えになっ
た。

19 I am telling you this before it all happens. Then when it does happen, you will believe who I am.[r]

20 * I tell you for certain that anyone who welcomes my messengers also welcomes me, and anyone who welcomes me welcomes the one who sent me.

Jesus Tells What Will Happen to Him

(Matthew 26.20-25; Mark 14.17-21; Luke 22.21-23)

21 After Jesus had said these things, he was deeply troubled and told his disciples, "I tell you for certain that one of you will betray me."

22 They were confused about what he meant. And they just stared at each other.

23 Jesus' favorite disciple was sitting next to him at the meal,

24 and Simon motioned for this disciple to find out which one Jesus meant.

25 So the disciple leaned toward Jesus and asked, "Lord, which one of us are you talking about?"

26 Jesus answered, "I will dip this piece of bread in the sauce and give it to the one I was talking about." Then Jesus dipped the bread and gave it to Judas, the son of Simon Iscariot.[s]

---

19 我在事情还没有发生以前告诉你们，为要使你们在事情发生的时候信我就是那『自有永有』的。

20 我郑重地告诉你们，凡接待我所差遣的，就是接待我；凡接待我的，就是接待差遣我的那一位。」

耶稣预言将被出卖

（太 26・20 — 25；可 14・17 — 21；路 22・21 — 23）

21 耶稣说了这话，心里非常伤痛，就宣布：「我郑重地告诉你们，你们当中有一个人要出卖我。」

22 门徒面面相觑，不晓得他是指着谁说的。

23 门徒中有耶稣所钟爱的一个人，他坐在耶稣身边。

24 西门・彼得向他示意，说：「问问他指的是谁。」

25 于是那门徒挨近耶稣，问他：「主啊，是谁?」

26 耶稣回答：「我蘸一块饼给谁，谁就是了。」说了这话，他拿一块饼蘸一蘸，给了加略人西门的儿子犹大。

---

r) I am: See the note at 8.24.
*Mt 10.40; Mk 9.37; Lk 9.48; 10.16.
s) Iscariot: See the note at 6.71.

27 조각을 받은 후 곧 사탄이 그 속에 들어간지라 이에 예수께서 유다에게 이르시되 네가 하는 일을 속히 하라 하시니

28 이 말씀을 무슨 뜻으로 하셨는지 그 1)앉은 자 중에 아는 자가 없고

29 어떤 이들은 유다가 돈궤를 맡았으므로 명절에 우리가 쓸 물건을 사라 하시는지 혹은 가난한 자들에게 무엇을 주라 하시는 줄로 생각하더라

30 유다가 그 조각을 받고 곧 나가니 밤이러라

새 계명

31 그가 나간 후에 예수께서 이르시되 지금 인자가 영광을 받았고 하나님도 인자로 말미암아 영광을 받으셨도다

32 만일 하나님이 그로 말미암아 영광을 받으셨으면 하나님도 자기로 말미암아 그에게 영광을 주시리니 곧 주시리라

33 작은 자들아 내가 아직 잠시 너희와 함께 있겠노라 너희가 나를 찾을 것이나 일찍이 내가 유대인들에게 너희는 내가 가는 곳에 올 수 없다고 말한 것과 같이 지금 너희에게도 이르노라

34 새 계명을 너희에게 주노니 서로 사랑하라 내가 너희를 사랑한 것 같이 너희도 서로 사랑하라

27 ユダがパン切れを受け取ると、サタンが彼の中に入った。そこでイエスは、「しようとしていることを、今すぐ、しなさい」と彼に言われた。

28 座に着いていた者はだれも、なぜユダにこう言われたのか分からなかった。

29 ある者は、ユダが金入れを預かっていたので、「祭りに必要な物を買いなさい」とか、貧しい人に何か施すようにと、イエスが言われたのだと思っていた。

30 ユダはパン切れを受け取ると、すぐ出て行った。夜であった。

新しい掟

31 さて、ユダが出て行くと、イエスは言われた。「今や、人の子は栄光を受けた。神も人の子によって栄光をお受けになった。

32 神が人の子によって栄光をお受けになったのであれば、神も御自身によって人の子に栄光をお与えになる。しかも、すぐにお与えになる。

33 子たちよ、いましばらく、わたしはあなたがたと共にいる。あなたがたはわたしを捜すだろう。『わたしが行く所にあなたたちは来ることができない』とユダヤ人たちに言ったように、今、あなたがたにも同じことを言っておく。

34 あなたがたに新しい掟を与える。互いに愛し合いなさい。わたしがあなたがたを愛したように、あなたがたも互いに愛し合いなさい。

---

1) 헬, 기대어 눕게(유대인이 음식 먹을 때에 가지는 자세)

27 Right then Satan took control of Judas.
Jesus said, "Judas, go quickly and do what you have to do."

28 No one at the meal understood what Jesus meant.

29 But because Judas was in charge of the money, some of them thought that Jesus had told him to buy something they needed for the festival. Others thought that Jesus had told him to give some money to the poor.

30 Judas took the piece of bread and went out.
It was already night.

The New Command

31 After Judas had gone, Jesus said:
Now the Son of Man will be given glory, and he will bring glory to God.

32 Then, after God is given glory because of him, God will bring glory to him, and God will do it very soon.

33 * My children, I will be with you for only a little while longer. Then you will look for me, but you won't find me. I tell you just as I told the people, "You cannot go where I am going."

34 * But I am giving you a new command. You must love each other, just as I have loved you.

---

27 犹大一接过饼，撒但就附着他。耶稣对他说：「你要做的，快去做吧!」

28 在座的人都不明 白耶稣对他说这话的意思。

29 因为犹大是管 钱的，有的门徒以为耶稣吩咐他去买 过节要用的 东 西，或是要他带点 东西去分给穷 人。

30 犹大吃了那块饼，立刻出去。那时候正 是黑夜。

新的命令

31 犹大出去后，耶稣说：「现在人子已经得到 荣 耀了；上 帝的 荣 耀也在人子身 上 显 明了。

32 既然 上帝的 荣 耀藉着人子 显 明，他自己也要 显 明人子的荣耀，而且要立刻 荣 耀他。

33 孩子们，我和你们在一起的时间 不多了。你们将寻 找我；但是我 现在要告诉你们，正如我告诉过犹太人的领袖：『我去的地方，你们不 能去。』

34 我给你们一条新命 令：要彼此 相爱。我怎 样 爱你们，你们也要 怎样彼此相爱。

---

*Jn 7.34.
*Jn 15.12,17; 1 Jn 3.23; 2 Jn 5.

35 너희가 서로 사랑하면 이로써 모든 사람이
너희가 내 제자인 줄 알리라

**베드로가 부인할 것을 이르시다(마
26:31-35; 막 14:27-31; 눅 22:31-34)**

36 시몬 베드로가 이르되 주여 어디로
가시나이까 예수께서 대답하시되 내가 가는
곳에 네가 지금은 따라올 수 없으나 후에는
따라오리라

37 베드로가 이르되 주여 내가 지금은
어찌하여 따라갈 수 없나이까 주를 위하여
내 목숨을 버리겠나이다

38 예수께서 대답하시되 네가 나를 위하여
네 목숨을 버리겠느냐 내가 진실로 진실로
네게 이르노니 닭 울기 전에 네가 세 번 나를
부인하리라

---

35 互いに愛し合うならば、それによってあなたがたがわたしの弟子であることを、皆が知るようになる。」

ペトロの離反を予告する（マタ26 31—35、マコ14 27—31、ルカ22 31—34）

36 シモン・ペトロがイエスに言った。「主よ、どこへ行かれるのですか。」イエスが答えられた。「わたしの行く所に、あなたは今ついて来ることはできないが、後でついて来ることになる。」

37 ペトロは言った。「主よ、なぜ今ついて行けないのですか。あなたのためなら命を捨てます。」

38 イエスは答えられた。「わたしのために命を捨てると言うのか。はっきり言っておく。鶏が鳴くまでに、あなたは三度わたしのことを知らないと言うだろう。」

35 If you love each other, everyone will know that you are my disciples.

Peter's Promise

(Matthew 26.31-35; Mark 14.27-31; Luke 22.31-34)

36 Simon Peter asked, "Lord, where are you going?"

Jesus answered, "You can't go with me now, but later on you will."

37 Peter asked, "Lord, why can't I go with you now? I would die for you!"

38 "Would you really die for me?" Jesus asked. "I tell you for certain before a rooster crows, you will say three times that you don't even know me."

35 如果你们彼此相爱，世人就知道你们是我的门徒。」

耶稣预言彼得不认主

（太 26・31 — 35；可 14・27 — 31；路 22・31 — 34）

36 西门・彼得问耶稣：「主啊，你到哪里去?」

耶稣回答：「我所要去的地方，你现在不能跟我去，但是后来你会跟我去的。」

37 彼得说：「主啊，为什么 现在我不能跟你去呢？我愿意为你舍命!」

38 耶稣说：「你愿意为我 舍 命吗？我 郑重 地告诉你，鸡叫以前，你会三次不认我。」

제 14 장

내가 곧 길이요 진리요 생명이니

1 너희는 마음에 근심하지 말라 하나님을 1)믿으니 또 나를 믿으라

2 내 아버지 집에 거할 곳이 많도다 그렇지 않으면 너희에게 일렀으리라 내가 너희를 위하여 거처를 예비하러 가노니

3 가서 너희를 위하여 거처를 예비하면 내가 다시 와서 너희를 내게로 영접하여 나 있는 곳에 너희도 있게 하리라

4 내가 어디로 가는지 그 길을 너희가 아느니라

5 도마가 이르되 주여 주께서 어디로 가시는지 우리가 알지 못하거늘 그 길을 어찌 알겠사옵나이까

6 예수께서 이르시되 내가 곧 길이요 진리요 생명이니 나로 말미암지 않고는 아버지께로 올 자가 없느니라

7 너희가 나를 알았더라면 내 아버지도 알았으리로다 이제부터는 너희가 그를 알았고 또 보았느니라

8 빌립이 이르되 주여 아버지를 우리에게 보여 주옵소서 그리하면 족하겠나이다

第14章

イエスは父に至る道

1 「心を騒がせるな。神を信じなさい。そして、わたしをも信じなさい。

2 わたしの父の家には住む所がたくさんある。もしなければ、あなたがたのために場所を用意しに行くと言ったであろうか。

3 行ってあなたがたのために場所を用意したら、戻って来て、あなたがたをわたしのもとに迎える。こうして、わたしのいる所に、あなたがたもいることになる。

4 わたしがどこへ行くのか、その道をあなたがたは知っている。」

5 トマスが言った。「主よ、どこへ行かれるのか、わたしたちには分かりません。どうして、その道を知ることができるでしょうか。」

6 イエスは言われた。「わたしは道であり、真理であり、命である。わたしを通らなければ、だれも父のもとに行くことができない。

7 あなたがたがわたしを知っているなら、わたしの父をも知ることになる。今から、あなたがたは父を知る。いや、既に父を見ている。」

8 フィリポが「主よ、わたしたちに御父をお示しください。そうすれば満足できます」と言うと、

---

1) 또는 믿고

<table>
<tr><td>

14

Jesus Is the Way to the Father

1 Jesus said to his disciples, "Don't be worried! Have faith in God and have faith in me. [t]

2 There are many rooms in my Father's house. I wouldn't tell you this, unless it was true. I am going there to prepare a place for each of you.

3 After I have done this, I will come back and take you with me. Then we will be together.

4 You know the way to where I am going."

5 Thomas said, "Lord, we don't even know where you are going! How can we know the way?"

6 "I am the way, the truth, and the life!" Jesus answered. "Without me, no one can go to the Father.

7 If you had really known me, you would have known the Father. But from now on, you do know him, and you have seen him."

8 Philip said, "Lord, show us the Father. That is all we need."

</td><td>

第 14 章

耶稣是道路、真理、生命

1 耶稣又对他们说：「你们心里不要愁烦；要信上帝【15】），也要信我。

2 在我父亲家里有许多住的地方，我去是为你们预备地方；若不是这样，我就不说这话。【16】）

3 我去为你们预备地方以后，要再回来，接你们到我那里去，为要使你们跟我同在一个地方。

4 我要去的地方，那条路你们是知道的。」

5 多马对他说：「主啊，我们不知道你要到哪里去，怎么会知道那条路呢？」

6 耶稣说：「我就是道路、真理、生命；要不是藉着我，没有人能到父亲那里去。

7 你们既然认识我，也会认识我父亲的【17】）。从此你们认识他，而且已经看见他了。」

8 腓力对耶稣说：「主啊，把父亲显示给我们，我们就满足了。」

</td></tr>
</table>

---

t) Have faith in God and have faith in me: Or "You have faith in God, so have faith in me."

【15】「要信上帝」或译「信上帝」。
【16】「在我父亲家里有许多住的地方……我就不说这话。」或译「在我父亲家里有许多住的地方，要不是这样，我怎么会告诉你们说 我去是为你们预备地方呢？」
【17】「你们既然认识我，也会认识我父亲的」另有些古卷 作「如果你们认识我，你们就会认识我父亲」。

9 예수께서 이르시되 빌립아 내가 이렇게 오래 너희와 함께 있으되 네가 나를 알지 못하느냐 나를 본 자는 아버지를 보았거늘 어찌하여 아버지를 보이라 하느냐

10 내가 아버지 안에 거하고 아버지는 내 안에 계신 것을 네가 믿지 아니하느냐 내가 너희에게 이르는 말은 스스로 하는 것이 아니라 아버지께서 내 안에 계셔서 그의 일을 하시는 것이라

11 내가 아버지 안에 거하고 아버지께서 내 안에 계심을 믿으라 그렇지 못하겠거든 행하는 그 일로 말미암아 나를 믿으라

12 내가 진실로 진실로 너희에게 이르노니 나를 믿는 자는 내가 하는 일을 그도 할 것이요 또한 그보다 큰 일도 하리니 이는 내가 아버지께로 감이라

13 너희가 내 이름으로 무엇을 구하든지 내가 행하리니 이는 아버지로 하여금 아들로 말미암아 영광을 받으시게 하려 함이라

14 내 이름으로 무엇이든지 내게 구하면 내가 행하리라

15 너희가 나를 사랑하면 나의 계명을 지키리라

16 내가 아버지께 구하겠으니 그가 또 다른 보혜사를 너희에게 주사 영원토록 너희와 함께 있게 하리니

9 イエスは言われた。「フィリポ、こんなに長い間一緒にいるのに、わたしが分かっていないのか。わたしを見た者は、父を見たのだ。なぜ、『わたしたちに御父をお示しください』と言うのか。

10 わたしが父の内におり、父がわたしの内におられることを、信じないのか。わたしがあなたがたに言う言葉は、自分から話しているのではない。わたしの内におられる父が、その業を行っておられるのである。

11 わたしが父の内におり、父がわたしの内におられると、わたしが言うのを信じなさい。もしそれを信じないなら、業そのものによって信じなさい。

12 はっきり言っておく。わたしを信じる者は、わたしが行う業を行い、また、もっと大きな業を行うようになる。わたしが父のもとへ行くからである。

13 わたしの名によって願うことは、何でもかなえてあげよう。こうして、父は子によって栄光をお受けになる。

14 わたしの名によって何かを願うならば、わたしがかなえてあげよう。」

聖霊を与える約束

15 「あなたがたは、わたしを愛しているならば、わたしの掟を守る。

16 わたしは父にお願いしよう。父は別の弁護者を遣わして、永遠にあなたがたと一緒にいるようにしてくださる。

9 Jesus replied:

Philip, I have been with you for a long time. Don't you know who I am? If you have seen me, you have seen the Father. How can you ask me to show you the Father?

10 Don't you believe that I am one with the Father and that the Father is one with me? What I say isn't said on my own. The Father who lives in me does these things.

11 Have faith in me when I say that the Father is one with me and that I am one with the Father. Or else have faith in me simply because of the things I do.

12 I tell you for certain that if you have faith in me, you will do the same things I am doing. You will do even greater things, now that I am going back to the Father.

13 Ask me, and I will do whatever you ask. This way the Son will bring honor to the Father.

14 I will do whatever you ask me to do.

The Holy Spirit Is Promised

15 Jesus said to his disciples:

If you love me, you will do as I command.

16 Then I will ask the Father to send you the Holy Spirit who will help[u] you and always be with you.

---

9 耶稣回答：「腓力，我和你们在一起这么久了，你还不认识我吗？谁看见我就是看见父亲。为什么你还说『把父亲显示给我们』呢？

10 我在父亲的生命里，父亲在我的生命里，你不信吗？我对你们说的话不是出于我自己，而是在我生命里的父亲亲自做他的工作。

11 你们要信我，我在父亲的生命里，父亲在我的生命里；如果不信这话，也要因我的工作而信我。

12 我郑重地告诉你们，信我的人也会做我所做的事，甚至要做更大的，因为我到父亲那里去。

13 你们奉我的名，无论求什么，我一定成全，为要使父亲的荣耀藉着儿子显示出来。

14 你们奉我的名，无论向我求什么，我一定成全。」

应许圣灵的帮助

15 「你们若爱我，就要遵守我的命令。

16 我要祈求父亲，他就赐给你们另一位慰助者，永远与你们同在。

---

u) help: The Greek word may mean "comfort," "encourage," or "defend."

17 그는 진리의 영이라 세상은 능히 그를 받지 못하나니 이는 그를 보지도 못하고 알지도 못함이라 그러나 너희는 그를 아나니 그는 너희와 함께 거하심이요 또 너희 속에 계시겠음이라

18 내가 너희를 고아와 같이 버려두지 아니하고 너희에게로 오리라

19 조금 있으면 세상은 다시 나를 보지 못할 것이로되 너희는 나를 보리니 이는 내가 살아 있고 너희도 살아 있겠음이라

20 그 날에는 내가 아버지 안에, 너희가 내 안에, 내가 너희 안에 있는 것을 너희가 알리라

21 나의 계명을 지키는 자라야 나를 사랑하는 자니 나를 사랑하는 자는 내 아버지께 사랑을 받을 것이요 나도 그를 사랑하여 그에게 나를 나타내리라

22 가룟인 아닌 유다가 이르되 주여 어찌하여 자기를 우리에게는 나타내시고 세상에는 아니하려 하시나이까

23 예수께서 대답하여 이르시되 사람이 나를 사랑하면 내 말을 지키리니 내 아버지께서 그를 사랑하실 것이요 우리가 그에게 가서 거처를 그와 함께 하리라

17 この方は、真理の霊である。世は、この霊を見ようとも知ろうともしないので、受け入れることができない。しかし、あなたがたはこの霊を知っている。この霊があなたがたと共におり、これからも、あなたがたの内にいるからである。

18 わたしは、あなたがたをみなしごにはしておかない。あなたがたのところに戻って来る。

19 しばらくすると、世はもうわたしを見なくなるが、あなたがたはわたしを見る。わたしが生きているので、あなたがたも生きることになる。

20 かの日には、わたしが父の内におり、あなたがたがわたしの内におり、わたしもあなたがたの内にいることが、あなたがたに分かる。

21 わたしの掟を受け入れ、それを守る人は、わたしを愛する者である。わたしを愛する人は、わたしの父に愛される。わたしもその人を愛して、その人にわたし自身を現す。」

22 イスカリオテでない方のユダが、「主よ、わたしたちには御自分を現そうとなさるのに、世にはそうなさらないのは、なぜでしょうか」と言った。

23 イエスはこう答えて言われた。「わたしを愛する人は、わたしの言葉を守る。わたしの父はその人を愛され、父とわたしとはその人のところに行き、一緒に住む。

17 The Spirit will show you what is true. The people of this world cannot accept the Spirit, because they don't see or know him. But you know the Spirit, who is with you and will keep on living in you.

18 I won't leave you like orphans. I will come back to you.

19 In a little while the people of this world won't be able to see me, but you will see me. And because I live, you will live.

20 Then you will know I am one with the Father. You will know you are one with me, and I am one with you.

21 If you love me, you will do what I have said, and my Father will love you. I will also love you and show you what I am like.

22 The other Judas, not Judas Iscariot,[v] then spoke up and asked, "Lord, what do you mean by saying that you will show us what you are like, but you will not show the people of this world?"

23 Jesus replied:
If anyone loves me, they will obey me. Then my Father will love them, and we will come to them and live in them.

17 他就是真理的灵。世人不接受他；因为他们看不到他，也不认识他。但是你们认识他；因为他在你们的生命里，常与你们同在。

18 「我不撇下你们为孤儿；我要再回到你们这里来。

19 过些时候，世人再也看不见我；但是你们会看见我，而且因为我活着，你们也要活着。

20 那一天来到的时候，你们就会知道我在我父亲的生命里，而你们在我的生命里，像我在你们的生命里一样。

21 「凡接受我命令并且遵守的，就是爱我的人。爱我的，我父亲必定爱他；我也爱他，并且向他显明我自己。」

22 犹大（不是加略人犹大）问：「主啊，为什么只向我们显明，而不向世人显明呢？」

23 耶稣回答：「爱我的人都会遵守我的话。我父亲必定爱他，而且我父亲和我要到他那里去，与他同在。

v) Iscariot: See the note at 6.71.

24 나를 사랑하지 아니하는 자는 내 말을
지키지 아니하나니 너희가 듣는 말은
내 말이 아니요 나를 보내신 아버지의
말씀이니라

보혜사

25 내가 아직 너희와 함께 있어서 이 말을
너희에게 하였거니와

26 보혜사 곧 아버지께서 내 이름으로 보내실
성령 그가 너희에게 모든 것을 가르치고
내가 너희에게 말한 모든 것을 생각나게
하리라

27 평안을 너희에게 끼치노니 곧 나의 평안을
너희에게 주노라 내가 너희에게 주는 것은
세상이 주는 것과 같지 아니하니라 너희는
마음에 근심하지도 말고 두려워하지도 말라

28 내가 갔다가 너희에게로 온다 하는 말을
너희가 들었나니 나를 사랑하였더라면 내가
아버지께로 감을 기뻐하였으리라 아버지는
나보다 크심이라

29 이제 일이 일어나기 전에 너희에게 말한
것은 일이 일어날 때에 너희로 믿게 하려
함이라

30 이 후에는 내가 너희와 말을 많이 하지
아니하리니 이 세상의 임금이 오겠음이라
그러나 그는 내게 관계할 것이 없으니

31 오직 내가 아버지를 사랑하는 것과
아버지께서 명하신 대로 행하는 것을
세상이 알게 하려 함이로라 일어나라
여기를 떠나자 하시니라

24 わたしを愛さない者は、わたしの言葉を
守らない。あなたがたが聞いている言葉
はわたしのものではなく、わたしをお遣
わしになった父のものである。

25 わたしは、あなたがたといたときに、こ
れらのことを話した。

26 しかし、弁護者、すなわち、父がわたし
の名によってお遣わしになる聖霊が、あ
なたがたにすべてのことを教え、わたし
が話したことをことごとく思い起こさせ
てくださる。

27 わたしは、平和をあなたがたに残し、わ
たしの平和を与える。わたしはこれを、
世が与えるように与えるのではない。心
を騒がせるな。おびえるな。

28 『わたしは去って行くが、また、あなた
がたのところへ戻って来る』と言ったの
をあなたがたは聞いた。わたしを愛して
いるなら、わたしが父のもとに行くのを
喜んでくれるはずだ。父はわたしよりも
偉大な方だからである。

29 事が起こったときに、あなたがたが信じ
るようにと、今、その事の起こる前に話
しておく。

30 もはや、あなたがたと多くを語るまい。
世の支配者が来るからである。だが、彼
はわたしをどうすることもできない。

31 わたしが父を愛し、父がお命じになった
とおりに行っていることを、世は知るべ
きである。さあ、立て。ここから出かけ
よう。』

24 But anyone who doesn't love me, won't obey me. What they have heard me say doesn't really come from me, but from the Father who sent me.

25 I have told you these things while I am still with you.

26 But the Holy Spirit will come and help[w] you, because the Father will send the Spirit to take my place. The Spirit will teach you everything and will remind you of what I said while I was with you.

27 I give you peace, the kind of peace only I can give. It isn't like the peace this world can give. So don't be worried or afraid.

28 You have already heard me say I am going and I will also come back to you. If you really love me, you should be glad I am going back to the Father, because he is greater than I am.

29 I am telling you this before I leave, so when it does happen, you will have faith in me.

30 I cannot speak with you much longer, because the ruler of this world is coming. But he has no power over me.

31 I obey my Father, so everyone in the world might know that I love him. It is time for us to go now.

24 不爱我的人就不遵守我的话。你们所听到的话不是出于我，而是出于那差遣我来的父亲。

25 「我还与你们同在的时候，已经把这些话告诉你们了。

26 但是那慰助者，就是父亲因着我的名要差来的圣灵，会把一切的事指示你们，并且使你们记起我对你们所说的一切话。

27 「我留下平安给你们，我把我的平安赐给你们。我所给你们的，跟世人所给的不同。你们心里不要愁烦，也不要害怕。

28 你们听见我说过『我去了，但是还要回来』。你们若爱我，就会因着我回到父亲那里去而欢喜，因为他比我大。

29 我在这些事发生以前先告诉了你们，为要使你们在事情发生的时候能够信。

30 我现在不能再和你们多讲，因为这世界的统治者就要来了。他对我是无能为力的；

31 但为了要世人知道我爱我的父亲，所以我遵行他所命令的一切。「起来，我们走吧!」

---

w) help: See the note at 14.16.

제 15 장

나는 포도나무요 너희는 가지라

1 나는 참포도나무요 내 아버지는 농부라

2 무릇 내게 붙어 있어 열매를 맺지 아니하는
가지는 아버지께서 그것을 제거해 버리시고
무릇 열매를 맺는 가지는 더 열매를 맺게
하려 하여 그것을 깨끗하게 하시느니라

3 너희는 내가 일러준 말로 이미
깨끗하여졌으니

4 내 안에 거하라 나도 너희 안에 거하리라
가지가 포도나무에 붙어 있지 아니하면
스스로 열매를 맺을 수 없음 같이 너희도 내
안에 있지 아니하면 그러하리라

5 나는 포도나무요 너희는 가지라 그가 내
안에, 내가 그 안에 거하면 사람이 열매를
많이 맺나니 나를 떠나서는 너희가 아무
것도 할 수 없음이라

6 사람이 내 안에 거하지 아니하면 가지처럼
밖에 버려져 마르나니 사람들이 그것을
모아다가 불에 던져 사르느니라

7 너희가 내 안에 거하고 내 말이 너희 안에
거하면 무엇이든지 원하는 대로 구하라
그리하면 이루리라

第15章

イエスはまことのぶどうの木

1 「わたしはまことのぶどうの木、わたし
の父は農夫である。

2 わたしにつながっていながら、実を結ば
ない枝はみな、父が取り除かれる。しか
し、実を結ぶものはみな、いよいよ豊か
に実を結ぶように手入れをなさる。

3 わたしの話した言葉によって、あなたが
たは既に清くなっている。

4 わたしにつながっていなさい。わたしも
あなたがたにつながっている。ぶどうの
枝が、木につながっていなければ、自分
では実を結ぶことができないように、あ
なたがたも、わたしにつながっていなけ
れば、実を結ぶことができない。

5 わたしはぶどうの木、あなたがたはその
枝である。人がわたしにつながってお
り、わたしもその人につながっていれ
ば、その人は豊かに実を結ぶ。わたしを
離れては、あなたがたは何もできないか
らである。

6 わたしにつながっていない人がいれば、
枝のように外に投げ捨てられて枯れる。
そして、集められ、火に投げ入れられて
焼かれてしまう。

7 あなたがたがわたしにつながっており、
わたしの言葉 があなたがたの内にいつも
あるならば、望むものを何でも願いなさ
い。そうすればかなえられる。

15

Jesus Is the True Vine

1 Jesus said to his disciples:
I am the true vine, and my
Father is the gardener.

2 He cuts away every branch of
mine that doesn't produce fruit.
But he trims clean every branch
that does produce fruit, so that it
will produce even more fruit.

3 You are already clean because
of what I have said to you.

4 Stay joined to me, and I will stay
joined to you. Just as a branch cannot
produce fruit unless it stays joined
to the vine, you cannot produce
fruit unless you stay joined to me.

5 I am the vine, and you are the
branches. If you stay joined to me,
and I stay joined to you, then you
will produce lots of fruit. But you
cannot do anything without me.

6 If you don't stay joined to me,
you will be thrown away. You
will be like dry branches that are
gathered up and burned in a fire.

7 Stay joined to me and let my
teachings become part of you. Then
you can pray for whatever you want,
and your prayer will be answered.

第 15 章

耶稣是真葡萄树

1 「我是真葡萄树；我父亲是园丁。

2 所有连接着我而不结果实的枝子，他
就剪掉；能结果实的枝子，他就修剪，
使它结更多的果实。

3 我对你们所讲的信息已经使你们洁净
了。

4 你们要常跟我连结，我就常跟你们
连结。要是不跟我连结，你们就不能
结出果实，正像枝子不跟葡萄树连
接就不能结果实一样。

5 「我是葡萄树；你们是枝子。那常跟
我连结，而我也常跟他连结的，必定
结很多果实；因为没有我，你们就什么
也不能做。

6 那不跟我连结的人要被扔掉，像枯
干的枝子被扔掉，让人捡去投在火里焚
烧。

7 如果你们常跟我连结，而我的话也
常存在你们里面，你们无论要什么，
求，就会得着。

8 너희가 열매를 많이 맺으면 내 아버지께서 영광을 받으실 것이요 너희는 내 제자가 되리라

9 아버지께서 나를 사랑하신 것 같이 나도 너희를 사랑하였으니 나의 사랑 안에 거하라

10 내가 아버지의 계명을 지켜 그의 사랑 안에 거하는 것 같이 너희도 내 계명을 지키면 내 사랑 안에 거하리라

11 내가 이것을 너희에게 이름은 내 기쁨이 너희 안에 있어 너희 기쁨을 충만하게 하려 함이라

12 내 계명은 곧 내가 너희를 사랑한 것 같이 너희도 서로 사랑하라 하는 이것이니라

13 사람이 친구를 위하여 자기 목숨을 버리면 이보다 더 큰 사랑이 없나니

14 너희는 내가 명하는 대로 행하면 곧 나의 친구라

15 이제부터는 너희를 종이라 하지 아니하리니 종은 주인이 하는 것을 알지 못함이라 너희를 친구라 하였노니 내가 내 아버지께 들은 것을 다 너희에게 알게 하였음이라

16 너희가 나를 택한 것이 아니요 내가 너희를 택하여 세웠나니 이는 너희로 가서 열매를 맺게 하고 또 너희 열매가 항상 있게 하여 내 이름으로 아버지께 무엇을 구하든지 다 받게 하려 함이라

8 あなたがたが豊かに実を結び、わたしの弟子となるなら、それによって、わたしの父は栄光をお受けになる。

9 父がわたしを愛されたように、わたしもあなたがたを愛してきた。わたしの愛にとどまりなさい。

10 わたしが父の掟を守り、その愛にとどまっているように、あなたがたも、わたしの掟を守るなら、わたしの愛にとどまっていることになる。

11 これらのことを話したのは、わたしの喜びがあなたがたの内にあり、あなたがたの喜びが満たされるためである。

12 わたしがあなたがたを愛したように、互いに愛し合いなさい。これがわたしの掟である。

13 友のために自分の命を捨てること、これ以上に大きな愛はない。

14 わたしの命じることを行うならば、あなたがたはわたしの友である。

15 もはや、わたしはあなたがたを僕とは呼ばない。僕は主人が何をしているか知らないからである。わたしはあなたがたを友と呼ぶ。父から聞いたことをすべてあなたがたに知らせたからである。

16 あなたがたがわたしを選んだのではない。わたしがあなたがたを選んだ。あなたがたが出かけて行って実を結び、その実が残るようにと、また、わたしの名によって父に願うものは何でも与えられるようにと、わたしがあなたがたを任命したのである。

8 When you become fruitful disciples of mine, my Father will be honored.

9 I have loved you, just as my Father has loved me. So remain faithful to my love for you.

10 If you obey me, I will keep loving you, just as my Father keeps loving me, because I have obeyed him.

11 I have told you this to make you as completely happy as I am.

12 * Now I tell you to love each other, as I have loved you.

13 The greatest way to show love for friends is to die for them.

14 And you are my friends, if you obey me.

15 Servants don't know what their master is doing, and so I don't speak to you as my servants. I speak to you as my friends, and I have told you everything my Father has told me.

16 You did not choose me. I chose you and sent you out to produce fruit, the kind of fruit that will last. Then my Father will give you whatever you ask for in my name. [x]

8 我父亲将因你们结很多果实而得到荣耀，而你们也因此成为我的门徒。

9 正如父亲爱我，我爱你们；你们要常生活在我的爱中。

10 你们若遵守我的命令，你们会常生活在我的爱中，正像我遵守我父亲的命令，而常在他的爱中一样。

11 「我告诉你们这些事，为要使你们得到我的喜乐，让你们的喜乐满溢。

12 你们要彼此相爱，像我爱你们一样；这是我的命令。

13 人为朋友牺牲自己的性命，人间的爱没有比这更伟大的了。

14 你们若遵守我的命令，就是我的朋友。

15 我不再把你们当作仆人，因为仆人不知道主人所做的事。我把你们当作朋友，因为我已经把从我父亲那里所听到的一切都告诉了你们。

16 不是你们拣选了我，而是我拣选了你们，并且指派你们去结那常存的果实。你们奉我的名，无论向父亲求什么，他一定赐给你们。

---

*Jn 13.34; 15.17; 1 Jn 3.23; 2 Jn 5.
x) in my name: Or "because you are my followers."

17 내가 이것을 너희에게 명함은 너희로 서로 사랑하게 하려 함이라

18 세상이 너희를 미워하면 너희보다 먼저 나를 미워한 줄을 알라

19 너희가 세상에 속하였으면 세상이 자기의 것을 사랑할 것이나 너희는 세상에 속한 자가 아니요 도리어 내가 너희를 세상에서 택하였기 때문에 세상이 너희를 미워하느니라

20 내가 너희에게 종이 주인보다 더 크지 못하다 한 말을 기억하라 사람들이 나를 박해하였은즉 너희도 박해할 것이요 내 말을 지켰은즉 너희 말도 지킬 것이라

21 그러나 사람들이 내 이름으로 말미암아 이 모든 일을 너희에게 하리니 이는 나를 보내신 이를 알지 못함이라

22 내가 와서 그들에게 말하지 아니하였더라면 죄가 없었으려니와 지금은 그 죄를 핑계할 수 없느니라

23 나를 미워하는 자는 또 내 아버지를 미워하느니라

24 내가 아무도 못한 일을 그들 중에서 하지 아니하였더라면 그들에게 죄가 없었으려니와 지금은 그들이 나와 내 아버지를 보았고 또 미워하였도다

17 互いに愛し合いなさい。これがわたしの命令である。」

迫害の予告

18 「世があなたがたを憎むなら、あなたがたを憎む前にわたしを憎んでいたことを覚えなさい。

19 あなたがたが世に属していたなら、世はあなたがたを身内として愛したはずである。だが、あなたがたは世に属していない。わたしがあなたがたを世から選び出した。だから、世はあなたがたを憎むのである。

20 『僕は主人にまさりはしない』と、わたしが言った言葉を思い出しなさい。人々がわたしを迫害したのであれば、あなたがたをも迫害するだろう。わたしの言葉を守ったのであれば、あなたがたの言葉をも守るだろう。

21 しかし人々は、わたしの名のゆえに、これらのことをみな、あなたがたにするようになる。わたしをお遣わしになった方を知らないからである。

22 わたしが来て彼らに話さなかったなら、彼らに罪はなかったであろう。だが、今は、彼らは自分の罪について弁解の余地がない。

23 わたしを憎む者は、わたしの父をも憎んでいる。

24 だれも行ったことのない業を、わたしが彼らの間で行わなかったなら、彼らに罪はなかったであろう。だが今は、その業を見たうえで、わたしとわたしの父を憎んでいる。

17 So I command you to love each other.

The World's Hatred

18 If the people of this world[y] hate you, just remember that they hated me first.

19 If you belonged to the world, its people would love you. But you don't belong to the world. I have chosen you to leave the world behind, and this is why its people hate you.

20 * Remember how I told you that servants are not greater than their master. So if people mistreat me, they will mistreat you. If they do what I say, they will do what you say.

21 People will do to you exactly what they did to me. They will do it because you belong to me, and they don't know the one who sent me.

22 If I had not come and spoken to them, they would not be guilty of sin. But now they have no excuse for their sin.

23 Everyone who hates me also hates my Father.

24 I have done things no one else has ever done. If they had not seen me do these things, they would not be guilty. But they did see me do these things, and they still hate me and my Father too.

17 你们要彼此相爱；这就是我给你们的命令。」

世人的憎恨

18 「如果世人憎恨你们，你们该晓得，他们已先憎恨了我。

19 如果你们属于这世界，世人一定爱那属于他们自己的。可是，我从这世界中把你们拣选了出来，你们不属于它；因此世人憎恨你们。

20 你们要记住我对你们说过的话：『奴仆不比主人大。』如果他们迫害过我，他们也会迫害你们；如果他们遵从我的话，他们也会遵从你们的话。

21 为了我的缘故，他们要对你们做这一切事，因为他们不认识差遣我来的那位。

22 我若没有来向他们讲解过，他们就没有罪；如今，他们的罪是无可推诿的了。

23 憎恨我的，也憎恨我的父亲。

24 如果我没有在他们当中做了那从来没有人做过的事，他们就没有罪。事实上，他们已经看见我所做的，却还憎恨我，也憎恨我的父亲。

y) world: See the note at 12.31.
*Mt 10.24; Lk 6.40; Jn 13.16.

25 그러나 이는 그들의 율법에 ㄱ)기록된 바
그들이 이유 없이 나를 미워하였다 한 말을
응하게 하려 함이라

26 내가 아버지께로부터 너희에게 보낼 보혜사
곧 아버지께로부터 나오시는 진리의 성령이
오실 때에 그가 나를 증언하실 것이요

27 너희도 처음부터 나와 함께 있었으므로
증언하느니라

25 しかし、それは、『人々は理由もなく、
わたしを憎んだ』と、彼らの律法に書い
てある言葉が実現するためである。

26 わたしが父のもとからあなたがたに遣わ
そうとしている弁護者、すなわち、父の
もとから出る真理の霊が来るとき、その
方がわたしについて証しをなさるはずで
ある。

27 あなたがたも、初めからわたしと一緒に
いたのだから、証しをするのである。

ㄱ) 시 35:19; 69:4

25   * This is why the Scriptures are true when they say, "People hated me for no reason."

26   I will send you the Spirit who comes from the Father and shows what is true. The Spirit will help[z] you and will tell you about me.

27   Then you will also tell others about me, because you have been with me from the beginning.

25 但是，这无非要 应 验他们的法律书上 所写的：『他们无 缘 无故地憎 恨 我!』

26 「但是，那出自父亲的慰助者要来；他就是真理的灵。我从父亲那里差他来的时候，他要为我作 证。

27 同 样，你们也要为我 作 证，因为你们 从 开始就跟我在一起。」

---

*Ps 35.19; 69.4.
z) help: See the note at 14.16.

제 16 장

성령의 일

1 내가 이것을 너희에게 이름은 너희로
  실족하지 않게 하려 함이니

2 사람들이 너희를 출교할 뿐 아니라
  때가 이르면 무릇 너희를 죽이는 자가
  생각하기를 이것이 하나님을 섬기는 일이라
  하리라

3 그들이 이런 일을 할 것은 아버지와 나를
  알지 못함이라

4 오직 너희에게 이 말을 한 것은 너희로 그
  때를 당하면 내가 너희에게 말한 이것을
  기억나게 하려 함이요 처음부터 이 말을
  하지 아니한 것은 내가 너희와 함께
  있었음이라

5 지금 내가 나를 보내신 이에게로 가는데
  너희 중에서 나더러 어디로 가는지 묻는
  자가 없고

6 도리어 내가 이 말을 하므로 너희 마음에
  근심이 가득하였도다

7 그러나 내가 너희에게 실상을 말하노니
  내가 떠나가는 것이 너희에게 유익이라
  내가 떠나가지 아니하면 보혜사가
  너희에게로 오시지 아니할 것이요 가면
  내가 그를 너희에게로 보내리니

第16章

1 これらのことを話したのは、あなたがた
  をつまずかせないためである。

2 人々はあなたがたを会堂から追放するだ
  ろう。しかも、あなたがたを殺す者が
  皆、自分は神に奉仕していると考える時
  が来る。

3 彼らがこういうことをするのは、父をも
  わたしをも知らないからである。

4 しかし、これらのことを話したのは、そ
  の時が来たときに、わたしが語ったとい
  うことをあなたがたに思い出させるため
  である。」

聖霊の働き

「初めからこれらのことを言わなかったの
は、わたしがあなたがたと一緒にいたか
らである。

5 今わたしは、わたしをお遣わしになった
  方のもとに行こうとしているが、あなた
  がたはだれも、『どこへ行くのか』と尋
  ねない。

6 むしろ、わたしがこれらのことを話した
  ので、あなたがたの心は悲しみで満たさ
  れている。

7 しかし、実を言うと、わたしが去って行
  くのは、あなたがたのためになる。わた
  しが去って行かなければ、弁護者はあな
  たがたのところに来ないからである。わ
  たしが行けば、弁護者をあなたがたのと
  ころに送る。

16

1 I am telling you these things, so that you will not turn away.

2 You will be chased out of the synagogues. And the time will come when people will kill you and think they are doing God a favor.

3 They will do these things because they don't know either the Father or me.

4 I am saying this to you now, so that when the time comes, you will remember what I have said.

The Work of the Holy Spirit

I was with you at the first, and so I didn't tell you these things.

5 But now I am going back to the Father who sent me, and none of you asks me where I am going.

6 You are very sad from hearing all of this.

7 But I tell you I am going to do what is best for you. This is why I am going away. The Holy Spirit cannot come to help[a] you until I leave. But after I am gone, I will send the Spirit to you.

第 16 章

1 「我把这些事告诉了你们，为要使你们的信心不至于动摇。

2 他们要把你们赶出会堂；而且时刻就要到了，那杀害你们的人还以为做这种事是在事奉上帝。

3 其实，他们这样做是因为他们既不认识父亲，也不认识我。

4 我告诉你们这些事，为要让你们在这时刻来临时记得我曾经对你们说过了。」

圣灵的工作

「我当初没有告诉你们这些事，是因为我一直与你们在一起。

5 现在我要回到那位差我来的那里去，你们当中没有人问我『你要到哪里去？』

6 可是，因为我把这些事告诉了你们，你们心里竟充满忧愁。

7 然而，我实在告诉你们，我去，对你们是有益的；我不去，那慰助者就不会到你们这里来；我去了，就差他来。

---

a) help: See the note at 14.16.

8 그가 와서 죄에 대하여, 의에 대하여, 심판에 대하여 세상을 책망하시리라

9 죄에 대하여라 함은 그들이 나를 믿지 아니함이요

10 의에 대하여라 함은 내가 아버지께로 가니 너희가 다시 나를 보지 못함이요

11 심판에 대하여라 함은 이 세상 임금이 심판을 받았음이라

12 내가 아직도 너희에게 이를 것이 많으나 지금은 너희가 감당하지 못하리라

13 그러나 진리의 성령이 오시면 그가 너희를 모든 진리 가운데로 인도하시리니 그가 스스로 말하지 않고 오직 들은 것을 말하며 장래 일을 너희에게 알리시리라

14 그가 내 영광을 나타내리니 내 것을 가지고 너희에게 알리시겠음이라

15 무릇 아버지께 있는 것은 다 내 것이라 그러므로 내가 말하기를 그가 내 것을 가지고 너희에게 알리시리라 하였노라

16 조금 있으면 너희가 나를 보지 못하겠고 또 조금 있으면 나를 보리라 하시니

8 その方が来れば、罪について、義について、また、裁きについて、世の誤りを明らかにする。

9 罪についてとは、彼らがわたしを信じないこと、

10 義についてとは、わたしが父のもとに行き、あなたがたがもはやわたしを見なくなること、

11 また、裁きについてとは、この世の支配者が断罪されることである。

12 言っておきたいことは、まだたくさんあるが、今、あなたがたには理解できない。

13 しかし、その方、すなわち、真理の霊が来ると、あなたがたを導いて真理をことごとく悟らせる。その方は、自分から語るのではなく、聞いたことを語り、また、これから起こることをあなたがたに告げるからである。

14 その方はわたしに栄光を与える。わたしのものを受けて、あなたがたに告げるからである。

15 父が持っておられるものはすべて、わたしのものである。だから、わたしは、『その方がわたしのものを受けて、あなたがたに告げる』と言ったのである。」

悲しみが喜びに変わる

16 「しばらくすると、あなたがたはもうわたしを見なくなるが、またしばらくすると、わたしを見るようになる。」

8 The Spirit will come and show the people of this world the truth about sin and God's justice and the judgment.

9 The Spirit will show them that they are wrong about sin, because they didn't have faith in me.

10 They are wrong about God's justice, because I am going to the Father, and you won't see me again.

11 And they are wrong about the judgment, because God has already judged the ruler of this world.

12 I have much more to say to you, but right now it would be more than you could understand.

13 The Spirit shows what is true and will come and guide you into the full truth. The Spirit doesn't speak on his own. He will tell you only what he has heard from me, and he will let you know what is going to happen.

14 The Spirit will bring glory to me by taking my message and telling it to you.

15 Everything the Father has is mine. This is why I have said that the Spirit takes my message and tells it to you.

Sorrow Will Turn into Joy

16 Jesus told his disciples, "For a little while you won't see me, but after a while you will see me."

---

8 他来的时候，他要向世人证明，他们对于罪，对于义，对于上帝审判的观念都错了。

9 他们对罪的观念错了，因为他们不信我；

10 他们对义的观念错了，因为我往父亲那里去，你们再也看不见我；

11 他们对审判的观念错了，因为这世界的王已经受了审判。

12 「我还有许多事要告诉你们，可是你们现在担负不了。

13 等到赐真理的圣灵来了，他要指引你们进到一切的真理中。他不凭着自己说话，而是把他所听到的告诉你们，并且要说出将来的事。

14 他要荣耀我，因为他要把我所要说的告诉你们。

15 我父亲所有的一切都是我的，所以我说，圣灵要把我所要说的告诉你们。」

忧愁变成喜乐

16 「过一会儿，你们就看不见我了；然而，再过一会儿，你们还要看见我。」

17 제자 중에서 서로 말하되 우리에게
말씀하신 바 조금 있으면 나를 보지
못하겠고 또 조금 있으면 나를 보리라
하시며 또 내가 아버지께로 감이라 하신
것이 무슨 말씀이냐 하고

18 또 말하되 조금 있으면이라 하신 말씀이
무슨 말씀이냐 무엇을 말씀하시는지 알지
못하노라 하거늘

19 예수께서 그 묻고자 함을 아시고 이르시되
내 말이 조금 있으면 나를 보지 못하겠고
또 조금 있으면 나를 보리라 하므로 서로
문의하느냐

20 내가 진실로 진실로 너희에게 이르노니
너희는 곡하고 애통하겠으나 세상은
기뻐하리라 너희는 근심하겠으나 너희
근심이 도리어 기쁨이 되리라

21 여자가 해산하게 되면 그 때가
이르렀으므로 근심하나 아기를 낳으면
세상에 사람 난 기쁨으로 말미암아 그
고통을 다시 기억하지 아니하느니라

22 지금은 너희가 근심하나 내가 다시 너희를
보리니 너희 마음이 기쁠 것이요 너희
기쁨을 빼앗을 자가 없으리라

23 그 날에는 너희가 아무 것도 내게 1)묻지
아니하리라 내가 진실로 진실로 너희에게
이르노니 너희가 무엇이든지 아버지께
구하는 것을 내 이름으로 주시리라

17 そこで、弟子たちのある者は互いに言った。「『しばらくすると、あなたがたはわたしを見なくなるが、またしばらくすると、わたしを見るようになる』とか、『父のもとに行く』とか言っておられるのは、何のことだろう。」

18 また、言った。「『しばらくすると』と言っておられるのは、何のことだろう。何を話しておられるのか分からない。」

19 イエスは、彼らが尋ねたがっているのを知って言われた。「『しばらくすると、あなたがたはわたしを見なくなるが、またしばらくすると、わたしを見るようになる』と、わたしが言ったことについて、論じ合っているのか。

20 はっきり言っておく。あなたがたは泣いて悲嘆に暮れるが、世は喜ぶ。あなたがたは悲しむが、その悲しみは喜びに変わる。

21 女は子供を産むとき、苦しむものだ。自分の時が来たからである。しかし、子供が生まれると、一人の人間が世に生まれ出た喜びのために、もはやその苦痛を思い出さない。

22 ところで、今はあなたがたも、悲しんでいる。しかし、わたしは再びあなたがたと会い、あなたがたは心から喜ぶことになる。その喜びをあなたがたから奪い去る者はいない。

23 その日には、あなたがたはもはや、わたしに何も尋ねない。はっきり言っておく。あなたがたがわたしの名によって何かを父に願うならば、父はお与えになる。

---

1) 또는 구하지 아니하리라

17 They said to each other, "What does Jesus mean by saying that for a little while we won't see him, but after a while we will see him? What does he mean by saying he is going to the Father?

18 What is this 'little while' that he is talking about? We don't know what he means."

19 Jesus knew they had some questions, so he said:
You are wondering what I meant when I said that for a little while you won't see me, but after a while you will see me.

20 I tell you for certain that you will cry and be sad, but the world will be happy. You will be sad, but later you will be happy.

21 When a woman is about to give birth, she is in great pain. But after it is all over, she forgets the pain and is happy, because she has brought a child into the world.

22 You are now very sad. But later I will see you, and you will be so happy that no one will be able to change the way you feel.

23 When that time comes, you won't have to ask me about anything. I tell you for certain the Father will give you whatever you ask for in my name.

---

17 门徒当中有几个人彼此说：「他告诉我们『过一会儿，你们就看不见我了；然而，再过一会儿，你们还要看见我』；又说『因为我要到父亲那里去』；这些话是什么意思呢？」

18 也有人问：「他所说的『过一会儿』是指什么呢？我们不晓得他在说些什么！」

19 耶稣知道他们想问的，就对他们说：「我说『过一会儿，你们看不见我了；然而，再过一会儿，你们还要看见我』；你们彼此在讨论这句话吗？

20 我郑重地告诉你们，你们要痛哭哀号，世人却要欢乐；你们要忧愁，可是你们的忧愁将变成喜乐。

21 女人快要生产的时候忧愁，因为受苦的时刻到了；但是生了婴儿后就忘掉了痛苦，因为高兴有婴儿出生到世上来。

22 你们也是这样：现在你们有忧愁，但是我要再见到你们，你们心里就会充满喜乐；你们的喜乐是没有人能夺走的。

23「在那一天，你们不向我求什么。我郑重地告诉你们，你们奉我的名，无论向父亲求什么，他一定赐给你们【18】）。

【18】「你们奉我的名，无论向父亲求什么，他一定赐给你们」另有些古卷作「如果你们向父亲求，他会因着我的名而赐给你们」。

24 지금까지는 너희가 내 이름으로 아무 것도
구하지 아니하였으나 구하라 그리하면
받으리니 너희 기쁨이 충만하리라

내가 세상을 이기었다

25 이것을 비유로 너희에게 일렀거니와 때가
이르면 다시는 비유로 너희에게 이르지
않고 아버지에 대한 것을 밝히 이르리라

26 그 날에 너희가 내 이름으로 구할 것이요
내가 너희를 위하여 아버지께 구하겠다
하는 말이 아니니

27 이는 너희가 나를 사랑하고 또 내가
하나님께로부터 온 줄 믿었으므로
아버지께서 친히 너희를 사랑하심이라

28 내가 아버지에게서 나와 세상에 왔고 다시
세상을 떠나 아버지께로 가노라 하시니

29 제자들이 말하되 지금은 밝히 말씀하시고
아무 비유로도 하지 아니하시니

30 우리가 지금에야 주께서 모든 것을 아시고
또 사람의 물음을 기다리시지 않는 줄
아나이다 이로써 하나님께로부터 나오심을
우리가 믿사옵나이다

31 예수께서 대답하시되 이제는 너희가 믿느냐

32 보라 너희가 다 각각 제 곳으로 흩어지고
나를 혼자 둘 때가 오나니 벌써 왔도다
그러나 내가 혼자 있는 것이 아니라
아버지께서 나와 함께 계시느니라

24 今までは、あなたがたはわたしの名によ
っては何も願わなかった。願いなさい。
そうすれば与えられ、あなたがたは喜び
で満たされる。」

イエスは既に勝っている

25 「わたしはこれらのことを、たとえを用い
て話してきた。もはやたとえによらず、
はっきり父について知らせる時が来る。

26 その日には、あなたがたはわたしの名に
よって願うことになる。わたしがあなた
がたのために父に願ってあげる、とは言
わない。

27 父御自身が、あなたがたを愛しておられ
るのである。あなたがたが、わたしを愛
し、わたしが神のもとから出て来たこと
を信じたからである。

28 わたしは父のもとから出て、世に来た
が、今、世を去って、父のもとに行く。」

29 弟子たちは言った。「今は、はっきりと
お話しになり、少しもたとえを用いられ
ません。

30 あなたが何でもご存じで、だれもお尋ね
する必要のないことが、今、分かりまし
た。これによって、あなたが神のもとか
ら来られたと、わたしたちは信じます。」

31 イエスはお答えになった。「今ようや
く、信じるようになったのか。

32 だが、あなたがたが散らされて自分の家
に帰ってしまい、わたしをひとりきりに
する時が来る。いや、既に来ている。し
かし、わたしはひとりではない。父が、
共にいてくださるからだ。

24 You have not asked for anything in this way before, but now you must ask in my name.[b)] Then it will be given to you, so you will be completely happy.

25 I have used examples to explain to you what I have been talking about. But the time will come when I will speak to you plainly about the Father and will no longer use examples like these.

26 You will ask the Father in my name,[c)] and I won't have to ask him for you.

27 God the Father loves you because you love me, and you believe I have come from him.

28 I came from the Father into the world, but I am leaving the world and returning to the Father.

29 The disciples said, "Now you are speaking plainly to us! You are not using examples.

30 At last we know that you understand everything, and we don't have any more questions. Now we believe you truly have come from God."

31 Jesus replied:
Do you really believe me?

32 The time will come and is already here when all of you will be scattered. Each of you will go back home and leave me by myself. But the Father will be with me, and I won't be alone.

24 直到现在，你们并没有奉我的名求过什么；你们求，就得到，好让你们的喜乐满溢。」

胜过世界

25 「我用比喻把这些事向你们说了。可是时刻就到，我不再使用比喻，却要明明地把父亲的事告诉你们。

26 在那一天，你们要奉我的名祈求；我并不是说我要替你们向父亲求，

27 因为父亲自己爱你们。他爱你们；因为你们爱我，并且信我是从上帝那里来的。

28 我从父亲那里来到这世界；现在我要离开这世界，回到父亲那里去。」

29 门徒对他说：「你看，现在你是明明地讲论，并没有用什么比喻。

30 我们已经晓得，你无所不知，不需要有人向你发问。因此，我们信你是从上帝那里来的。」

31 耶稣说：「现在你们信了吗？

32 时刻到了，现在已经是了，你们都要分散，各人回自己的地方去，只留下我自己一个人。其实，我不是自己一个人，因为有父亲与我同在。

b) in my name … in my name: Or "as my disciples … as my disciples."
c) in my name: Or "because you are my followers."

33 이것을 너희에게 이르는 것은 너희로
　내 안에서 평안을 누리게 하려 함이라
　세상에서는 너희가 환난을 당하나 담대하라
　내가 세상을 이기었노라

33 これらのことを話したのは、あなたがた
がわたしによって平和を得るためであ
る。あなたがたには世で苦難がある。し
かし、勇気を出しなさい。わたしは既に
世に勝っている。」

33 I have told you this, so that you might have peace in your hearts because of me. While you are in the world, you will have to suffer. But cheer up! I have defeated the world.[d]

33 我把这 件事告诉你们，是要使你们因跟我连结而有平安。在世上，你们有苦难；但是你们要 勇 敢，我已经胜 过了世界!」

d) world: See the note at 12.31.

제 17 장

기도하시다

1 예수께서 이 말씀을 하시고 눈을 들어
하늘을 우러러 이르시되 아버지여 때가
이르렀사오니 아들을 영화롭게 하사 아들로
아버지를 영화롭게 하게 하옵소서

2 아버지께서 아들에게 주신 모든 사람에게
영생을 주게 하시려고 만민을 다스리는
권세를 아들에게 주셨음이로소이다

3 영생은 곧 유일하신 참 하나님과
그가 보내신 자 예수 그리스도를 아는
것이니이다

4 아버지께서 내게 하라고 주신 일을 내가
이루어 아버지를 이 세상에서 영화롭게
하였사오니

5 아버지여 창세 전에 내가 아버지와 함께
가졌던 영화로써 지금도 아버지와 함께
나를 영화롭게 하옵소서

6 세상 중에서 내게 주신 사람들에게 내가
아버지의 이름을 나타내었나이다 그들은
아버지의 것이었는데 내게 주셨으며 그들은
아버지의 말씀을 지키었나이다

7 지금 그들은 아버지께서 내게 주신 것이 다
아버지로부터 온 것인 줄 알았나이다

第17章

イエスの祈り

1 イエスはこれらのことを話してから、天
を仰いで言われた。「父よ、時が来まし
た。あなたの子があなたの栄光を現すよ
うになるために、子に栄光を与えてくだ
さい。

2 あなたは子にすべての人を支配する権能
をお与えになりました。そのために、子
はあなたからゆだねられた人すべてに、
永遠の命を与えることができるのです。

3 永遠の命とは、唯一のまことの神であら
れるあなたと、あなたのお遣わしになっ
たイエス・キリストを知ることです。

4 わたしは、行うようにとあなたが与えて
くださった業を成し遂げて、地上であな
たの栄光を現しました。

5 父よ、今、御前でわたしに栄光を与えて
ください。世界が造られる前に、わたし
がみもとで持っていたあの栄光を。

6 世から選び出してわたしに与えてくださ
った人々に、わたしは御名を現しまし
た。彼らはあなたのものでしたが、あな
たはわたしに与えてくださいました。彼
らは、御言葉を守りました。

7 わたしに与えてくださったものはみな、
あなたからのものであることを、今、彼
らは知っています。

17

Jesus Prays

1 After Jesus had finished speaking to his disciples, he looked up toward heaven and prayed:
Father, the time has come for you to bring glory to your Son, in order that he may bring glory to you.

2 And you gave him power over all people, so he would give eternal life to everyone you give him.

3 Eternal life is to know you, the only true God, and to know Jesus Christ, the one you sent.

4 I have brought glory to you here on earth by doing everything you gave me to do.

5 Now, Father, give me back the glory I had with you before the world was created.

6 You have given me some followers from this world, and I have shown them what you are like. They were yours, but you gave them to me, and they have obeyed you.

7 They know that you gave me everything I have.

第 17 章

耶稣为门徒祷告

1 耶稣讲完了这些话，就举目望天，说：
「父亲哪，时刻已经到了，求你荣耀你的儿子，好使儿子也荣耀你。

2 你把管理全人类的权柄给了他，好使他把永恒的生命赐给你所付托给他的人。

3 认识你是惟一的真神，并且认识你所差来的耶稣基督，这就是永恒的生命。

4 我已经在地上荣耀了你；我已经完成了你所付托给我的使命。

5 父亲哪，现在求你在你自己面前荣耀我，赐给我那创世之前我和你一同享有的荣耀吧！

6 「我已经把你显明给那些你从世界选召出来付托给我的人。他们原属于你，你把他们赐给我；他们也遵守了你的话。

7 现在，他们都知道，你所赐给我的，都是从你那里来的。

8　나는 아버지께서 내게 주신 말씀들을
그들에게 주었사오며 그들은 이것을 받고
내가 아버지께로부터 나온 줄을 참으로
아오며 아버지께서 나를 보내신 줄도
믿었사옵나이다

9　내가 그들을 위하여 비옵나니 내가 비옵는
것은 세상을 위함이 아니요 내게 주신
자들을 위함이니이다 그들은 아버지의
것이로소이다

10 내 것은 다 아버지의 것이요 아버지의 것은
내 것이온데 내가 그들로 말미암아 영광을
받았나이다

11 나는 세상에 더 있지 아니하오나 그들은
세상에 있사옵고 나는 아버지께로 가옵나니
거룩하신 아버지여 내게 주신 아버지의
이름으로 그들을 보전하사 우리와 같이
그들도 하나가 되게 하옵소서

12 내가 그들과 함께 있을 때에 내게 주신
아버지의 이름으로 그들을 보전하고
지키었나이다 그 중의 하나도 멸망하지
않고 다만 멸망의 자식뿐이오니 이는
성경을 응하게 함이니이다

13 지금 내가 아버지께로 가오니 내가
세상에서 이 말을 하옵는 것은 그들로
내 기쁨을 그들 안에 충만히 가지게 하려
함이니이다

14 내가 아버지의 말씀을 그들에게 주었사오매
세상이 그들을 미워하였사오니 이는 내가
세상에 속하지 아니함 같이 그들도 세상에
속하지 아니함으로 인함이니이다

8　なぜなら、わたしはあなたから受けた言
葉を彼らに伝え、彼らはそれを受け入れ
て、わたしがみもとから出て来たことを
本当に知り、あなたがわたしをお遣わし
になったことを信じたからです。

9　彼らのためにお願いします。世のためで
はなく、わたしに与えてくださった人々
のためにお願いします。彼らはあなたの
ものだからです。

10 わたしのものはすべてあなたのもの、あ
なたのものはわたしのものです。わたし
は彼らによって栄光を受けました。

11 わたしは、もはや世にはいません。彼ら
は世に残りますが、わたしはみもとに参
ります。聖なる父よ、わたしに与えてく
ださった御名によって彼らを守ってくだ
さい。わたしたちのように、彼らも一つ
となるためです。

12 わたしは彼らと一緒にいる間、あなたが
与えてくださった御名によって彼らを守
りました。わたしが保護したので、滅び
の子のほかは、だれも滅びませんでし
た。聖書が実現するためです。

13 しかし、今、わたしはみもとに参りま
す。世にいる間に、これらのことを語る
のは、わたしの喜びが彼らの内に満ちあ
ふれるようになるためです。

14 わたしは彼らに御言葉を伝えましたが、
世は彼らを憎みました。わたしが世に属
していないように、彼らも世に属してい
ないからです。

8 I told my followers what you told me, and they accepted it. They know I came from you, and they believe you are the one who sent me.

9 I am praying for them, but not for those who belong to this world.[e] My followers belong to you, and I am praying for them.

10 All I have is yours, and all you have is mine, and they will bring glory to me.

11 Holy Father, I am no longer in the world. I am coming to you, but my followers are still in the world. So keep them safe by the power of the name you have given me. Then they will be one with each other, just as you and I are one.

12 * While I was with them, I kept them safe by the power you have given me. I guarded them, and not one of them was lost, except the one who had to be lost. This happened so that what the Scriptures say would come true.

13 I am on my way to you. But I say these things while I am still in the world, so my followers will have the same complete joy that I do.

14 I have told them your message. But the people of this world hate them, because they don't belong to this world, just as I don't.

8 我把你所给我的信息给了他们，他们也领受了。他们确实知道我是从你那里来的，也信是你差遣了我。

9 「我为他们祈求；我不为世人祈求，而是为你所赐给我的人祈求，因为他们是属于你的。

10 我所有的，都是你的；你所有的，也都是我的。我的荣耀是藉着他们彰显出来的。

11 我现在到你那里去，不再留在世上，他们却在世上。圣父啊！求你藉着你的名，就是你赐给我的名，保守他们【19】），使他们合而为一，如同你和我是合一的。

12 我与他们同在的时候，我藉着你的名，就是你赐给我的名，保守他们【20】）。我保护他们，其中除了注定灭亡的那个人以外，没有一个失掉的；这正应验了圣经的话。

13 现在，我到你那里去，我还在世上的时候说这些话，为要使他们心里充满我的喜乐。

14 我把你的信息给了他们；世人憎恨他们，因为他们不属于这世界，正如我不属于这世界一样。

e) world: See the note at 12.31.
*Ps 41.9; Jn 13.18.

【19】「求你藉着你的名，就是你赐给我的名，保守他们」另有些古卷作「求你藉着你的名的权力，保守你所赐给我的那些人」。

【20】「我藉着你的名，就是你赐给我的名，保守他们」另有些古卷作「我藉着你的名的权力，保守了你所赐给我的那些人」。

15 내가 비옵는 것은 그들을 세상에서
　　데려가시기를 위함이 아니요 다만 악에
　　빠지지 않게 보전하시기를 위함이니이다

16 내가 세상에 속하지 아니함 같이 그들도
　　세상에 속하지 아니하였사옵나이다

17 그들을 진리로 거룩하게 하옵소서 아버지의
　　말씀은 진리니이다

18 아버지께서 나를 세상에 보내신 것 같이
　　나도 그들을 세상에 보내었고

19 또 그들을 위하여 내가 나를 거룩하게
　　하오니 이는 그들도 진리로 거룩함을 얻게
　　하려 함이니이다

20 내가 비옵는 것은 이 사람들만 위함이
　　아니요 또 그들의 말로 말미암아 나를 믿는
　　사람들도 위함이니

21 아버지여, 아버지께서 내 안에, 내가 아버지
　　안에 있는 것 같이 그들도 다 하나가 되어
　　우리 안에 있게 하사 세상으로 아버지께서
　　나를 보내신 것을 믿게 하옵소서

22 내게 주신 영광을 내가 그들에게
　　주었사오니 이는 우리가 하나가 된 것 같이
　　그들도 하나가 되게 하려 함이니이다

23 곧 내가 그들 안에 있고 아버지께서 내
　　안에 계시어 그들로 온전함을 이루어
　　하나가 되게 하려 함은 아버지께서 나를
　　보내신 것과 또 나를 사랑하심 같이
　　그들도 사랑하신 것을 세상으로 알게 하려
　　함이로소이다

15 わたしがお願いするのは、彼らを世から
　　取り去ることではなく、悪い者から守っ
　　てくださることです。

16 わたしが世に属していないように、彼ら
　　も世に属していないのです。

17 真理によって、彼らを聖なる者としてく
　　ださい。あなたの御言葉は真理です。

18 わたしを世にお遣わしになったように、
　　わたしも彼らを世に遣わしました。

19 彼らのために、わたしは自分自身をささ
　　げます。彼らも、真理によってささげら
　　れた者となるためです。

20 また、彼らのためだけでなく、彼らの言
　　葉によってわたしを信じる人々のために
　　も、お願いします。

21 父よ、あなたがわたしの内におられ、わ
　　たしがあなたの内にいるように、すべて
　　の人を一つにしてください。彼らもわた
　　したちの内にいるようにしてください。
　　そうすれば、世は、あなたがわたしをお
　　遣わしになったことを、信じるようにな
　　ります。

22 あなたがくださった栄光を、わたしは彼
　　らに与えました。わたしたちが一つであ
　　るように、彼らも一つになるためです。

23 わたしが彼らの内におり、あなたがわた
　　しの内におられるのは、彼らが完全に一
　　つになるためです。こうして、あなたが
　　わたしをお遣わしになったこと、また、
　　わたしを愛しておられたように、彼らを
　　も愛しておられたことを、世が知るよう
　　になります。

15 Father, I don't ask you to take my followers out of the world, but keep them safe from the evil one.

16 They don't belong to this world, and neither do I.

17 Your word is the truth. So let this truth make them completely yours.

18 I am sending them into the world, just as you sent me.

19 I have given myself completely for their sake, so they may belong completely to the truth.

20 I am not praying just for these followers. I am also praying for everyone else who will have faith because of what my followers will say about me.

21 I want all of them to be one with each other, just as I am one with you and you are one with me. I also want them to be one with us. Then the people of this world will believe that you sent me.

22 I have honored my followers in the same way you honored me, in order that they may be one with each other, just as we are one.

23 I am one with them, and you are one with me, so they may become completely one. Then this world's people will know that you sent me. They will know that you love my followers as much as you love me.

---

15 我不求你从世上把他们带走，但我求你使他们脱离那邪恶者。

16 正如我不属于世界，他们也不属于世界。

17 求你藉着真理使他们把自己奉献给你；你的话就是真理。

18 正如你差遣我进入世界，我也差遣他们进入世界。

19 为了他们的缘故，我把自己奉献给你，好使他们也真诚地奉献给你。

20 「我不但为他们祈求，也为那些因接受他们的信息而信我的人祈求。

21 愿他们都合而为一。父亲哪，愿他们在我们的生命里；正如你在我生命里，我在你生命里一样。愿他们都合而为一，为要使世人信我是你所差遣的。

22 你给我的荣耀，我也给了他们，为要使他们合而为一，像我们合而为一一样。

23 我在他们的生命里，而你在我的生命里，为要使他们完全合一，好让世人知道你差遣我，也知道你爱他们，像你爱我一样。

24 아버지여 내게 주신 자도 나 있는 곳에
　　나와 함께 있어 아버지께서 창세 전부터
　　나를 사랑하시므로 내게 주신 나의 영광을
　　그들로 보게 하시기를 원하옵나이다

25 의로우신 아버지여 세상이 아버지를 알지
　　못하여도 나는 아버지를 알았사옵고 그들도
　　아버지께서 나를 보내신 줄 알았사옵나이다

26 내가 아버지의 이름을 그들에게 알게
　　하였고 또 알게 하리니 이는 나를 사랑하신
　　사랑이 그들 안에 있고 나도 그들 안에 있게
　　하려 함이니이다

24 父よ、わたしに与えてくださった人々
　　を、わたしのいる所に、共におらせてく
　　ださい。それは、天地創造の前からわた
　　しを愛して、与えてくださったわたしの
　　栄光を、彼らに見せるためです。

25 正しい父よ、世はあなたを知りません
　　が、わたしはあなたを知っており、この
　　人々はあなたがわたしを遣わされたこと
　　を知っています。

26 わたしは御名を彼らに知らせました。ま
　　た、これからも知らせます。わたしに対
　　するあなたの愛が彼らの内にあり、わた
　　しも彼らの内にいるようになるためで
　　す。」

24 Father, I want everyone you have given me to be with me, wherever I am. Then they will see the glory you have given me, because you loved me before the world was created.

25 Good Father, the people of this world don't know you. But I know you, and my followers know that you sent me.

26 I told them what you are like, and I will tell them even more. Then the love you have for me will become part of them, and I will be one with them.

24 「父亲哪，你已经把他们赐给我；我在哪里，愿他们也跟我同 在那里，为要使他们看见你赐给我的荣耀；因为在创 世之前，你已经爱我了。

25 公义的父亲哪，世人不认识你，但我认识你。这些人知道你差 遣了我。

26 我已经把你 显 明 给他们；我将继续这样做，为要使你对我的爱能 生 长 在他们的 生 命 里，我也在他们的 生 命里。」

제 18 장

잡히시다(마 26:47-56; 막 14:43-50; 눅 22:47-53)

1 예수께서 이 말씀을 하시고 제자들과 함께 기드론 시내 건너편으로 나가시니 그 곳에 동산이 있는데 제자들과 함께 들어가시니라

2 그 곳은 가끔 예수께서 제자들과 모이시는 곳이므로 예수를 파는 유다도 그 곳을 알더라

3 유다가 군대와 대제사장들과 바리새인들에게서 얻은 아랫사람들을 데리고 등과 횃불과 무기를 가지고 그리로 오는지라

4 예수께서 그 당할 일을 다 아시고 나아가 이르시되 너희가 누구를 찾느냐

5 대답하되 나사렛 예수라 하거늘 이르시되 내가 그니라 하시니라 그를 파는 유다도 그들과 함께 섰더라

6 예수께서 그들에게 내가 그니라 하실 때에 그들이 물러가서 땅에 엎드러지는지라

7 이에 다시 누구를 찾느냐고 물으신대 그들이 말하되 나사렛 예수라 하거늘

8 예수께서 대답하시되 너희에게 내가 그니라 하였으니 나를 찾거든 이 사람들이 가는 것은 용납하라 하시니

第18章

裏切られ、逮捕される（マタ26 47―56、マコ14 43―50、ルカ22 47―53）

1 こう話し終えると、イエスは弟子たちと一緒に、キドロンの谷の向こうへ出て行かれた。そこには園があり、イエスは弟子たちとその中に入られた。

2 イエスを裏切ろうとしていたユダも、その場所を知っていた。イエスは、弟子たちと共に度々ここに集まっておられたからである。

3 それでユダは、一隊の兵士と、祭司長たちやファリサイ派の人々の遣わした下役たちを引き連れて、そこにやって来た。松明やともし火や武器を手にしていた。

4 イエスは御自分の身に起こることを何もかも知っておられ、進み出て、「だれを捜しているのか」と言われた。

5 彼らが「ナザレのイエスだ」と答えると、イエスは「わたしである」と言われた。イエスを裏切ろうとしていたユダも彼らと一緒にいた。

6 イエスが「わたしである」と言われたとき、彼らは後ずさりして、地に倒れた。

7 そこで、イエスが「だれを捜しているのか」と重ねてお尋ねになると、彼らは「ナザレのイエスだ」と言った。

8 すると、イエスは言われた。「『わたしである』と言ったではないか。わたしを捜しているのなら、この人々は去らせなさい。」

18

Jesus Is Betrayed and Arrested
(Matthew 26.47-56; Mark 14.43-50; Luke 22.47-53)

1 When Jesus had finished praying, he and his disciples crossed the Kidron Valley and went into a garden. [f]

2 Jesus had often met there with his disciples, and Judas knew where the place was.

3-5 Judas had promised to betray Jesus. So he went to the garden with some Roman soldiers and temple police, who had been sent by the chief priests and the Pharisees. They carried torches, lanterns, and weapons. Jesus already knew everything that was going to happen, but he asked, "Who are you looking for?" They answered, "We are looking for Jesus from Nazareth!" Jesus told them, "I am Jesus!" [g]

6 At once they all backed away and fell to the ground.

7 Jesus again asked, "Who are you looking for?" "We are looking for Jesus from Nazareth," they answered.

8 This time Jesus replied, "I have already told you that I am Jesus. If I am the one you are looking for, let these others go.

第 18 章

耶稣被捕

（太 26・47 — 56；可 14・43 — 50；路 22・47 — 53）

1 耶稣这样祷告后，和门徒一道出去，过了汲沦溪。那地方有一个园子，耶稣和门徒都进去。

2 出卖耶稣的犹大也知道那地方，因为耶稣常和他的门徒在那里聚集。

3 犹大引了一队罗马兵，会同祭司长和法利赛人所派遣的圣殿警卫队走进园子里。他们都带着武器，也拿着灯笼和火把。

4 耶稣知道将要发生在他身上的一切事，所以上前问他们：「你们找谁？」

5 他们回答：「拿撒勒人耶稣。」耶稣说：「我就是。」那时，出卖耶稣的犹大也跟他们站在一起。

6 耶稣一说「我就是」，他们都倒退，跌在地上。

7 耶稣再一次问：「你们找谁？」他们回答：「拿撒勒人耶稣。」

8 耶稣说：「我已经告诉你们，我就是。如果你们找的是我，就让这些人走吧。」

---

f) garden: The Greek word is usually translated "garden," but probably referred to an olive orchard.
g) I am Jesus: The Greek text has "I am" (see the note at 8.24).

9　이는 아버지께서 내게 주신 자 중에서
하나도 잃지 아니하였사옵나이다 하신
말씀을 응하게 하려 함이러라

10　이에 시몬 베드로가 칼을 가졌는데 그것을
빼어 대제사장의 종을 쳐서 오른편 귀를
베어버리니 그 종의 이름은 말고라

11　예수께서 베드로더러 이르시되 칼을 칼집에
꽂으라 아버지께서 주신 잔을 내가 마시지
아니하겠느냐 하시니라

**안나스에게로 끌고 가다(마 26:57-58; 막
14:53-54; 눅 22:54)**

12　이에 군대와 천부장과 유대인의
아랫사람들이 예수를 잡아 결박하여

13　먼저 안나스에게로 끌고 가니 안나스는 그
해의 대제사장인 가야바의 장인이라

14　가야바는 유대인들에게 한 사람이 백성을
위하여 죽는 것이 유익하다고 권고하던
자러라

**베드로가 제자가 아니라고 하다(마
26:69-70; 막 14:66-68; 눅 22:55-57)**

15　시몬 베드로와 또 다른 제자 한 사람이
예수를 따르니 이 제자는 대제사장과 아는
사람이라 예수와 함께 대제사장의 집 뜰에
들어가고

9　それは、「あなたが与えてくださった人
を、わたしは一人も失いませんでした」
と言われたイエスの言葉が実現するため
であった。

10　シモン・ペトロは剣を持っていたので、
それを抜いて大祭司の手下に打ってかか
り、その右の耳を切り落とした。手下の
名はマルコスであった。

11　イエスはペトロに言われた。「剣をさや
に納めなさい。父がお与えになった　杯
は、飲むべきではないか。」

**イエス、大祭司のもとに連行される（マ
タ26 57―58、マコ14 53―54、ルカ22
54）**

12　そこで一隊の兵士と千人隊長、およびユ
ダヤ人の下役たちは、イエスを捕らえて
縛り、

13　まず、アンナスのところへ連れて行っ
た。彼が、その年の大祭司カイアファの
しゅうとだったからである。

14　一人の人間が民の代わりに死ぬ方が好都
合だと、ユダヤ人たちに助言したのは、
このカイアファであった。

**ペトロ、イエスを知らないと言う（マタ
26 69―70、マコ14 66―68、ルカ22 55
―57）**

15　シモン・ペトロともう一人の弟子は、イ
エスに従った。この弟子は大祭司の知り
合いだったので、イエスと一緒に大祭司
の屋敷の中庭に入ったが、

9 Then everything will happen, just as I said, 'I did not lose anyone you gave me.'"

10 Simon Peter had brought along a sword. He pulled it out and struck at Malchus, the servant of the high priest, cutting off his right ear.

11 * Jesus told Peter, "Put your sword away. I must drink from the cup[h] that the Father has given me."

Jesus Is Brought to Annas
(Matthew 26.57,58; Mark 14.53,54; Luke 22.54)

12 The Roman officer and his men, together with the temple police, arrested Jesus and tied him up.

13 They took him first to Annas, who was the father-in-law of Caiaphas, the high priest that year.

14 * This was the same Caiaphas who had told the Jewish leaders, "It is better if one person dies for the people."

Peter Says He Doesn't Know Jesus
(Matthew 26.69,70; Mark 14.66-68; Luke 22.55-57)

15 Simon Peter and another disciple followed Jesus. That disciple knew the high priest, and he followed Jesus into the courtyard of the high priest's house.

---

9 耶稣这样说，正应验了他从前说过的话：「父亲哪，你赐给我的人，我一个也没有失落。」

10 西门·彼得带着一把刀；他抽出刀来，向大祭司的奴仆马勒古砍去，砍掉他的右耳。

11 耶稣对彼得说：「把刀收起来！你以为我不愿意喝我父亲给我的苦杯吗?」

在亚那面前

12 那一队罗马兵和队长，连同犹太人的圣殿警卫拿住耶稣，绑了起来，

13 先把他解送到亚那面前；亚那是当年的大祭司该亚法的岳父。

14 这该亚法曾经向犹太人建议，说让一个人替全民死是一件合算的事。

彼得不认耶稣

（太 26·69 — 70；可 14·66 — 68；路 22·55 — 57）

15 西门·彼得和另一个门徒跟着耶稣；那门徒是大祭司所熟悉的，所以跟着耶稣进了大祭司的院子。

---

*Mt 26.39; Mk 14.35,36; Lk 22.42.

h) drink from the cup: In the Scriptures a cup is sometimes used as a symbol of suffering. To "drink from the cup" is to suffer.

*Jn 11.49,50.

16 베드로는 문 밖에 서 있는지라 대제사장을 아는 그 다른 제자가 나가서 문 지키는 여자에게 말하여 베드로를 데리고 들어오니

17 문 지키는 여종이 베드로에게 말하되 너도 이 사람의 제자 중 하나가 아니냐 하니 그가 말하되 나는 아니라 하고

18 그 때가 추운 고로 종과 아랫사람들이 불을 피우고 서서 쬐니 베드로도 함께 서서 쬐더라

대제사장이 예수에게 묻다(마 26:59-66; 막 14:55-64; 눅 22:66-71)

19 대제사장이 예수에게 그의 제자들과 그의 교훈에 대하여 물으니

20 예수께서 대답하시되 내가 드러내 놓고 세상에 말하였노라 모든 유대인들이 모이는 회당과 성전에서 항상 가르쳤고 은밀하게는 아무 것도 말하지 아니하였거늘

21 어찌하여 내게 묻느냐 내가 무슨 말을 하였는지 들은 자들에게 물어 보라 그들이 내가 하던 말을 아느니라

22 이 말씀을 하시매 곁에 섰던 아랫사람 하나가 손으로 예수를 쳐 이르되 네가 대제사장에게 이같이 대답하느냐 하니

23 예수께서 대답하시되 내가 말을 잘못하였으면 그 잘못한 것을 증언하라 바른 말을 하였으면 네가 어찌하여 나를 치느냐 하시더라

16 ペトロは門の外に立っていた。大祭司の知り合いである、そのもう一人の弟子は、出て来て門番の女に話し、ペトロを中に入れた。

17 門番の女中はペトロに言った。「あなたも、あの人の弟子の一人ではありませんか。」ペトロは、「違う」と言った。

18 僕や下役たちは、寒かったので炭火をおこし、そこに立って火にあたっていた。ペトロも彼らと一緒に立って、火にあたっていた。

大祭司、イエスを尋問する（マタ26 59—66、マコ14 55—64、ルカ22 66—71）

19 大祭司はイエスに弟子のことや教えについて尋ねた。

20 イエスは答えられた。「わたしは、世に向かって公然と話した。わたしはいつも、ユダヤ人が皆集まる会堂や神殿の境内で教えた。ひそかに話したことは何もない。

21 なぜ、わたしを尋問するのか。わたしが何を話したかは、それを聞いた人々に尋ねるがよい。その人々がわたしの話したことを知っている。」

22 イエスがこう言われると、そばにいた下役の一人が、「大祭司に向かって、そんな返事のしかたがあるか」と言って、イエスを平手で打った。

23 イエスは答えられた。「何か悪いことをわたしが言ったのなら、その悪いところを証明しなさい。正しいことを言ったのなら、なぜわたしを打つのか。」

16 Peter stayed outside near the gate. But the other disciple came back out and spoke to the girl at the gate. She let Peter go in,

17 but asked him, "Aren't you one of that man's followers?" "No, I am not!" Peter answered.

18 It was cold, and the servants and temple police had made a charcoal fire. They were warming themselves around it, when Peter went over and stood near the fire to warm himself.

Jesus Is Questioned by the High Priest
(Matthew 26.59-66; Mark 14.55-64; Luke 22.66-71)

19 The high priest questioned Jesus about his followers and his teaching.

20 But Jesus told him, "I have spoken freely in front of everyone. And I have always taught in our synagogues and in the temple, where all of our people come together. I have not said anything in secret.

21 Why are you questioning me? Why don't you ask the people who heard me? They know what I have said."

22 As soon as Jesus said this, one of the temple police hit him and said, "That's no way to talk to the high priest!"

23 Jesus answered, "If I have done something wrong, say so. But if not, why did you hit me?"

16 彼得留在 门外。那个跟大祭司相 识的门徒再出来，对看门的女孩子说了一声，然后带彼得进去。

17 看门的女孩子指着彼得，说：「你不也是那个人的门徒吗？」彼得说：「我不是!」

18 当时天气寒冷，那些仆人和警卫生 了炭火，大家站着取暖；彼得也 上 前，跟他们一起站 着取暖。

大祭司盘问耶稣
（太 26 · 59 — 66；可 14 · 55— 64；路 22 · 66 — 71）

19 大祭司盘问耶稣有关他的门徒和他的教导 等事情。

20 耶稣回答：「我对人 讲 话一向 都是公 开的。我 常 在会 堂和 圣 殿里，那些犹太人聚会的 场 所，教导人，从来没有暗地里讲 什么。

21 你为 什么盘问我呢？去问那些听 过我 说 话的人吧，他们知道我 讲过 什么。」

22 耶稣说了这话，旁 边 的一个警卫打了他一巴掌，说：「你竟敢这 样回答大祭司!」

23 耶稣说：「我若说 错了，你尽管指出我的错处，若是对，你为什么打我？」

24 안나스가 예수를 결박한 그대로 대제사장 가야바에게 보내니라

베드로가 다시 제자가 아니라고 하다(마 26:71-75; 막 14:69-72; 눅 22:58-62)

25 시몬 베드로가 서서 불을 쬐더니 사람들이 묻되 너도 그 제자 중 하나가 아니냐 베드로가 부인하여 이르되 나는 아니라 하니

26 대제사장의 종 하나는 베드로에게 귀를 잘린 사람의 친척이라 이르되 네가 그 사람과 함께 동산에 있는 것을 내가 보지 아니하였느냐

27 이에 베드로가 또 부인하니 곧 닭이 울더라

빌라도 앞에 서시다(마 27:1-2, 11-14; 막 15:1-5; 눅 23:1-5)

28 그들이 예수를 가야바에게서 관정으로 끌고 가니 새벽이라 그들은 더럽힘을 받지 아니하고 유월절 잔치를 먹고자 하여 관정에 들어가지 아니하더라

29 그러므로 빌라도가 밖으로 나가서 그들에게 말하되 너희가 무슨 일로 이 사람을 고발하느냐

30 대답하여 이르되 이 사람이 행악자가 아니었더라면 우리가 당신에게 넘기지 아니하였겠나이다

24 アンナスは、イエスを縛ったまま、大祭司カイアファのもとに送った。

ペトロ、重ねてイエスを知らないと言う（マタ26 71—75、マコ14 69—72、ルカ22 58—62）

25 シモン・ペトロは立って火にあたっていた。人々が、「お前もあの男の弟子の一人ではないのか」と言うと、ペトロは打ち消して、「違う」と言った。

26 大祭司の僕の一人で、ペトロに片方の耳を切り落とされた人の身内の者が言った。「園であの男と一緒にいるのを、わたしに見られたではないか。」

27 ペトロは、再び打ち消した。するとすぐ、鶏が鳴いた。

ピラトから尋問される（マタ27 1—2、11—14、マコ15 1—5、ルカ23 1—5）

28 人々は、イエスをカイアファのところから総督官邸に連れて行った。明け方であった。しかし、彼らは自分では官邸に入らなかった。汚れないで過越の食事をするためである。

29 そこで、ピラトが彼らのところへ出て来て、「どういう罪でこの男を訴えるのか」と言った。

30 彼らは答えて、「この男が悪いことをしていなかったら、あなたに引き渡しはしなかったでしょう」と言った。

24 Jesus was still tied up, and Annas sent him to Caiaphas the high priest.

Peter Again Denies that He Knows Jesus
(Matthew 26.71-75; Mark 14.69-72; Luke 22.58-62)

25 While Simon Peter was standing there warming himself, someone asked him, "Aren't you one of Jesus' followers?"
Again Peter denied it and said, "No, I am not!"

26 One of the high priest's servants was there. He was a relative of the servant whose ear Peter had cut off, and he asked, "Didn't I see you in the garden with that man?"

27 Once more Peter denied it, and right then a rooster crowed.

Jesus Is Tried by Pilate
(Matthew 27.1,2,11-14; Mark 15.1-5; Luke 23.1-5)

28 It was early in the morning when Jesus was taken from Caiaphas to the building where the Roman governor stayed. But the crowd waited outside. Any of them who had gone inside would have become unclean and would not be allowed to eat the Passover meal.[i]

29 Pilate came out and asked, "What charges are you bringing against this man?"

30 They answered, "He is a criminal! That's why we brought him to you."

24 这时候耶稣仍然被绑着，亚那又把他解送到大祭司该亚法那里去。

彼得再不认耶稣
（太 26・71 — 75；可 14・69 — 72；路 22・58 — 62）

25 这时候，西门·彼得还站着取暖。有人对他说：「你不也是那个人的门徒吗?」
彼得否认说：「我不是!」

26 有一个大祭司的奴仆，是被彼得砍掉耳朵那人的亲戚，说：「我不是看见你跟那个人在园子里吗?」

27 彼得又说：「不是!」就在这时候，鸡叫了。

在彼拉多面前受审
（太 27・1—2，11 — 14；可 15・1—5；路 23・1—5）

28 他们从该亚法的府邸把耶稣押到总督府。那时候天已破晓。犹太人的领袖没有进总督府里面去，他们要在节期里保持洁净，为了要吃逾越节的筵席。

29 于是彼拉多出来，问他们：「你们拿什么罪名控告这个人?」

30 他们回答：「如果他没有做坏事，我们不会把他带到你这里来。」

---

i) would have become unclean and would not be allowed to eat the Passover meal: Jewish people who came in close contact with foreigners right before Passover were not allowed to eat the Passover meal.

31 빌라도가 이르되 너희가 그를 데려다가 너희 법대로 재판하라 유대인들이 이르되 우리에게는 사람을 죽이는 권한이 없나이다 하니

32 이는 예수께서 자기가 어떠한 죽음으로 죽을 것을 가리켜 하신 말씀을 응하게 하려 함이러라

33 이에 빌라도가 다시 관정에 들어가 예수를 불러 이르되 네가 유대인의 왕이냐

34 예수께서 대답하시되 이는 네가 스스로 하는 말이냐 다른 사람들이 나에 대하여 네게 한 말이냐

35 빌라도가 대답하되 내가 유대인이냐 네 나라 사람과 대제사장들이 너를 내게 넘겼으니 네가 무엇을 하였느냐

36 예수께서 대답하시되 내 나라는 이 세상에 속한 것이 아니니라 만일 내 나라가 이 세상에 속한 것이었더라면 내 종들이 싸워 나로 유대인들에게 넘겨지지 않게 하였으리라 이제 내 나라는 여기에 속한 것이 아니니라

37 빌라도가 이르되 그러면 네가 왕이 아니냐 예수께서 대답하시되 네 말과 같이 내가 왕이니라 내가 이를 위하여 태어났으며 이를 위하여 세상에 왔나니 곧 진리에 대하여 증언하려 함이로라 무릇 진리에 속한 자는 내 음성을 듣느니라 하신대

31 ピラトが、「あなたたちが引き取って、自分たちの律法に従って裁け」と言うと、ユダヤ人たちは、「わたしたちには、人を死刑にする権限がありません」と言った。

32 それは、御自分がどのような死を遂げるかを示そうとして、イエスの言われた言葉が実現するためであった。

33 そこで、ピラトはもう一度官邸に入り、イエスを呼び出して、「お前がユダヤ人の王なのか」と言った。

34 イエスはお答えになった。「あなたは自分の考えで、そう言うのですか。それとも、ほかの者がわたしについて、あなたにそう言ったのですか。」

35 ピラトは言い返した。「わたしはユダヤ人なのか。お前の同胞や祭司長たちが、お前をわたしに引き渡したのだ。いったい何をしたのか。」

36 イエスはお答えになった。「わたしの国は、この世には属していない。もし、わたしの国がこの世に属していれば、わたしがユダヤ人に引き渡されないように、部下が戦ったことだろう。しかし、実際、わたしの国はこの世には属していない。」

37 そこでピラトが、「それでは、やはり王なのか」と言うと、イエスはお答えになった。「わたしが王だとは、あなたが言っていることです。わたしは真理について証しをするために生まれ、そのためにこの世に来た。真理に属する人は皆、わたしの声を聞く。」

31 Pilate told them, "Take him and judge him by your own laws." The crowd replied, "We are not allowed to put anyone to death."

32 * And so what Jesus said about his death[j] would soon come true.

33 Pilate then went back inside. He called Jesus over and asked, "Are you the king of the Jews?"

34 Jesus answered, "Are you asking this on your own or did someone tell you about me?"

35 "You know I'm not a Jew!" Pilate said. "Your own people and the chief priests brought you to me. What have you done?"

36 Jesus answered, "My kingdom doesn't belong to this world. If it did, my followers would have fought to keep me from being handed over to our leaders. No, my kingdom doesn't belong to this world."

37 "So you are a king," Pilate replied.

"You are saying that I am a king," Jesus told him. "I was born into this world to tell about the truth. And everyone who belongs to the truth knows my voice."

31 彼拉多对他们 说：「你们自己把他带走，按照你们的法律审 判他好啦。」他们说：「可是我们 没有 权判人死刑。」

32 这 应 验了耶稣所说、自己 将 怎样死的那句话。

33 彼拉多又进总督府内，叫耶稣来，问他：「你是犹太人的王 吗？」

34 耶稣回答：「你问这话是出于你自己，或是听别人谈论到我呢？」

35 彼拉多说：「你以为我是犹太人吗？是你本国的人和祭司 长们把你交给我的。你做了什么事呢？」

36 耶稣说：「我的国度不属这世界；如果我的国度属这世界，我的臣 民一定 为我 争 战，使我不至于落在犹太人手里。不，我的国度不属于这世界!」

37 彼拉多说：「那么，你是 王了？」耶稣回答：「我是王，这是你说的。我的使 命是为真理作证，我为此而生，也为此来到世上。凡是属于真理的人一定 听我的话。」

---

*Jn 3.14; 12.32.

j) about his death: Jesus had said that he would die by being "lifted up," which meant that he would die on a cross. The Romans killed criminals by nailing them on a cross, but they did not let the Jews kill anyone in this way.

38 빌라도가 이르되 진리가 무엇이냐 하더라

십자가에 못 박도록 예수를 넘겨 주다(마 27:15-31; 막 15:6-20; 눅 23:13-25)

이 말을 하고 다시 유대인들에게 나가서 이르되 나는 그에게서 아무 죄도 찾지 못하였노라

39 유월절이면 내가 너희에게 한 사람을 놓아 주는 전례가 있으니 그러면 너희는 내가 유대인의 왕을 너희에게 놓아 주기를 원하느냐 하니

40 그들이 또 소리 질러 이르되 이 사람이 아니라 바라바라 하니 바라바는 강도였더라

38　ピラトは言った。「真理とは何か。」

死刑の判決を受ける（マタ27 15―31、マコ15 6―20、ルカ23 13―25）

ピラトは、こう言ってからもう一度、ユダヤ人たちの前に出て来て言った。「わたしはあの男に何の罪も見いだせない。

39　ところで、過越祭にはだれか一人をあなたたちに釈放するのが慣例になっている。あのユダヤ人の王を釈放してほしいか。」

40　すると、彼らは、「その男ではない。バラバを」と大声で言い返した。バラバは強盗であった。

38   Pilate asked Jesus, "What is truth?"

Jesus Is Sentenced to Death (Matthew 27.15-31; Mark 15.6-20; Luke 23.13-25)

Pilate went back out and said, "I don't find this man guilty of anything!

39   And since I usually set a prisoner free for you at Passover, would you like for me to set free the king of the Jews?"

40   They shouted, "No, not him! We want Barabbas." Now Barabbas was a terrorist.[k]

---

38   彼拉多问：「真理是什么?」

耶稣被判死刑

（太 27・15 — 31；可 15・6 — 20；路 23・13 — 25）

彼拉多又出来，对犹太人说：「我查不出这个人有 什 么罪名。

39   但是你们有个惯例，要我在逾越节为你们释放一个囚犯。你们要我为你们 释放犹太人的王 吗?」

40   他们 又大喊：「不要他！我们要巴拉巴!」（巴拉巴是个暴徒。）

---

k) terrorist: Someone who stirred up trouble against the Romans in the hope of gaining freedom for the Jewish people.

제 19 장

1 이에 빌라도가 예수를 데려다가
채찍질하더라

2 군인들이 가시나무로 관을 엮어 그의
머리에 씌우고 자색 옷을 입히고

3 앞에 가서 이르되 유대인의 왕이여
평안할지어다 하며 손으로 때리더라

4 빌라도가 다시 밖에 나가 말하되 보라 이
사람을 데리고 너희에게 나오나니 이는
내가 그에게서 아무 죄도 찾지 못한 것을
너희로 알게 하려 함이로라 하더라

5 이에 예수께서 가시관을 쓰고 자색 옷을
입고 나오시니 빌라도가 그들에게 말하되
보라 이 사람이로다 하매

6 대제사장들과 아랫사람들이 예수를 보고
소리 질러 이르되 십자가에 못 박으소서
십자가에 못 박으소서 하는지라 빌라도가
이르되 너희가 친히 데려다가 십자가에
못 박으라 나는 그에게서 죄를 찾지
못하였노라

7 유대인들이 대답하되 우리에게 법이 있으니
그 법대로 하면 그가 당연히 죽을 것은 그가
자기를 하나님의 아들이라 함이니이다

8 빌라도가 이 말을 듣고 더욱 두려워하여

9 다시 관정에 들어가서 예수께 말하되 너는
어디로부터냐 하되 예수께서 대답하여 주지
아니하시는지라

第 19 章

1 そこで、ピラトはイエスを捕らえ、鞭で
打たせた。

2 兵士たちは茨で冠を編んでイエスの頭に
載せ、紫の服をまとわせ、

3 そばにやって来ては、「ユダヤ人の王、
万歳」と言って、平手で打った。

4 ピラトはまた出て来て、言った。「見
よ、あの男をあなたたちのところへ引き
出そう。そうすれば、わたしが彼に何
の罪も見いだせないわけが分かるだろ
う。」

5 イエスは茨の冠をかぶり、紫の服を着け
て出て来られた。ピラトは、「見よ、こ
の男だ」と言った。

6 祭司長たちや下役たちは、イエスを見る
と、「十字架につけろ。十字架につけ
ろ」と叫んだ。ピラトは言った。「あな
たたちが引き取って、十字架につけるが
よい。わたしはこの男に罪を見いだせな
い。」

7 ユダヤ人たちは答えた。「わたしたちに
は律法があります。律法によれば、この
男は死罪に当たります。神の子と自称し
たからです。」

8 ピラトは、この言葉を聞いてますます恐
れ、

9 再び総督官邸の中に入って、「お前はど
こから来たのか」とイエスに言った。し
かし、イエスは答えようとされなかっ
た。

19

1 Pilate gave orders for Jesus to be beaten with a whip.

2 The soldiers made a crown out of thorn branches and put it on Jesus. Then they put a purple robe on him.

3 They came up to him and said, "Hey, you king of the Jews!" They also hit him with their fists.

4 Once again Pilate went out. This time he said, "I will have Jesus brought out to you again. Then you can see for yourselves that I have not found him guilty."

5 Jesus came out, wearing the crown of thorns and the purple robe. Pilate said, "Here is the man!"[1]

6 When the chief priests and the temple police saw him, they yelled, "Nail him to a cross! Nail him to a cross!"

Pilate told them, "You take him and nail him to a cross! I don't find him guilty of anything."

7 The crowd replied, "He claimed to be the Son of God! Our law says that he must be put to death."

8 When Pilate heard this, he was terrified.

9 He went back inside and asked Jesus, "Where are you from?" But Jesus did not answer.

第 19 章

1 于是，彼拉多命令把耶稣带去，鞭打了。

2 兵士用荆棘编成一顶冠冕，戴在他头上，又给他穿上紫色的袍子。

3 他们上前对他说：「犹太人的王万岁！」然后用手掌打他。

4 彼拉多又出来对群众说：「好！我带他出来，让你们知道，我查不出他有什么罪名。」

5 于是耶稣出来，戴着荆棘的冠冕，穿着紫色的袍子。彼拉多对他们说：「瞧！这个人！」

6 那些祭司长和圣殿警卫一看见耶稣，大喊：「把他钉十字架！把他钉十字架！」

彼拉多对他们说：「你们自己带他去钉十字架吧。我查不出他有什么罪名。」

7 群众说：「我们有法律，根据那法律他是该死的，因为他自命为上帝的儿子。」

8 彼拉多听见他们这样说，更加害怕。

9 他再一次进总督府内，问耶稣：「你究竟是从哪里来的？」但是耶稣没有回答。

---

1) " Here is the man!": Or "Look at the man!"

10 빌라도가 이르되 내게 말하지 아니하느냐
내가 너를 놓을 권한도 있고 십자가에 못
박을 권한도 있는 줄 알지 못하느냐

11 예수께서 대답하시되 위에서 주지
아니하셨더라면 나를 해할 권한이
없었으리니 그러므로 나를 네게 넘겨 준
자의 죄는 더 크다 하시니라

12 이러하므로 빌라도가 예수를 놓으려고
힘썼으나 유대인들이 소리 질러 이르되 이
사람을 놓으면 가이사의 충신이 아니니이다
무릇 자기를 왕이라 하는 자는 가이사를
반역하는 것이니이다

13 빌라도가 이 말을 듣고 예수를 끌고 나가서
돌을 깐 뜰(히브리 말로 가바다)에 있는
재판석에 앉아 있더라

14 이 날은 유월절의 준비일이요 때는
1)제육시라 빌라도가 유대인들에게 이르되
보라 너희 왕이로다

15 그들이 소리 지르되 없이 하소서 없이
하소서 그를 십자가에 못 박게 하소서
빌라도가 이르되 내가 너희 왕을 십자가에
못 박으랴 대제사장들이 대답하되 가이사
외에는 우리에게 왕이 없나이다 하니

16 이에 예수를 십자가에 못 박도록 그들에게
넘겨 주니라

---

1) 낮 열두 시

10 そこで、ピラトは言った。「わたしに答
えないのか。お前を釈放する権限も、十
字架につける権限も、このわたしにある
ことを知らないのか。」

11 イエスは答えられた。「神から与えられ
ていなければ、わたしに対して何の権限
もないはずだ。だから、わたしをあなた
に引き渡した者の罪はもっと重い。」

12 そこで、ピラトはイエスを釈放しようと
努めた。しかし、ユダヤ人たちは叫ん
だ。「もし、この男を釈放するなら、あ
なたは皇帝の友ではない。王と自称する
者は皆、皇帝に背いています。」

13 ピラトは、これらの言葉を聞くと、イエ
スを外に連れ出し、ヘブライ語でガバ
タ、すなわち「敷石」という場所で、裁
判の席に着かせた。

14 それは過越祭の準備の日の、正午ごろで
あった。ピラトがユダヤ人たちに、「見
よ、あなたたちの王だ」と言うと、

15 彼らは叫んだ。「殺せ。殺せ。十字架に
つけろ。」ピラトが、「あなたたちの王
をわたしが十字架につけるのか」と言う
と、祭司長たちは、「わたしたちには、
皇帝のほかに王はありません」と答え
た。

16 そこで、ピラトは、十字架につけるため
に、イエスを彼らに引き渡した。

10 "Why won't you answer my question?" Pilate asked. "Don't you know I have the power to let you go free or to nail you to a cross?"

11 Jesus replied, "If God had not given you the power, you couldn't do anything at all to me. But the one who handed me over to you did something even worse."

12 Then Pilate wanted to set Jesus free. But the crowd again yelled, "If you set this man free, you are no friend of the Emperor! Anyone who claims to be a king is an enemy of the Emperor."

13 When Pilate heard this, he brought Jesus out. Then he sat down on the judge's bench at the place known as "The Stone Pavement." In Aramaic this pavement is called "Gabbatha."

14 It was about noon on the day before Passover, and Pilate said to the crowd, "Look at your king!"

15 "Kill him! Kill him!" they yelled. "Nail him to a cross!"

"So you want me to nail your king to a cross?" Pilate asked. The chief priests replied, "The Emperor is our king!"

16 Then Pilate handed Jesus over to be nailed to a cross.

---

10 彼拉多对他说：「你不回答我吗？你要知道，我有权释放你，也有权把你钉十字架。」

11 耶稣说：「只因上帝给你这权，你才有权办我。所以，把我交给你那个人的罪更重了。」

12 彼拉多听见这话，愈想要释放耶稣。可是群众叫喊说：「你释放他，你就不是皇上的朋友！谁自命为王，谁就是皇上的敌人。」

13 彼拉多听见他们说这样的话，就带耶稣出来，在名叫「石砌阶」（希伯来话叫加巴大）的地方开庭审问。

14 那天是逾越节的预备日，约在正午，彼拉多对群众说：「瞧！你们的王。」

15 他们就喊叫：「杀掉他！杀掉他！把他钉十字架！」彼拉多问他们：「要我把你们的王钉在十字架上吗？」祭司长们回答：「只有凯撒是我们的王！」

16 于是彼拉多把耶稣交给他们去钉十字架。

십자가에 못 박히시다(마 27:32-44; 막 15:21-32; 눅 23:26-43)

17 그들이 예수를 맡으매 예수께서 자기의 십자가를 지시고 해골(히브리 말로 골고다)이라 하는 곳에 나가시니

18 그들이 거기서 예수를 십자가에 못 박을새 다른 두 사람도 그와 함께 좌우편에 못 박으니 예수는 가운데 있더라

19 빌라도가 패를 써서 십자가 위에 붙이니 나사렛 예수 유대인의 왕이라 기록되었더라

20 예수께서 못 박히신 곳이 성에서 가까운 고로 많은 유대인이 이 패를 읽는데 히브리와 로마와 헬라 말로 기록되었더라

21 유대인의 대제사장들이 빌라도에게 이르되 유대인의 왕이라 쓰지 말고 자칭 유대인의 왕이라 쓰라 하니

22 빌라도가 대답하되 내가 쓸 것을 썼다 하니라

23 군인들이 예수를 십자가에 못 박고 그의 옷을 취하여 네 깃에 나눠 각각 한 깃씩 얻고 속옷도 취하니 이 속옷은 호지 아니하고 위에서부터 통으로 짠 것이라

十字架につけられる （マタ27 32—44、マコ15 21—32、ルカ23 26—43）

こうして、彼らはイエスを引き取った。

17 イエスは、自ら十字架を背負い、いわゆる「されこうべの場所」、すなわちヘブライ語でゴルゴタという所へ向かわれた。

18 そこで、彼らはイエスを十字架につけた。また、イエスと一緒にほかの二人をも、イエスを真ん中にして両側に、十字架につけた。

19 ピラトは罪状書きを書いて、十字架の上に掛けた。それには、「ナザレのイエス、ユダヤ人の王」と書いてあった。

20 イエスが十字架につけられた場所は都に近かったので、多くのユダヤ人がその罪状書きを読んだ。それは、ヘブライ語、ラテン語、ギリシア語で書かれていた。

21 ユダヤ人の祭司長たちがピラトに、「『ユダヤ人の王』と書かず、『この男は「ユダヤ人の王」と自称した』と書いてください」と言った。

22 しかし、ピラトは、「わたしが書いたものは、書いたままにしておけ」と答えた。

23 兵士たちは、イエスを十字架につけてから、その服を取り、四つに分け、各自に一つずつ渡るようにした。下着も取ってみたが、それには縫い目がなく、上から下まで一枚織りであった。

Jesus Is Nailed to a Cross
(Matthew 27.32-44; Mark 15.21-32; Luke 23.26-43)

Jesus was taken away,

17 and he carried his cross to a place known as "The Skull." [m] In Aramaic this place is called "Golgotha."

18 There Jesus was nailed to the cross, and on each side of him a man was also nailed to a cross.

19 Pilate ordered the charge against Jesus to be written on a board and put above the cross. It read, "Jesus of Nazareth, King of the Jews."

20 The words were written in Hebrew, Latin, and Greek. The place where Jesus was taken wasn't far from the city, and many of the people read the charge against him.

21 So the chief priests went to Pilate and said, "Why did you write that he is King of the Jews? You should have written, 'He claimed to be King of the Jews.' "

22 But Pilate told them, "What is written will not be changed!"

23 After the soldiers had nailed Jesus to the cross, they divided up his clothes into four parts, one for each of them. But his outer garment was made from a single piece of cloth, and it did not have any seams.

耶稣被钉十字架
（太 27・32 — 44；可 15・21 — 32；路 23・26 — 43）

他们把耶稣带走。

17 耶稣出来，背着自己的十字架，到了「髑髅冈」（希伯来话叫各各他。）

18 在那里，他们把他钉在十字架上；他们另外还钉了两个人，一边一个，耶稣在中间。

19 彼拉多写了一面牌子，叫人钉在十字架上。牌子上写着：「拿撒勒人耶稣，犹太人的王。」

20 许多人看见这牌子上所写的，因为耶稣被钉十字架的地方离城不远；而且这牌子是用希伯来、拉丁，和希腊三种文字写的。

21 犹太人的祭司长对彼拉多说：「请不要写『犹太人的王』，要写『这个人自称为犹太人的王』。」

22 彼拉多回答：「我所写的，不再更改！」

23 兵士把耶稣钉十字架后，拿他的外衣分为四份，每人一份。他们又拿他的内衣；这件内衣没有缝线，是用整块布织成的。

---

m) The Skull: The place was probably given this name because it was near a large rock in the shape of a human skull.

24 군인들이 서로 말하되 이것을 찢지 말고 누가 얻나 제비 뽑자 하니 이는 성경에 ㄱ)그들이 내 옷을 나누고 내 옷을 제비 뽑나이다 한 것을 응하게 하려 함이러라 군인들은 이런 일을 하고

25 예수의 십자가 곁에는 그 어머니와 이모와 글로바의 아내 마리아와 막달라 마리아가 섰는지라

26 예수께서 자기의 어머니와 사랑하시는 제자가 곁에 서 있는 것을 보시고 자기 어머니께 말씀하시되 여자여 보소서 아들이니이다 하시고

27 또 그 제자에게 이르시되 보라 네 어머니라 하신대 그 때부터 그 제자가 자기 집에 모시니라

영혼이 떠나가시다(마 27:45-56; 막 15:33-41; 눅 23:44-49)

28 그 후에 예수께서 모든 일이 이미 이루어진 줄 아시고 성경을 응하게 하려 하사 이르시되 ㄴ)내가 목마르다 하시니

29 거기 신 포도주가 가득히 담긴 그릇이 있는지라 사람들이 신 포도주를 적신 해면을 우슬초에 매어 예수의 입에 대니

30 예수께서 신 포도주를 받으신 후에 이르시되 다 이루었다 하시고 머리를 숙이니 영혼이 떠나가시니라

24 そこで、「これは裂かないで、だれのものになるか、くじ引きで決めよう」と話し合った。それは、
「彼らはわたしの服を分け合い、
わたしの衣服のことでくじを引いた」
という聖書の言葉が実現するためであった。兵士たちはこのとおりにしたのである。

25 イエスの十字架のそばには、その母と母の姉妹、クロパの妻マリアとマグダラのマリアとが立っていた。

26 イエスは、母とそのそばにいる愛する弟子とを見て、母に、「婦人よ、御覧なさい。あなたの子です」と言われた。

27 それから弟子に言われた。「見なさい。あなたの母です。」そのときから、この弟子はイエスの母を自分の家に引き取った。

イエスの死 （マタ27 45—56、マコ15 33—41、ルカ23 44—49）

28 この後、イエスは、すべてのことが今や成し遂げられたのを知り、「渇く」と言われた。こうして、聖書の言葉が実現した。

29 そこには、酸いぶどう酒を満たした器が置いてあった。人々は、このぶどう酒をいっぱい含ませた海綿をヒソプに付け、イエスの口もとに差し出した。

30 イエスは、このぶどう酒を受けると、「成し遂げられた」と言い、頭を垂れて息を引き取られた。

ㄱ) 시 22:18
ㄴ) 시 69:21

24 *The soldiers said to each other,
"Let's not rip it apart. We will
gamble to see who gets it." This
happened so the Scriptures would
come true, which say,
"They divided up my clothes
and gambled for my garments."
The soldiers then did what
they had decided.

25 Jesus' mother stood beside his
cross with her sister and Mary the
wife of Clopas. Mary Magdalene
was standing there too.[n]

26 When Jesus saw his mother
and his favorite disciple with
her, he said to his mother,
"This man is now your son."

27 Then he said to the disciple,
"She is now your mother."
From then on, that disciple
took her into his own home.

The Death of Jesus

(Matthew 27.45-56; Mark 15.33-41;

Luke 23.44-49)

28 Jesus knew that he had now
finished his work. And in order
to make the Scriptures come
true, he said, "I am thirsty!"

29 A jar of cheap wine was there.
Someone then soaked a sponge with
the wine and held it up to Jesus'
mouth on the stem of a hyssop plant.

30 After Jesus drank the wine, he
said, "Everything is done!" He
bowed his head and died.

24 所以，兵士彼此 商 量：「我们不要把
它撕开，我们 抽 签，看谁得着。」这
正 应验了 圣 经 上 所说的：他们 分
了我的外衣，又为我的内衣抽签。
兵士果 然做了这 样的事。

25 站在耶稣的十字架旁 边的，有耶稣的
母亲、他的姨母、革罗罢的妻子马利
亚，和抹大拉的马利亚。

26 耶稣看见他的母亲和他所 钟爱的门徒
站在 旁 边，就对他 母亲说：
「母亲，瞧，你的儿子!」

27 接着，他又对那个门徒说：「瞧，你的
母亲!」从那时起，那门徒接耶稣的母
亲到自己的家里住。

耶稣的死

（太 27・45 — 56；可 15・33 — 41；

路 23・44 —49）

28 耶稣知道一切事都 成 就了，为要 应
验 圣 经 上的话，就说：「我口渴。」

29 在那里有一个壶，盛 满着 酸酒；他们
就拿海绵浸了酸 酒，绑在牛膝草的杆
子上，送到他唇边。

30 耶稣尝 过后，说：「成了!」
于是他垂下头，气就 断了。

---

*Ps 22.18.

n) Jesus' mother stood beside his cross with her sister and Mary the wife of Clopas. Mary Magdalene was standing there too: The Greek
text may also be understood to include only three women ("Jesus' mother stood beside the cross with her sister, Mary the mother of
Clopas. Mary Magdalene was standing there too.") or merely two women ("Jesus' mother was standing there with her sister Mary of
Clopas, that is, Mary Magdalene."). "Of Clopas" may mean "daughter of" or "mother of."

창으로 옆구리를 찌르다

31 이 날은 준비일이라 유대인들은 그
　안식일이 큰 날이므로 그 안식일에
　시체들을 십자가에 두지 아니하려 하여
　빌라도에게 그들의 다리를 꺾어 시체를
　치워 달라 하니

32 군인들이 가서 예수와 함께 못 박힌 첫째
　사람과 또 그 다른 사람의 다리를 꺾고

33 예수께 이르러서는 이미 죽으신 것을 보고
　다리를 꺾지 아니하고

34 그 중 한 군인이 창으로 옆구리를 찌르니 곧
　피와 물이 나오더라

35 이를 본 자가 증언하였으니 그 증언이
　참이라 그가 자기의 말하는 것이 참인 줄
　알고 너희로 믿게 하려 함이니라

36 이 일이 일어난 것은 ㄱ)그 뼈가 하나도
　꺾이지 아니하리라 한 성경을 응하게 하려
　함이라

37 또 다른 성경에 ㄴ)그들이 그 찌른 자를
　보리라 하였느니라

새 무덤에 예수를 두다(마 27:57-61; 막 15:42-47; 눅 23:50-56)

38 아리마대 사람 요셉은 예수의 제자이나
　유대인이 두려워 그것을 숨기더니 이 일
　후에 빌라도에게 예수의 시체를 가져가기를
　구하매 빌라도가 허락하는지라 이에 가서
　예수의 시체를 가져가니라

イエスのわき腹を槍で突く

31 その日は準備の日で、翌日は特別の安息
　日であったので、ユダヤ人たちは、安息
　日に遺体を十字架の上に残しておかない
　ために、足を折って取り降ろすように、
　ピラトに願い出た。

32 そこで、兵士たちが来て、イエスと一緒
　に十字架につけられた最初の男と、もう
　一人の男との足を折った。

33 イエスのところに来てみると、既に死ん
　でおられたので、その足は折らなかった。

34 しかし、兵士の一人が槍でイエスのわき
　腹を刺した。すると、すぐ血と水とが流
　れ出た。

35 それを目撃した者が証ししており、その
　証しは真実である。その者は、あなたが
　たにも信じさせるために、自分が真実を
　語っていることを知っている。

36 これらのことが起こったのは、「その骨
　は一つも砕かれない」という聖書の言葉
　が実現するためであった。

37 また、聖書の別の所に、「彼らは、自分
　たちの突き刺した者を見る」とも書いて
　ある。

墓に葬られる（マタ27 57―61、マコ15 42―47、ルカ23 50―56）

38 その後、イエスの弟子でありながら、ユ
　ダヤ人たちを恐れて、そのことを隠して
　いたアリマタヤ出身のヨセフが、イエス
　の遺体を取り降ろしたいと、ピラトに願
　い出た。ピラトが許したので、ヨセフは
　行って遺体を取り降ろした。

ㄱ) 출 12:46; 민 9:12; 시 34:20
ㄴ) 슥 12:10

A Spear Is Stuck in Jesus' Side

31 The next day would be both a Sabbath and the Passover. It was a special day for the Jewish people,[o] and they did not want the bodies to stay on the crosses during this day. So they asked Pilate to break the men's legs[p] and take their bodies down.

32 The soldiers first broke the legs of the other two men who were nailed there.

33 But when they came to Jesus, they saw he was already dead, and they did not break his legs.

34 One of the soldiers stuck his spear into Jesus' side, and blood and water came out.

35 We know this is true, because it was told by someone who saw it happen. Now you can have faith too.

36 * All this happened so that the Scriptures would come true, which say, "No bone of his body will be broken"

37 * and "They will see the one in whose side they stuck a spear."

Jesus Is Buried

(Matthew 27.57-61; Mark 15.42-47; Luke 23.50-56)

38 Joseph from Arimathea was one of Jesus' disciples. He had kept it secret though, because he was afraid of the Jewish leaders. But now he asked Pilate to let him have Jesus' body. Pilate gave him permission, and Joseph took it down from the cross.

肋旁被刺

31 那天是预备日，就要到的安息日是个大节日；犹太人的领袖为要避免安息日有尸首留在十字架上，就去要求彼拉多叫人打断受刑者的腿，然后把尸首搬走。

32 兵士奉命去，把跟耶稣同钉十字架的头一个和另一个的腿打断。

33 他们走近耶稣，看见他已经死了，就没有打断他的腿。

34 但是，有一个兵士用枪刺他的肋旁，立刻有血和水流出来。

35 （这是亲眼看见这事的人可靠的见证；他知道他的见证是真实的，为要使你们也信。）

36 因为这事要应验圣经上所说的话：「他的骨头连一根也不可打断。」

37 另外有一段经文说：「他们要瞻望自己用枪刺了的人。」

耶稣的安葬

（太 27・57 — 61；可 15・42 — 47；路 23・50 — 56）

38 这些事过后，有一个亚利马太人约瑟向彼拉多请求，准他把耶稣的身体领去。（约瑟是耶稣的门徒，只因怕犹太人的领袖，不敢公开。）彼拉多准了他的请求，约瑟就把耶稣的身体领去。

---

o) a special day for the Jewish people: Passover could be any day of the week. But according to the Gospel of John, Passover was on a Sabbath in the year that Jesus was nailed to a cross.

p) break the men's legs: This was the way that the Romans sometimes speeded up the death of a person who had been nailed to a cross.

*Ex 12.46; Nu 9.12; Ps 34.20.

*Zec 12.10; Rev 1.7.

39 일찍이 예수께 밤에 찾아왔던 니고데모도 몰약과 침향 섞은 것을 백 [1]리트라쯤 가지고 온지라

40 이에 예수의 시체를 가져다가 유대인의 장례 법대로 그 향품과 함께 세마포로 쌌더라

41 예수께서 십자가에 못 박히신 곳에 동산이 있고 동산 안에 아직 사람을 장사한 일이 없는 새 무덤이 있는지라

42 이 날은 유대인의 준비일이요 또 무덤이 가까운 고로 예수를 거기 두니라

39 そこへ、かつてある夜、イエスのもとに来たことのあるニコデモも、没薬と沈香を混ぜた物を百リトラばかり持って来た。

40 彼らはイエスの遺体を受け取り、ユダヤ人の埋葬の習慣に従い、香料を添えて亜麻布で包んだ。

41 イエスが十字架につけられた所には園があり、そこには、だれもまだ葬られたことのない新しい墓があった。

42 その日はユダヤ人の準備の日であり、この墓が近かったので、そこにイエスを納めた。

1) 1리트라는 약 327그램임

39 * Nicodemus also came with about 30 kilograms of spices made from myrrh and aloes. This was the same Nicodemus who had visited Jesus one night.[q]

40 The two men wrapped the body in a linen cloth, together with the spices, which was how the Jewish people buried their dead.

41 In the place where Jesus had been nailed to a cross, there was a garden with a tomb that had never been used.

42 The tomb was nearby, and since it was the time to prepare for the Sabbath, they were in a hurry to put Jesus' body there.

39 那个先前曾在夜间来见耶稣的尼哥德慕跟约瑟一起去。他带了没药和沉香混合的香料，约有三十公斤。

40 两个人用配着香料的麻纱把耶稣的身体裹好；这是犹太人安葬的规矩。

41 在耶稣被钉十字架的地方有一个园子，里面有一个没有葬过人的新墓穴。

42 因为那天正是犹太人的预备日，那墓穴又很近，他们就把耶稣葬在那里。

---

*Jn 3.1,2.
q) Nicodemus who had visited Jesus one night: See 3.1-21.

제 20 장

살아나시다(마 28:1-10; 막 16:1-8; 눅 24:1-2)

1 1)안식 후 첫날 일찍이 아직 어두울 때에 막달라 마리아가 무덤에 와서 돌이 무덤에서 옮겨진 것을 보고

2 시몬 베드로와 예수께서 사랑하시던 그 다른 제자에게 달려가서 말하되 사람들이 주님을 무덤에서 가져다가 어디 두었는지 우리가 알지 못하겠다 하니

3 베드로와 그 다른 제자가 나가서 무덤으로 갈새

4 둘이 같이 달음질하더니 그 다른 제자가 베드로보다 더 빨리 달려가서 먼저 무덤에 이르러

5 구부려 세마포 놓인 것을 보았으나 들어가지는 아니하였더니

6 시몬 베드로는 따라와서 무덤에 들어가 보니 세마포가 놓였고

7 또 머리를 쌌던 수건은 세마포와 함께 놓이지 않고 딴 곳에 쌌던 대로 놓여 있더라

8 그 때에야 무덤에 먼저 갔던 그 다른 제자도 들어가 보고 믿더라

9 (그들은 성경에 그가 죽은 자 가운데서 다시 살아나야 하리라 하신 말씀을 아직 알지 못하더라)

---

1) 헬, 그 주간의

第20章

復活する（マタ28 1―10、マコ16 1―8、ルカ24 1―12）

1 週の初めの日、朝早く、まだ暗いうちに、マグダラのマリアは墓に行った。そして、墓から石が取りのけてあるのを見た。

2 そこで、シモン・ペトロのところへ、また、イエスが愛しておられたもう一人の弟子のところへ走って行って彼らに告げた。「主が墓から取り去られました。どこに置かれているのか、わたしたちには分かりません。」

3 そこで、ペトロとそのもう一人の弟子は、外に出て墓へ行った。

4 二人は一緒に走ったが、もう一人の弟子の方が、ペトロより速く走って、先に墓に着いた。

5 身をかがめて中をのぞくと、亜麻布が置いてあった。しかし、彼は中には入らなかった。

6 続いて、シモン・ペトロも着いた。彼は墓に入り、亜麻布が置いてあるのを見た。

7 イエスの頭を包んでいた覆いは、亜麻布と同じ所には置いてなく、離れた所に丸めてあった。

8 それから、先に墓に着いたもう一人の弟子も入って来て、見て、信じた。

9 イエスは必ず死者の中から復活されることになっているという聖書の言葉を、二人はまだ理解していなかったのである。

20

Jesus Is Alive

(Matthew 28.1-10; Mark 16.1-8; Luke 24.1-12)

1 On Sunday morning while it was still dark, Mary Magdalene went to the tomb and saw that the stone had been rolled away from the entrance.

2 She ran to Simon Peter and to Jesus' favorite disciple and said, "They have taken the Lord from the tomb! We don't know where they have put him."

3 Peter and the other disciple started for the tomb.

4 They ran side by side, until the other disciple ran faster than Peter and got there first.

5 He bent over and saw the strips of linen cloth lying inside the tomb, but he did not go in.

6 When Simon Peter got there, he went into the tomb and saw the strips of cloth.

7 He also saw the piece of cloth that had been used to cover Jesus' face. It was rolled up and in a place by itself.

8 The disciple who got there first then went into the tomb, and when he saw it, he believed.

9 At that time Peter and the other disciple did not know that the Scriptures said Jesus would rise to life.

第 20 章

空墓

（太 28·1 — 8；可 16·1 — 8；路 24·1— 12）

1 星期日清晨，天还没有 亮，抹大拉的马利亚 往坟墓去，看见墓 门的石头已经移开了。

2 她就跑去找 西门·彼得和耶稣所钟爱的另一个门徒，告诉他们：「有人从墓里把主移走了，我们不知道他们把他放在哪里!」

3 彼得和那个门徒就往 墓地去。

4 两个人一起跑，但那门徒比彼得跑得快，首先 到达墓穴。

5 他俯身 往 里面看，看见麻纱还在那里，但是他没有进去。

6 西门·彼得跟着也赶到；他一直走进墓穴，看见麻纱还在那里，

7 又看见那裏耶稣的头巾没有跟麻纱 放在一起，是卷着，放在另一边。

8 首先 到达的那个门徒也跟着走进墓穴；他一看见就信了。

9 （他们 还不明白 圣 经 所说他必须从死里复活那句话的意思。）

10 이에 두 제자가 자기들의 집으로
　　돌아가니라

막달라 마리아에게 나타나시다(막 16:9-11)

11 마리아는 무덤 밖에 서서 울고 있더니
　　울면서 구부려 무덤 안을 들여다보니

12 흰 옷 입은 두 천사가 예수의 시체 뉘었던
　　곳에 하나는 머리 편에, 하나는 발 편에
　　앉았더라

13 천사들이 이르되 여자여 어찌하여 우느냐
　　이르되 사람들이 내 주님을 옮겨다가 어디
　　두었는지 내가 알지 못함이니이다

14 이 말을 하고 뒤로 돌이켜 예수께서 서
　　계신 것을 보았으나 예수이신 줄은 알지
　　못하더라

15 예수께서 이르시되 여자여 어찌하여 울며
　　누구를 찾느냐 하시니 마리아는 그가
　　동산지기인 줄 알고 이르되 주여 당신이
　　옮겼거든 어디 두었는지 내게 이르소서
　　그리하면 내가 가져가리이다

16 예수께서 마리아야 하시거늘 마리아가
　　돌이켜 히브리 말로 랍오니 하니 (이는
　　선생님이라는 말이라)

10 それから、この弟子たちは家に帰って行った。

イエス、マグダラのマリアに現れる（マコ16 9―11）

11 マリアは墓の外に立って泣いていた。泣きながら身をかがめて墓の中を見ると、

12 イエスの遺体の置いてあった所に、白い衣を着た二人の天使が見えた。一人は頭の方に、もう一人は足の方に座っていた。

13 天使たちが、「婦人よ、なぜ泣いているのか」と言うと、マリアは言った。「わたしの主が取り去られました。どこに置かれているのか、わたしには分かりません。」

14 こう言いながら後ろを振り向くと、イエスの立っておられるのが見えた。しかし、それがイエスだとは分からなかった。

15 イエスは言われた。「婦人よ、なぜ泣いているのか。だれを捜しているのか。」マリアは、園丁だと思って言った。「あなたがあの方を運び去ったのでしたら、どこに置いたのか教えてください。わたしが、あの方を引き取ります。」

16 イエスが、「マリア」と言われると、彼女は振り向いて、ヘブライ語で、「ラボニ」と言った。「先生」という意味である。

10 So the two of them went back to the other disciples.

Jesus Appears to Mary Magdalene (Mark 16.9-11)

11 Mary Magdalene stood crying outside the tomb. She was still weeping, when she stooped down

12 and saw two angels inside. They were dressed in white and were sitting where Jesus' body had been. One was at the head and the other was at the foot.

13 The angels asked Mary, "Why are you crying?" She answered, "They have taken away my Lord's body! I don't know where they have put him."

14 As soon as Mary said this, she turned around and saw Jesus standing there. But she did not know who he was.

15 Jesus asked her, "Why are you crying? Who are you looking for?" She thought he was the gardener and said, "Sir, if you have taken his body away, please tell me, so I can go and get him."

16 Then Jesus said to her, "Mary!" She turned and said to him, "Rabboni." The Aramaic word "Rabboni" means "Teacher."

10 于是两个门徒回家去了。

耶稣向抹大拉的马利亚显现
（太 28・9 — 10；可 16・9 — 11）

11 马利亚还站 在坟墓外面 哭泣。她一边哭，一边低头往 墓里看，

12 看见 两 个穿 着白衣的天使，坐在原来安放耶稣身体的地方，一个在头这边，一个在脚那边。

13 他们 问马利亚：「妇人，你为什么哭呢？」她回答：「他们把我的主移走，我不知道他们把他放在哪里!」

14 说了这话，马利亚转 身，看见耶稣站在那里，可是还不知道他就是耶稣。

15 耶稣问她：「妇人，你为什么哭呢？你在找谁？」马利亚以为他是 管 园子的人，所以对他说：「先生，如果是你把他移走的，请告诉我，你把他放在哪里，我好去把他移回来。」

16 耶稣叫她：「马利亚!」马利亚 转 身，用希伯来话说：「拉波尼!」（意思就是「老师」。）

17 예수께서 이르시되 나를 붙들지 말라 내가 아직 아버지께로 올라가지 아니하였노라 너는 내 형제들에게 가서 이르되 내가 내 아버지 곧 너희 아버지, 내 하나님 곧 너희 하나님께로 올라간다 하라 하시니

18 막달라 마리아가 가서 제자들에게 내가 주를 보았다 하고 또 주께서 자기에게 이렇게 말씀하셨다 이르니라

제자들에게 나타나시다(마 28:16-20; 막 16:14-18; 눅 24:36-49)

19 이 날 곧 안식 후 첫날 저녁 때에 제자들이 유대인들을 두려워하여 모인 곳의 문들을 닫았더니 예수께서 오사 가운데 서서 이르시되 너희에게 평강이 있을지어다

20 이 말씀을 하시고 손과 옆구리를 보이시니 제자들이 주를 보고 기뻐하더라

21 예수께서 또 이르시되 너희에게 평강이 있을지어다 아버지께서 나를 보내신 것 같이 나도 너희를 보내노라

22 이 말씀을 하시고 그들을 향하사 숨을 내쉬며 이르시되 성령을 받으라

23 너희가 누구의 죄든지 사하면 사하여질 것이요 누구의 죄든지 그대로 두면 그대로 있으리라 하시니라

17 イエスは言われた。「わたしにすがりつくのはよしなさい。まだ父のもとへ上っていないのだから。わたしの兄弟たちのところへ行って、こう言いなさい。『わたしの父であり、あなたがたの父である方、また、わたしの神であり、あなたがたの神である方のところへわたしは上る』と。」

18 マグダラのマリアは弟子たちのところへ行って、「わたしは主を見ました」と告げ、また、主から言われたことを伝えた。

イエス、弟子たちに現れる（マタ28 16—20、マコ16 14—18、ルカ24 36—49）

19 その日、すなわち週の初めの日の夕方、弟子たちはユダヤ人を恐れて、自分たちのいる家の戸に鍵をかけていた。そこへ、イエスが来て真ん中に立ち、「あなたがたに平和があるように」と言われた。

20 そう言って、手とわき腹とをお見せになった。弟子たちは、主を見て喜んだ。

21 イエスは重ねて言われた。「あなたがたに平和があるように。父がわたしをお遣わしになったように、わたしもあなたがたを遣わす。」

22 そう言ってから、彼らに息を吹きかけて言われた。「聖霊を受けなさい。

23 だれの罪でも、あなたがたが赦せば、その罪は赦される。だれの罪でも、あなたがたが赦さなければ、赦されないまま残る。」

17 Jesus told her, "Don't hold on to me! I have not yet gone to the Father. But tell my disciples I am going to the one who is my Father and my God, as well as your Father and your God."

18 Mary Magdalene then went and told the disciples she had seen the Lord. She also told them what he had said to her.

Jesus Appears to His Disciples
(Matthew 28.16-20; Mark 16.14-18; Luke 24.36-49)

19 The disciples were afraid of the Jewish leaders, and on the evening of that same Sunday they locked themselves in a room. Suddenly, Jesus appeared in the middle of the group. He greeted them

20 and showed them his hands and his side. When the disciples saw the Lord, they became very happy.

21 After Jesus had greeted them again, he said, "I am sending you, just as the Father has sent me."

22 Then he breathed on them and said, "Receive the Holy Spirit.

23 * If you forgive anyone's sins, they will be forgiven. But if you don't forgive their sins, they will not be forgiven."

17 耶稣说：「你不要拉住我，因为我还没有 上 到我父亲那里。你 往我的弟兄那里去，告诉他们：『我要 上 去见我的父亲，也就是你们的父亲；去见我的上帝，也就是你们的上帝。』」

18 于是，抹大拉的马利亚去告诉门徒，说她已经看见了主，又 传 达 主对她说的话。

耶稣向 门徒显现
（太 28・16 — 20；可 16・14 — 18；路 24・36 — 49）

19 星期日晚 上，耶稣的门徒聚集在一起，门紧紧地关着，因为他们怕犹太人的领袖。那时候，耶稣显现，站在他们当 中，说：「愿你们 平 安!」

20 说了这话，他把自己的手和肋旁给他们看。门徒看见了主，非 常 欢喜。

21 耶稣又对他们说：「愿你们 平安！正如父亲 差遣了我，我照样 差 遣你们。」

22 说完 这话，他 向 他们吹一口气，说：「领受 圣 灵吧！

23 你们赦免 谁的罪，谁的罪就得赦免；你们不 赦免 谁的罪，谁的罪就不得赦免。」

*Mt 16.19; 18.18.

도마가 의심하다

24 열두 제자 중의 하나로서 디두모라 불리는
　　도마는 예수께서 오셨을 때에 함께 있지
　　아니한지라

25 다른 제자들이 그에게 이르되 우리가 주를
　　보았노라 하니 도마가 이르되 내가 그의
　　손의 못 자국을 보며 내 손가락을 그 못
　　자국에 넣으며 내 손을 그 옆구리에 넣어
　　보지 않고는 믿지 아니하겠노라 하니라

26 여드레를 지나서 제자들이 다시 집 안에
　　있을 때에 도마도 함께 있고 문들이
　　닫혔는데 예수께서 오사 가운데 서서
　　이르시되 너희에게 평강이 있을지어다
　　하시고

27 도마에게 이르시되 네 손가락을 이리
　　내밀어 내 손을 보고 네 손을 내밀어 내
　　옆구리에 넣어 보라 그리하여 믿음 없는
　　자가 되지 말고 믿는 자가 되라

28 도마가 대답하여 이르되 나의 주님이시요
　　나의 하나님이시니이다

29 예수께서 이르시되 너는 나를 본 고로
　　믿느냐 보지 못하고 믿는 자들은 복되도다
　　하시니라

이 책을 기록한 목적

30 예수께서 제자들 앞에서 이 책에 기록되지
　　아니한 다른 [1]표적도 많이 행하셨으나

31 오직 이것을 기록함은 너희로 예수께서
　　하나님의 아들 그리스도이심을 믿게 하려
　　함이요 또 너희로 믿고 그 이름을 힘입어
　　생명을 얻게 하려 함이니라

イエスとトマス

24 十二人の一人でディディモと呼ばれるト
　　マスは、イエスが来られたとき、彼らと
　　一緒にいなかった。

25 そこで、ほかの弟子たちが、「わたした
　　ちは主を見た」と言うと、トマスは言っ
　　た。「あの方の手に釘の跡を見、この指
　　を釘跡に入れてみなければ、また、この
　　手をそのわき腹に入れてみなければ、わ
　　たしは決して信じない。」

26 さて八日の後、弟子たちはまた家の中に
　　おり、トマスも一緒にいた。戸にはみな
　　鍵がかけてあったのに、イエスが来て真
　　ん中に立ち、「あなたがたに平和がある
　　ように」と言われた。

27 それから、トマスに言われた。「あなた
　　の指をここに当てて、わたしの手を見な
　　さい。また、あなたの手を伸ばし、わた
　　しのわき腹に入れなさい。信じない者で
　　はなく、信じる者になりなさい。」

28 トマスは答えて、「わたしの主、わたし
　　の神よ」と言った。

29 イエスはトマスに言われた。「わたしを
　　見たから信じたのか。見ないのに信じる
　　人は、幸いである。」

本書の目的

30 このほかにも、イエスは弟子たちの前
　　で、多くのしるしをなさったが、それは
　　この書物に書かれていない。

31 これらのことが書かれたのは、あなたが
　　たが、イエスは神の子メシアであると信
　　じるためであり、また、信じてイエスの
　　名により命を受けるためである。

---

1) 또는 이적

Jesus and Thomas

24 Although Thomas the Twin was one of the twelve disciples, he wasn't with the others when Jesus appeared to them.

25 So they told him,
"We have seen the Lord!"
But Thomas said, "First, I must see the nail scars in his hands and touch them with my finger. I must put my hand where the spear went into his side. I won't believe unless I do this!"

26 A week later the disciples were together again. This time, Thomas was with them. Jesus came in while the doors were still locked and stood in the middle of the group. He greeted his disciples

27 and said to Thomas, "Put your finger here and look at my hands! Put your hand into my side. Stop doubting and have faith!"

28 Thomas replied, "You are my Lord and my God!"

29 Jesus said, "Thomas, do you have faith because you have seen me? The people who have faith in me without seeing me are the ones who are really blessed!"

Why John Wrote His Book

30 Jesus worked many other miracles[r] for his disciples, and not all of them are written in this book.

31 But these are written so that you will put your faith in Jesus as the Messiah and the Son of God. If you have faith in[s] him, you will have true life.

---

r) miracles: See the note at 2.11.
s) put your faith in … have faith in: Some manuscripts have "keep on having faith in … keep on having faith in."

耶稣和多马

24 当耶稣显现时，十二使徒之一的多马（绰号双胞胎的）没有跟他们在一起。

25 所以其他的门徒把已经看见了主的事告诉多马。
多马对他们说：「除非我亲眼看见他手上的钉痕，并用我的指头摸那钉痕，用我的手摸他的肋旁，我绝对不信。」

26 一星期后，门徒又在屋子里聚集；多马也跟他们在一起。门关着，可是耶稣忽然显现，站在他们当中，说：「愿你们平安!」

27 然后他对多马说：「把你的指头放在这里，看看我的手吧；再伸出你的手，摸摸我的肋旁吧。不要疑惑，只要信!」

28 多马说：「我的主，我的上帝!」

29 耶稣说：「你因为看见了我才信吗？那些没有看见而信的是多么有福啊!」

本书的目的

30 耶稣在他的门徒面前还行了许多神迹，可是没有记录在这本书里。

31 本书记述的目的是要你们信【21】耶稣是基督，是上帝的儿子，并且要你们因信他而获得生命。

【21】「是要你们信」另有些古卷作「是要你们继续信」。

제 21 장

일곱 제자에게 나타나시다

1 그 후에 예수께서 디베랴 호수에서 또 제자들에게 자기를 나타내셨으니 나타내신 일은 이러하니라

2 시몬 베드로와 디두모라 하는 도마와 갈릴리 가나 사람 나다나엘과 세베대의 아들들과 또 다른 제자 둘이 함께 있더니

3 시몬 베드로가 나는 물고기 잡으러 가노라 하니 그들이 우리도 함께 가겠다 하고 나가서 배에 올랐으나 그 날 밤에 아무 것도 잡지 못하였더니

4 날이 새어갈 때에 예수께서 바닷가에 서셨으나 제자들이 예수이신 줄 알지 못하는지라

5 예수께서 이르시되 얘들아 너희에게 고기가 있느냐 대답하되 없나이다

6 이르시되 그물을 배 오른편에 던지라 그리하면 잡으리라 하시니 이에 던졌더니 물고기가 많아 그물을 들 수 없더라

7 예수께서 사랑하시는 그 제자가 베드로에게 이르되 주님이시라 하니 시몬 베드로가 벗고 있다가 주님이라 하는 말을 듣고 겉옷을 두른 후에 바다로 뛰어 내리더라

第21章

イエス、七人の弟子に現れる

1 その後、イエスはティベリアス湖畔で、また弟子たちに御自身を現された。その次第はこうである。

2 シモン・ペトロ、ディディモと呼ばれるトマス、ガリラヤのカナ出身のナタナエル、ゼベダイの子たち、それに、ほかの二人の弟子が一緒にいた。

3 シモン・ペトロが、「わたしは漁に行く」と言うと、彼らは、「わたしたちも一緒に行こう」と言った。彼らは出て行って、舟に乗り込んだ。しかし、その夜は何もとれなかった。

4 既に夜が明けたころ、イエスが岸に立っておられた。だが、弟子たちは、それがイエスだとは分からなかった。

5 イエスが、「子たちよ、何か食べる物があるか」と言われると、彼らは、「ありません」と答えた。

6 イエスは言われた。「舟の右側に網を打ちなさい。そうすればとれるはずだ。」そこで、網を打ってみると、魚があまり多くて、もはや網を引き上げることができなかった。

7 イエスの愛しておられたあの弟子がペトロに、「主だ」と言った。シモン・ペトロは「主だ」と聞くと、裸同然だったので、上着をまとって湖に飛び込んだ。

21

Jesus Appears to Seven Disciples

1 Jesus later appeared to his disciples along the shore of Lake Tiberias.

2 Simon Peter, Thomas the Twin, Nathanael from Cana in Galilee, and the brothers James and John,[t] were there, together with two other disciples.

3 * Simon Peter said, "I'm going fishing!" The others said, "We will go with you." They went out in their boat. But they didn't catch a thing that night.

4 Early the next morning Jesus stood on the shore, but the disciples did not realize who he was.

5 Jesus shouted, "Friends, have you caught anything?" "No!" they answered.

6 * So he told them, "Let your net down on the right side of your boat, and you will catch some fish." They did, and the net was so full of fish that they could not drag it up into the boat.

7 Jesus' favorite disciple told Peter, "It's the Lord!" When Simon heard it was the Lord, he put on the clothes he had taken off while he was working. Then he jumped into the water.

---

t) the brothers James and John: Greek "the two sons of Zebedee."
*Lk 5.5.
*Lk 5.6.

第 21 章

向七个门徒显现

1 这些事以后，耶稣再一次在提比哩亚湖边向门徒显现。这次显现的经过是这样的：

2 当时，西门·彼得、绰号双胞胎的多马、加利利的迦拿人拿但业、西庇太的两个儿子，和另外两个门徒都在一起。

3 西门·彼得对他们说：「我打鱼去。」大家说：「我们跟你一道去。」于是他们出去，上了船；可是整夜没有捕到什么。

4 太阳刚出来的时候，耶稣站在水边，可是门徒不知道他就是耶稣。

5 耶稣对他们说：「朋友，你们捕到了鱼没有？」他们回答：「没有。」

6 耶稣说：「把网撒向船的右边，那边有鱼。」他们就撒网下去，可是拉不上来，因为网着了太多的鱼。

7 耶稣所钟爱的那门徒对彼得说：「是主！」西门·彼得一听说是主，连忙拿一件外衣披在身上（他那时赤着身子），跳进水里。

8 다른 제자들은 육지에서 거리가 불과 한 [1]오십 칸쯤 되므로 작은 배를 타고 물고기 든 그물을 끌고 와서

9 육지에 올라보니 숯불이 있는데 그 위에 생선이 놓였고 떡도 있더라

10 예수께서 이르시되 지금 잡은 생선을 좀 가져오라 하시니

11 시몬 베드로가 올라가서 그물을 육지에 끌어 올리니 가득히 찬 큰 물고기가 백쉰세 마리라 이같이 많으나 그물이 찢어지지 아니하였더라

12 예수께서 이르시되 와서 조반을 먹으라 하시니 제자들이 주님이신 줄 아는 고로 당신이 누구냐 감히 묻는 자가 없더라

13 예수께서 가셔서 떡을 가져다가 그들에게 주시고 생선도 그와 같이 하시니라

14 이것은 예수께서 죽은 자 가운데서 살아나신 후에 세 번째로 제자들에게 나타나신 것이라

내 양을 먹이라

15 그들이 조반 먹은 후에 예수께서 시몬 베드로에게 이르시되 요한의 아들 시몬아 네가 이 [2]사람들보다 나를 더 사랑하느냐 하시니 이르되 주님 그러하나이다 내가 주님을 사랑하는 줄 주님께서 아시나이다 이르시되 내 어린 양을 먹이라 하시고

8 ほかの弟子たちは魚のかかった網を引いて、舟で戻って来た。陸から二百ペキスばかりしか離れていなかったのである。

9 さて、陸に上がってみると、炭火がおこしてあった。その上に魚がのせてあり、パンもあった。

10 イエスが、「今とった魚を何匹か持って来なさい」と言われた。

11 シモン・ペトロが舟に乗り込んで網を陸に引き上げると、百五十三匹もの大きな魚でいっぱいであった。それほど多くとれたのに、網は破れていなかった。

12 イエスは、「さあ、来て、朝の食事をしなさい」と言われた。弟子たちはだれも、「あなたはどなたですか」と問いただそうとはしなかった。主であることを知っていたからである。

13 イエスは来て、パンを取って弟子たちに与えられた。魚も同じようにされた。

14 イエスが死者の中から復活した後、弟子たちに現れたのは、これでもう三度目である。

イエスとペトロ

15 食事が終わると、イエスはシモン・ペトロに、「ヨハネの子シモン、この人たち以上にわたしを愛しているか」と言われた。ペトロが、「はい、主よ、わたしがあなたを愛していることは、あなたがご存じです」と言うと、イエスは、「わたしの小羊を飼いなさい」と言われた。

---

1) 200규빗
2) 또는 것들보다

8 The boat was only about 100 meters from shore. So the other disciples stayed in the boat and dragged in the net full of fish.

9 When the disciples got out of the boat, they saw some bread and a charcoal fire with fish on it.

10 Jesus told his disciples, "Bring some of the fish you just caught."

11 Simon Peter got back into the boat and dragged the net to shore. In it were 153 large fish, but still the net did not rip.

12 Jesus said, "Come and eat!" But none of the disciples dared ask who he was. They knew he was the Lord.

13 Jesus took the bread in his hands and gave some of it to his disciples. He did the same with the fish.

14 This was the third time Jesus appeared to his disciples after he was raised from death.

Jesus and Peter

15 When Jesus and his disciples had finished eating, he asked, "Simon son of John, do you love me more than the others do?"[u]

Simon Peter answered, "Yes, Lord, you know I do!"

"Then feed my lambs," Jesus said.

8 其余的门徒摇着小船靠岸，把一整网的鱼拖了上来。当时他们离岸不远，约有一百公尺的距离。

9 他们上了岸，看见一堆炭火，上面有鱼和饼。

10 耶稣对他们说：「把你们刚打的鱼拿几条来。」

11 西门·彼得到船上去，把网拖到岸上；网里都是大鱼，一共有一百五十三条。虽然有这么多鱼，网却没有破。

12 耶稣对他们说：「你们来吃早饭吧。」没有一个门徒敢问他「你是谁」，因为他们都知道他是主。

13 耶稣就走过去，拿饼分给他们，也照样把鱼分了。

14 这是耶稣从死里复活以后，第三次向门徒显现。

耶稣和彼得

15 他们吃过以后，耶稣问西门·彼得：「约翰的儿子西门，你爱我胜过这些吗？」

他回答：「主啊，是的，你知道我爱你。」

耶稣说：「你喂养我的小羊。」

---

u) more than the others do: Or "more than you love these things?"

16 또 두 번째 이르시되 요한의 아들 시몬아
네가 나를 사랑하느냐 하시니 이르되 주님
그러하나이다 내가 주님을 사랑하는 줄
주님께서 아시나이다 이르시되 내 양을
치라 하시고

17 세 번째 이르시되 요한의 아들 시몬아 네가
나를 사랑하느냐 하시니 주께서 세 번째
네가 나를 사랑하느냐 하시므로 베드로가
근심하여 이르되 주님 모든 것을 아시오매
내가 주님을 사랑하는 줄을 주님께서
아시나이다 예수께서 이르시되 내 양을
먹이라

18 내가 진실로 진실로 네게 이르노니 네가
젊어서는 스스로 띠 띠고 원하는 곳으로
다녔거니와 늙어서는 네 팔을 벌리리니
남이 네게 띠 띠우고 원하지 아니하는
곳으로 데려가리라

19 이 말씀을 하심은 베드로가 어떠한
죽음으로 하나님께 영광을 돌릴 것을
가리키심이러라 이 말씀을 하시고
베드로에게 이르시되 나를 따르라 하시니

20 베드로가 돌이켜 예수께서 사랑하시는 그
제자가 따르는 것을 보니 그는 만찬석에서
예수의 품에 의지하여 주님 주님을 파는
자가 누구오니이까 묻던 자더라

16 二度目にイエスは言われた。「ヨハネの
子シモン、わたしを愛しているか。」ペ
トロが、「はい、主よ、わたしがあなた
を愛していることは、あなたがご存じで
す」と言うと、イエスは、「わたしの羊
の世話をしなさい」と言われた。

17 三度目にイエスは言われた。「ヨハネの
子シモン、わたしを愛しているか。」ペ
トロは、イエスが三度目も、「わたしを
愛しているか」と言われたので、悲しく
なった。そして言った。「主よ、あなた
は何もかもご存じです。わたしがあなた
を愛していることを、あなたはよく知っ
ておられます。」イエスは言われた。
「わたしの羊を飼いなさい。

18 はっきり言っておく。あなたは、若いと
きは、自分で帯を締めて、行きたいとこ
ろへ行っていた。しかし、年をとると、
両手を伸ばして、他の人に帯を締めら
れ、行きたくないところへ連れて行かれ
る。」

19 ペトロがどのような死に方で、神の栄光
を現すようになるかを示そうとして、イ
エスはこう言われたのである。このよう
に話してから、ペトロに、「わたしに従
いなさい」と言われた。

イエスとその愛する弟子

20 ペトロが振り向くと、イエスの愛してお
られた弟子がついて来るのが見えた。こ
の弟子は、あの夕食のとき、イエスの胸
もとに寄りかかったまま、「主よ、裏切
るのはだれですか」と言った人である。

16　Jesus asked a second time, "Simon son of John, do you love me?" Peter answered, "Yes, Lord, you know I love you!" "Then take care of my sheep," Jesus told him.

17　Jesus asked a third time, "Simon son of John, do you love me?" Peter was hurt because Jesus had asked him three times if he loved him. So he told Jesus, "Lord, you know everything. You know I love you." Jesus replied, "Feed my sheep.

18　I tell you for certain that when you were a young man, you dressed yourself and went wherever you wanted to go. But when you are old, you will hold out your hands. Then others will wrap your belt around you and lead you where you don't want to go."

19　Jesus said this to tell how Peter would die and bring honor to God. Then he said to Peter, "Follow me!"

Jesus and His Favorite Disciple

20　*　Peter turned and saw Jesus' favorite disciple following them. He was the same one who had sat next to Jesus at the meal and had asked, "Lord, who is going to betray you?"

16　耶稣第二次问：「约翰的儿子西门，你爱我吗？」
他回答：「主啊，是的，你知道我爱你。」
耶稣对他说：「你牧养我的羊。」

17　耶稣第三次再问：「约翰的儿子西门，你爱我吗？」
彼得因为耶稣一连三次问他「你爱我吗」就难过起来，对耶稣说：「主啊，你无所不知，你知道我爱你。」
耶稣说：「你喂养 我的羊。

18　我 郑 重 地告诉你，你年 轻 的时候，自己束 上 腰带，随意往 来；但年 老的时候，你要伸 出手来，别人要把你绑着，带你到不愿意去的地方。」

19　（耶稣说这话 是指 明彼得将怎样 死，来荣耀上 帝。）接着，耶稣又对他说：「你跟从 我吧!」

耶稣和其他的门徒

20　彼得转 身，看见耶稣所钟 爱的那门徒跟在后面（那门徒曾在那晚吃饭的时候挨近耶稣，问他「主啊，要出卖你的是谁」。）。

---

*Jn 13.25.

21 이에 베드로가 그를 보고 예수께 여짜오되
주님 이 사람은 어떻게 되겠사옵나이까

22 예수께서 이르시되 내가 올 때까지
그를 머물게 하고자 할지라도 네게 무슨
상관이냐 너는 나를 따르라 하시더라

23 이 말씀이 형제들에게 나가서 그 제자는
죽지 아니하겠다 하였으나 예수의 말씀은
그가 죽지 않겠다 하신 것이 아니라 내가 올
때까지 그를 머물게 하고자 할지라도 네게
무슨 상관이냐 하신 것이러라

24 이 일들을 증언하고 이 일들을 기록한
제자가 이 사람이라 우리는 그의 증언이
참된 줄 아노라

25 예수께서 행하신 일이 이 외에도 많으니
만일 낱낱이 기록된다면 이 세상이라도 이
기록된 책을 두기에 부족할 줄 아노라

21 ペトロは彼を見て、「主よ、この人はどうなるのでしょうか」と言った。

22 イエスは言われた。「わたしの来るときまで彼が生きていることを、わたしが望んだとしても、あなたに何の関係があるか。あなたは、わたしに従いなさい。」

23 それで、この弟子は死なないといううわさが兄弟たちの間に広まった。しかし、イエスは、彼は死なないと言われたのではない。ただ、「わたしの来るときまで彼が生きていることを、わたしが望んだとしても、あなたに何の関係があるか」と言われたのである。

24 これらのことについて証しをし、それを書いたのは、この弟子である。わたしたちは、彼の証しが真実であることを知っている。

25 イエスのなさったことは、このほかにも、まだたくさんある。わたしは思う。その一つ一つを書くならば、世界もその書かれた書物を収めきれないであろう。

底本に節が欠けている個所の異本による訳文

5 3b-4　彼らは、水が動くのを待っていた。それは、主の使いがときどき池に降りて来て、水が動くことがあり、水が動いたとき、真っ先に水に入る者は、どんな病気にかかっていても、いやされたからである。

21 When Peter saw this disciple, he asked Jesus, "Lord, what about him?"

22 Jesus answered, "What is it to you, if I want him to live until I return? You must follow me. "

23 So the rumor spread among the other disciples that this disciple would not die. But Jesus did not say he would not die. He simply said, "What is it to you, if I want him to live until I return?"

24 This disciple is the one who told all of this. He wrote it, and we know he is telling the truth.

25 Jesus did many other things. If they were all written in books, I don't suppose there would be room enough in the whole world for all the books.

21 彼得看见他，就问耶稣：「主啊，这个人将来怎样？」

22 耶稣回答：「如果我要他活着等到我来，也不关你的事。你只管跟从我吧！」

23 于是，这话流传在跟从耶稣的人当中，说那个门徒不会死。其实，耶稣并没有说他不会死，而是说「如果我要他活着等到我来，也不关你的事」。

24 这个人就是为这些事作见证的那门徒；他把这些事记录下来。我们知道他的见证都是真的。

结语

25 耶稣还做了许多别的事，要是一一记录下来，我想整个世界也容纳不下那么多的书。

永生 영원한 삶

1판 1쇄 발행 | 2008년 9월 9일
1판 8쇄 발행 | 2018년 4월 25일
발행처 | ㈜대성 JCR
발행인 | 김정주

등록번호 | 제300-2003-82호
등록일자 | 2003년 5월 6일

서울시 용산구 후암로 57길 57 (동자동) ㈜대성
대표전화 | (02)6959-3140
팩스 | (02)6959-3144
email daesungbooks@korea.com

ISBN 978-89-92758-30-7 (03230)

이 책의 가격은 뒤표지에 있습니다.

The Eternal Life

JCR, DAESUNG CO., LTD.
57, Huam-ro 57gil, Yongsan-gu, Seoul, Korea (04324)
Tel +82 2 6959 3140 Fax +82 2 6959 3144
email daesungbooks@korea.com

Printed in Korea.

이 도서의 국립중앙도서관 출판시도서목록(CIP)은 e-CIP
홈페이지(http://www.nl.go.kr/ecip)에서 이용하실 수 있습니다.
(CIP제어번호: CIP2008002754)

Jesus Christ is Risen. 예수 그리스도는 부활하셨습니다.
Jesus Christ Reigns. 예수 그리스도가 다스리십니다.
Jesus Christ will Return. 예수 그리스도는 다시 오실
것입니다.

JCR 은 그리스도 안에서 하나님의 뜻을 행하며,
하나님의 일을 온전히 이루어서 이 땅에 하나님의
나라를 세우기 위해 기도하고 있습니다.

Jesus Christ is Risen. イエス·キリストは
よみがえりました。
Jesus Christ Reigns. イエス·キリストは治められます。
Jesus Christ will Return. イエス·キリストは再び来ら
れます。

JCR はキリストにあって神様のみこころを行い、神様
が御業をすべて成し遂げられ、この地に神様の国が臨む
ことをお祈りいたします。

Jesus Christ is Risen.
Jesus Christ Reigns.
Jesus Christ will Return.

JCR's mission is to be instrumental in building
God's kingdom on this earth by carrying out God's
will in Christ and accomplishing His work in its
entirety.

Jesus Christ is Risen. 耶稣基督复活了。
Jesus Christ Reigns. 耶稣基督掌权。
Jesus Christ will Return. 耶稣基督降临。

JCR 祈祷，靠着遵行主的旨意在耶稣基督里，
同时完整地成就主的工作， 能助于在此地建立
耶稣基督的世界。